(汉英对照)

DICTIONARY OF COMMON SENTENCE PATTERNS IN SPOKEN CHINESE
SECOND EDITION

汉语口语常用句式例解词典
(第二版)

刘德联　刘晓雨　◎编著

北京大学出版社
PEKING UNIVERSITY PRESS

图书在版编目(CIP)数据

汉语口语常用句式例解词典：汉英对照/刘德联，刘晓雨编著. --2版. --北京：北京大学出版社，2025.6. --ISBN 978-7-301-35825-2

Ⅰ.H195.4

中国国家版本馆 CIP 数据核字第 2025D023W9 号

书　　　名	汉语口语常用句式例解词典（汉英对照）（第二版） HANYU KOUYU CHANGYONG JUSHI LI JIE CIDIAN (HAN-YING DUIZHAO) (DI-ER BAN)
著作责任者	刘德联　刘晓雨　编著
责任编辑	孙艳玲
标准书号	ISBN 978-7-301-35825-2
出版发行	北京大学出版社
地　　　址	北京市海淀区成府路 205 号　100871
网　　　址	http://www.pup.cn　新浪微博：@北京大学出版社
电子邮箱	zpup@pup.cn
电　　　话	邮购部 010-62752015　发行部 010-62750672　编辑部 010-62753374
印　刷　者	北京市十月印刷有限公司
经　销　者	新华书店
	650 毫米 ×980 毫米　16 开本　41.75 印张　597 千字 2005 年 3 月第 1 版 2025 年 6 月第 2 版　2025 年 6 月第 1 次印刷
定　　　价	128.00 元

未经许可，不得以任何方式复制或抄袭本书之部分或全部内容。
版权所有，侵权必究
举报电话：010-62752024　电子邮箱：fd@pup.cn
图书如有印装质量问题，请与出版部联系，电话：010-62756370

序

同事刘晓雨老师跟我说,刘德联老师和她合作编写的《汉语口语常用句式例解》(汉英对照)就要再版了,也就是即将出版的《汉语口语常用句式例解词典》(汉英对照)(下称《词典》),希望我为之写一篇序。写序实不敢当!我与二位刘老师是多年的同事,从"勺园时代"就并肩作战,奋斗在对外汉语教学一线。勺园是二十世纪八九十年代北大外国留学生主要居住和生活的宿舍楼区,那时北大的对外汉语教学也主要在勺园2号楼进行。我非常了解二位刘老师在汉语口语教学方面取得的出色教学成果,与其说应允"写序",不如说心存"偷艺"念想,借机拜读他们的大作,好好学习一番呢!

翻开《词典》,首先映入眼帘的是书中收录的一句句鲜活、熟悉的语句,如"跟没事人似的""怎么不早说呢""好家伙""怪不得""我说什么来着""心提到嗓子眼儿",等等,多么熟悉和亲切的表达啊!这本汉英对照本的工具书主要是收集汉语普通话口语(不少是北京话口语)中常见、常用的句式、短句、固定词组、习用语,解释其意思,说明其用法和注意方面等,以期帮助外国学习者学习汉语特别是汉语口语,提高他们用地道的汉语口语格式、句式、短语等进行汉语口语表达的能力和水平。

《词典》的每个条目下由"释义""用法提示"和"实例"等组成,体例简明,展示清楚,要言不烦,十分有利于学习者和教学者阅读与理解。这里随机选择"不管怎么说,……"条,略加展示:

不管怎么说,…… bùguǎn zěnme shuō, …

释义 Paraphrase

表示在任何情况下结果或结论都不会改变或不应该改变。

To indicate that the result or conclusion will not change or should not change under any case.

用法提示 Usage

有时也可以说"不管怎么样，……"。

Sometimes it can also be "不管怎么样，……".

实例 Examples

（1）不管怎么说，你今天一定要给我一个准确的答复。

（2）虽然你爸爸对你说的话有些过分，可不管怎么说，他是你爸爸，你不应该气他。

本书另外一个鲜明的特点就是，所收录的常见句式，其确切含义在一般工具书中难以查到。《词典》在解释和说明时，突出这些句式字面意思和实际含义的区别，可以切实满足外国学习者学习地道口语表达的需求，因而具有很强的实用性。

长期以来，对外汉语口语教材编写和口语课堂教学，一直关心和探讨的问题就是所教对话（编写在教材中的）是否是真实的口语，课堂上怎样教给学生地道的汉语口语，等等。为了解决这些问题，编写充分体现汉语口语词汇特点、句式表达特点的教材是重要的途径；同时收录、注释和解说汉语口语中常用的词语、句式、表达并编纂成词典则是另一项十分重要的工作。二位刘老师很早就意识到这方面工作的重要性，长期关注，辛勤耕耘，于2005年就编写完成《汉语口语常用句式例解》一书，现在又认真修订，再版问世，这无疑为对外汉语教学工作添砖加瓦，奉上了一本"很接地气"的教学参考书和学习查考工具书，真是可喜可贺！

《词典》从生活中的真实语料出发，面向对外汉语口语教学而编写，是一本实用性很强的工具书，相信一定会受到学习者和教学者欢迎。

李红印

2024 年 12 月于北京西二旗

Preface

Colleague Liu Xiaoyu told me that the book "Exemplification of Common Sentence Patterns in Spoken Chinese" (Chinese-English), which she co-authored with Liu Delian, is about to be republished, namely the upcoming "Dictionary of Common Sentence Patterns in Spoken Chinese" (Chinese-English) (hereinafter referred to as the "Dictionary"). I am truly honored yet hesitant to write a preface! I have been colleagues with the two Teacher Lius for many years, struggling side by side on the front line of teaching Chinese as a foreign language since the "Shaoyuan era". Shaoyuan was the main dormitory area for foreign students at Peking University in the 1980s and 1990s, and most of the university's Chinese as a foreign language teaching also took place in Building 2 of Shaoyuan. I am very familiar with the excellent teaching results achieved by the two Teacher Lius in spoken Chinese teaching. Rather than agreeing to "write a preface", I should say that I have the intention of "stealing some skills", taking this opportunity to read their masterpiece and learn from it!

Opening the "Dictionary", what immediately catches the eye are the vivid and familiar phrases it contains, such as "跟没事人似的" "怎么不早说呢" "好家伙" "怪不得" "我说什么来着" "心提到嗓子眼儿" and so on. These expressions are so familiar and endearing! This Chinese-English reference book primarily collects sentence patterns, short phrases, fixed phrases, and idioms that are common and frequently used in Mandarin Chinese spoken language (many of which are from Beijing dialect), explains the meanings, and illustrates the usages and notes. It aims to help foreign learners of Chinese, especially in spoken Chinese, to improve their ability and proficiency in expressing themselves using authentic Chinese spoken language formats, sentence patterns, and phrases.

Each entry in the "Dictionary" consists of "Paraphrase" "Usage" and "Examples". The format is concise, the presentation is clear, and the explanations are to the point, which is very beneficial for learners and teachers to read and understand. Here, I will randomly select the entry "不管怎么说，……" to briefly showcase:

不管怎么说，…… bùguǎn zěnme shuō, ⋯

释义 Paraphrase

表示在任何情况下结果或结论都不会改变或不应该改变。

To indicate that the result or conclusion will not change or should not change under any case.

用法提示 Usage

有时也可以说"不管怎么样，……"。

Sometimes it can also be "不管怎么样，……".

实例 Examples

（1）不管怎么说，你今天一定要给我一个准确的答复。

（2）虽然你爸爸对你说的话有些过分，可不管怎么说，他是你爸爸，你不应该气他。

Another distinct characteristic of this book is that the precise meanings of the common sentence patterns it includes are difficult to find in general reference books. When explaining and elucidating these patterns, the "Dictionary" highlights the difference between their literal meanings and actual implications, effectively meeting the needs of foreign learners in acquiring authentic spoken Chinese expressions. Therefore, it possesses strong practicality.

For a long time, the compilation of textbooks for teaching spoken Chinese as a foreign language and the instruction in spoken Chinese classrooms have been concerned with and exploring questions such as whether the dialogues taught (and included in textbooks) being authentic spoken language, and how to teach students authentic spoken Chinese in the classroom. To address these issues, compiling textbooks that fully reflect the characteristics of spoken Chinese vocabulary and sentence patterns is an important approach; at the same time, compiling a dictionary that collects, annotates, and explains commonly used words, sentence patterns, and expressions in spoken Chinese is another crucial task. The two Teacher Lius recognized the importance of this work very early on, have been paying close attention to it, and have diligently worked on it. They completed the book "Exemplification of Common Sentence Patterns in Spoken Chinese" in 2005, and now they have carefully revised it for its second edition. This undoubtedly contributes to the teaching of Chinese as a foreign language, providing a "down-to-earth" teaching reference book and a useful tool for learning and reference. Congratulations!

The "Dictionary", compiled based on authentic language materials from daily life and tailored for teaching spoken Chinese as a foreign language, is a highly practical reference book that is certain to be welcomed by learners and teachers alike.

Li Hongyin
Xierqi, Beijing

第一版前言

《汉语口语常用句式例解》收录汉语口语中常见的短句和固定句式共 527 条,是一部帮助外国人学习汉语的实用性较强的工具书,对对外汉语教师以及其他语文工作者也有较实用的参考价值。

学习语言的一个难点,就是会遇见一些看似简单有时却无法知道其确切含义的短语。这些短语在一般的工具书中又很难查到。比如一些人在说话时为了表示确认某种说法或事实,提醒人们注意,会加入一个插入语"你还别说",外国学习者听到这句话,往往会感到困惑不解,也许心里在琢磨:我没说什么呀,他为什么对我说"你还别说"呀?

如何准确合理地解释口语句式,也是多年来困扰对外汉语教学工作者的一个难题,因为很多口语句式无法用一般的语法概念来解释清楚。当教学中遇到或学习者问到这类问题时,只能凭借自己平时的语感,作出不一定完全恰当的说明。

我们多年来一直从事对外汉语教学工作,上述问题也是我们在教学中经常遇到的。在教材编写过程中,我们总是通过"语句理解"等形式对课文中出现的这类口语句式作一些例释,以期帮助学习者解决难题。但是课本中出现的口语句式毕竟有限,学习者更多接触的表达方式是在与中国人交往中遇到的,有心者往往会带着这类问题向人请教。

有鉴于此,我们深感有编写这类工具书的必要。我们编写这本《汉语口语常用句式例解》也是一种尝试,由于口语的丰富性、活泼性、省略性及不规范性,加上所能参考的资料有限,一些条目的例释是很难用精确的语言来定义或概括的。不过我们真心希望,这本工具书能给汉语学习者带来方便,给对外汉语教师提供一些教学参考。我们也希望这本工具书给有志于对外汉语教学研究的同行一些启发,编写出更全面、更有实用价值的工具书来,以满足对外汉语教学的需要。

对于书中的不足之处，恳请大家在使用的过程中提出宝贵的意见，使这本书日臻完善，进而使这一领域的成果能在深度和广度上继续发展，这也是我们编写本书的初衷和美好的愿望。

刘德联　刘晓雨
于北京大学

Preface of the First Edition

"Exemplification of Common Sentence Patterns in Spoken Chinese", composed of 527 common short sentences and fixed patterns, serves as a practical tool to help the foreigners to learn Chinese as well as a good reference for Chinese teachers and those who work in Chinese.

We tend to compile such a guide in order to solve the following puzzles:

The first puzzle comes from the language learners, who get confused over those seemingly simple phrases whose implications are hard to dig out. And these phrases can seldom be consulted in common reference books. For example, when some people insert a parenthesis like "你还别说" to confirm a saying or a fact, the foreign learners will get puzzled and turn it over and over in the mind: I didn't say anything, why does he utter "你还别说" to me?

The second puzzle comes from Chinese teachers, who have been haunted by a dilemma of giving accurate and reasonable explanations for some spoken Chinese patterns. The reason is that some spoken patterns cannot be explained clearly by using common grammatical concepts. When faced with such case, teachers cannot offer some proper explanations, only depending on their own language sense.

The third puzzle comes from our textbook compilers. During many years of teaching Chinese to foreign students, we often meet the above-mentioned perplex. Therefore, in the process of compiling textbooks, we always try to exemplify such kind of spoken patterns in the form of "sentence comprehension" in the text, expecting to help the learners to solve the difficult problem. However, the number of such patterns in the text is very limited while the foreign learners often meet a lot of such patterns in their conversations with Chinese people and they want to learn more about them.

Under such circumstances, we feel it a necessity to compile such kind of reference book. This book is just a trial, in which some examples of certain items are difficult to be defined or summarized by concise words due to the fact that the oral Chinese is very abundant, lively, elliptical and abnormal in addition to inadequate reference materials. Nevertheless, we sincerely hope that it can bring some convenience to Chinese learners, offer some teaching references to teachers and shed some light on the researchers of teaching Chinese, who can hopefully compile more practical and comprehensive reference books to meet the increasing demands of teaching Chinese to foreigners.

There is still much to be desired in this book and any suggestions are highly appreciated. Our first and last wish of compiling this book is that your valuable suggestions will usher this field into a deeper and broader perspective in the near future.

Liu Delian, Liu Xiaoyu
Peking University

目　录
Contents

说　明　Notes ··· 1
凡　例　Conventions ··· 5
检索表　Index ··· 9
正　文　Text ··· 1–624

说　明

一、条目选取原则

口语句式不同于成语及俗语，它的存在呈现出多样化。由于各地区方言和语调等诸多因素的影响，同一个意思可能有不同的说法。我们从方便外国学习者学习汉语的角度出发，对所收集句式按以下原则作了取舍：

1. 选取生活中常用的口语短句。
2. 选取常用的口语固定格式、口语固定词组。这些固定格式和固定词组主要选自各类对外汉语教学大纲及当前流行的影视作品。
3. 选取能单独成句的习用语。
4. 选取虽然书面性较强，但是在口语中仍使用较多的格式和语句，如"一言为定"等。
5. 选取能单独成句的词语。某些词语在使用中有时需与其他词语搭配成句，有时也可独立成句，有完整的语义，我们选取后者。如"做梦"：

（1）我每天晚上都做梦。

（2）你想跟我结婚？做梦！

我们只选取例（2）。

6. 一些语句在认知上没有难度，学习者认识了其中每一个词语，就理解了整体的含义，这样的语句一般不收入；而有的语句看似简单，但词语组合之后产生了新的含义，有认知上的难度，容易产生歧义，这样的语句是我们的收录对象，如"给……点儿颜色看看""看你说的"。

7. 虽在某一地区流行，但过于地方化的语句没有收入。

二、编写体例

1. 条目：按音序排列，并注有汉语拼音。

2. 释义：对所选条目从整体上加以说明，不作具体的语法分析。释义配有英文翻译。

3. 用法提示：对该句式的使用特点及容易出现的偏误进行提示，包括两方面的内容：一是结构方面的提示，如固定格式词语在句中的位置、语句的使用场合、可搭配哪些词语及其词性、句式的反问形式等；二是语用方面的提示，如使用者的身份、性别，表达时的感情色彩、语气等。用法提示也配有英文翻译。

4. 实例：根据释义和用法提示，给出常见情景下的使用范例，以利于学习者更具体地了解该句式的特点及使用方法。

Notes

I. Principles of Selecting Items

Oral Chinese patterns, different from proverbs and folk adages, exist in a variety of forms. The same meaning can probably have different representations because of the influence of such factors as different local vernaculars, different phonology and tones. In order to help the foreign learners to learn Chinese more effectively, we select the patterns based on the following principles:

1. Select the short oral patterns that are often used in daily life.

2. Select the fixed oral patterns and fixed oral phrases that are often used in daily life from various syllabuses for teaching Chinese as a foreign language and contemporary popular film and TV works.

3. Select those idioms that can be used as independent sentences.

4. Select some written sayings that are very often used in oral expressions, such as "一言为定".

5. Select some phrases that can be used as independent sentences. For some phrases that need to be used with other phrases to make a sentence, sometimes they can be used as independent sentences carrying complete meanings. In this case, we'll select the latter one. Take "做梦" as an example:

(1) 我每天晚上都做梦。

(2) 你想跟我结婚？做梦！

We'll only select the second sentence.

6. We haven't selected those easily-understood sentences, in which each word is understood, then learners can understand what the whole sentence means. However, we do select those phrases that are seemingly simple, but

difficult to understand and easy to be ambiguous, such as "给……点儿颜色看看""看你说的".

7. We haven't selected those overly localized expressions that are popular in a certain area.

II. Compiling Layout

1. Items: arranged in phonetic order, accompanied by Chinese *Pinyin*.

2. Paraphrase: to give a holistic explanation for all the items without specific grammatical analysis. English translations of the paraphrases are offered.

3. Usage:to guide the learners from two aspects,as far as the using features of a certain pattern and some mistakes that are easy to make are concerned:

(1) Structure guide: to further explain the placement of fixed phrases in a sentence, the occasions where the phrases are used, the collocations, parts of speech, or rhetorical forms of certain patterns.

(2) Pragmatic guide of the patterns: to offer the status and gender of the users, the feelings of expression, tone, etc. English translations of the usages are provided.

4. Examples: based on the paraphrase and usage, to give examples under common circumstances in order to help the learners to know the features of the patterns more specifically and get to know how to use the patterns correctly.

凡　例

1. 本词典主要收录现代汉语口语中常用的表达，共1061条。这些表达一般词典中不见收录，汉字形式虽然简单，但通常不易从字面意义理解句式意义。形式包括短句、固定格式和词组、可单独成句的习用语、书面性较强但口头表达使用较多的客气话等。选取使用普遍性较强的条目，过于地方化的表达未作收录。

2. 为方便使用者查找，如果出现同类多种常用的情况，或按照音序分别列出，比如"那有什么""这有什么"；或在括号中用"/"呈现，比如"把……怎么着（/样）"。

3. 条目中括号的内容表示可以说，也可以省略。比如"不是（个）办法"表示可以说"不是个办法"，也可以说"不是办法"。

4. "一""不"按实际读音标变调，不能确定时（如在字母前）标原调。本应连写的拼音，若其中有代替成分的字母，则分写，如"A着也是A着"（A zhe yě shì A zhe）。

5. 语气词"啊"，条目中根据前一个字音改写成相应的"哇、呀、哪"，根据条目不能确定的写作"啊"。比如"好哇""什么呀""天哪""这叫什么……啊"。

6. 释义强调语用意义，比如"完了"，不收录表示结束的意义，如"作业做完了吗——完了"；而收录表示事情失败或没有希望的意义，如"完了，爬不了山了"。

7. 用法提示主要是说明或提醒在使用时需要注意的问题。包括：

（1）结构和形式，如否定形式、反问形式、替换部分的意义及词性等。

（2）发音，如重读、轻声等。

（3）语用，如使用者性别、语气等。

8. 实例部分，根据不同的释义和用法提示，尽量分别给出相应的例子。

Conventions

1. This dictionary primarily includes 1061 entries of commonly used expressions in modern spoken Chinese. These expressions are generally not found in general dictionaries. Although their Chinese characters are simple, their sentence meanings are often not easily understood from their literal meanings. The forms include short sentences, fixed formats and phrases, idiomatic expressions that can stand alone as sentences, and polite phrases that are more commonly used in oral expression despite their written nature. Entries with widespread usage are selected, while overly localized expressions are not included.

2. For the convenience of users to research, if there are multiple commonly used variations of the same type, they are either listed separately based on phonetic order, such as "那有什么" and "这有什么", or presented with a "/" in parentheses, such as "把……怎么着（/样）".

3. The content in parentheses within entries indicates that it can be included or omitted. For example, "不是（个）办法" indicates that both "不是个办法" and "不是办法" are acceptable.

4. "一" and "不" are marked with the tone change according to their actual pronunciations. When it's uncertain (such as when preceding a letter), the original tones are marked. For continuously written *pinyin* that include letters, they should be written seperately, such as "A着也是A着" (A zhe yě shì A zhe).

5. For the modal particle "啊", it's rewritten according to the preceding word as "哇, 呀, 哪", and when it cannot be determined from the entry, "啊" is used. For example, "好哇" "什么呀" "天哪" "这叫什么……啊".

6. The paraphrases emphasize the pragmatic meanings. For example, "完了" is not included when it means the end, as in "作业做完了吗——完了", but is included when it indicates failure or hopelessness, as in "完了, 爬不了山了".

7. The usages provide explanations or reminders of points for attention during use. They include:

(1) Structure and form, such as negative forms, rhetorical forms, and the meanings and parts of speech of replacement.

(2) Pronunciation, such as stress and neutral tone.

(3) Pragmatics, such as the gender of the user, tone, etc.

8. For the example section, corresponding examples are provided for different paraphrases and usages as much as possible.

检索表
Index

A	
A……A 的，B……B 的	1
AA 看	1
A 不 A，B 不 B（的）	2
A 不 A 的	3
A 不 A 由你	3
A 不得，B 不得	4
A 不了儿 B	5
A 不说，还 B	5
A 不算，还 B	6
A 倒是 A，……	6
A 的 A，B 的 B	7
A 得不能再 A 了	7
A 都别 A	8
A 归 A，……	9
A 就 A	9
A 就 A 吧	10
A 就 A 在……	11
A 了也就 A 了	12
A 你的（去）吧	12
A 什么 A	13
A 什么 B 什么	14
A 什么不好哇，偏……	15
A 是 A，……	15
A 是 A，B 是 B	16
A 死也不能……	17
A 他……	17
A 也 A 不得，B 也 B 不得	18
A 也 A 了，B 也 B 了	18
A 也罢，B 也罢	18
A 也罢，不 A 也罢	19
A 也不是，B 也不是	20
A 也得 A，不 A 也得 A	21
A 也好，B 也罢	22
A 也好，B 也好	22
A 也好，不 A 也好	22
A 一点儿是一点儿	23
A 一下看	23
A 一下试试	24
A 怎么……，B 就怎么……	24
A 这 A 那	25
A 着也是 A 着	25
爱 A 不 A	26
爱 A 就 A	27
爱搭不理的	27
爱理不理的	28
爱谁谁	28
碍……什么事	29
碍着……了	29
按（理）说	30

B		比……差远了	49
巴不得	31	彼此彼此	50
把……不当一回事	31	必须的	51
把丑话说在前面	32	变着法儿	51
把……当耳旁风	33	别的不说，就说……吧	51
把……当一回事	34	别逗了	52
把……放一放	34	别放在心上	53
把……放在心上	35	别废话	53
把……放在一边	35	别跟……一般见识	54
把……挂在嘴边	36	别看……	55
把话放在这儿	36	别客气	55
把话搁这儿	37	别来这一套	56
把话收回去	37	别麻烦了	56
把话说开了	38	别闹	57
（把）话说清楚	38	别人A不A我不管，反正……	58
把话说在前面	39	别人A什么我不管，反正……	58
把……怎么着（/样）	40	别是……吧	59
罢了	41	别说	59
……罢了	41	别说这（/那）没用的	60
掰了	42	别提多……了	61
摆出一副……的样子	42	别提了	61
拜托	43	别往心里去	62
办不到	44	别想	62
包在……身上	44	别在意	63
保不准	45	别在这儿（/那儿）瞎……了	63
背后说	45	别这么说	64
本来就是嘛	46	不A白不A	65
本来嘛	46	……不A谁A	65
奔命	47	不A是不A，……	66
鼻子不是鼻子，脸不是脸	47	不碍的	67
比……A多了	48	不碍事	67
比A还A	49	不把……当一回事	68

不把……放在眼里	68	不就是……吗	86
不……不行啊	69	不就（是）那点儿事	86
不成问题	70	不就（是）那么回事	87
不吃这一套	70	不就行了	87
不带这么……的	70	不客气	88
……不到哪儿去	71	……不了多少	88
……不到一块儿去	72	不瞒你说	89
不得了	72	不怕你笑话	90
不对劲	73	不是 A 就是 B	90
不对呀	73	不是吹（的）	91
不敢当	74	不是……的（材）料	91
不跟……一般见识	74	不是东西	92
不关……的事	75	不是（个）办法	92
不管 A 不 A	75	不是（个）事	93
不管 A 没 A	76	不是那块料	93
不管不顾的	76	不是那么回事	94
不管什么 A 不 A 的	77	不是闹着玩儿的	94
不管有 A 没 A	77	不是人	95
不管怎么说，……	78	不是玩儿的	95
不管怎么样，……	78	不是玩意儿	96
不过……罢了	79	不是我说你	96
不好了	79	不是这块料	97
不好说	80	不说别的，就说……吧	98
不好意思	80	……不死你	98
不会吧	81	不送	99
不会呀	82	不听使唤	99
不简单	82	不像话	100
不见不散	83	不像样子	100
不见得	83	不要紧	101
不叫（个/回）事	84	不要脸	101
不就得了	85	不要命	101
不就……了	85	不一定	102

不用说	102	从哪儿……起	120
不用问	103	从这一点上说	120
不远送了	104	凑份子	121
不在乎	104	凑合	121
不怎么……	105	凑合着……吧	122
不怎么样	105	错不了	122
不知……（才）好	106	**D**	
不知如何是好	106	搭不上话	123
不知深浅	107	搭（一）把手	123
不知死活	107	打……的主意	124
不知怎么（了）	107	打定主意	124
不值（得）一提	108	打个比方	125
不止	108	打搅了	125
不至于	109	打心眼儿里……	126
C		大A特A	126
才不……呢	111	大不了……	127
……才怪（呢）	111	大……的	127
惨了	112	大有……头	128
差（一）点儿	112	大主意还得……自己拿	128
长话短说	113	当我没说	129
吃饱了撑的	114	倒大霉	129
吃不了兜着走	114	倒血霉	130
吃错药了	115	到底是……	130
吃得开	115	……到家了	131
吃好了	116	……到哪儿去了	132
吃枪药了	116	……到哪儿算哪儿	132
丑话说在前面	117	到时候有你……的	133
臭……	117	到时候再……吧	134
……出个好歹来	118	到时候再说	134
吹了	118	到……为止	134
吹（牛）	119	……到我头上来了	135
吹牛皮	119	……到这儿	136

……倒好	136	都……了	154	
倒要看看	137	都什么年代了	154	
倒也是	138	都什么时候了	155	
得了	138	都是……	156	
得了吧	139	对……不客气	156	
德行	139	对……来说	157	
……的是……	140	对了	157	
……得不得了	140	对……说来	158	
……得不是地方	141	多的是	158	
……得不是时候	142	多管闲事	159	
……得不行	142	……多了	159	
……得不亦乐乎	143	多少是个够哇	160	
……得够呛	143	多少（也）得……	160	
……得好好儿的，……	144	多少……也得 A	161	
……得慌	144	多少有点儿……	162	
……得厉害	145	多少有那么点儿	162	
……得起	145	多新鲜哪	163	
……得什么似的	146	多嘴	163	
……得受不了	147	**E**		
……得头都大了	147	二话不说	164	
……得团团转	148	**F**		
……得要命	148	犯不上	165	
……得要死	149	犯不着	165	
……得真是时候	149	放……点儿	166	
……得正是时候	150	放……些	167	
得分（什么）事	151	非……不成	167	
（等）哪天……	151	非……不可	168	
等着瞧	151	非……不行	168	
丢不起那人	152	废什么话	169	
东一 A 西一 B	152	废物	169	
动不动就……	153	废物点心	170	
都怪……	153	费心了	170	

服了	171	更别说……	188
		恭喜恭喜	189

G

该	172	够A……的	189
该A（就）A，该B（就）B	172	够……（的）了	190
该不会……吧	173	够可以的	190
该死	173	够了	191
该死的	174	够朋友	192
该着	174	够呛	192
该着	175	够……受的	193
赶紧的	175	够意思	193
敢情	176	姑奶奶	194
干什么吃的	176	顾不了那么多	194
搞什么（名堂）	177	顾得过来	194
告诉你	177	顾得上	195
……个不停	178	怪不得	196
……个够	178	怪……的	196
……个没够	179	关……什么事	197
各A各的	180	管A叫B	198
各有各的……	180	管得着	198
给……戴高帽（子）	181	管他呢	199
给……点儿颜色看看	181	管他是谁呢	199
给……脸了	182	鬼知道	200
给……脸色看	183	过奖	200
给……面子	183	过脑子	201
给……添堵	184	过去了	201
给……添麻烦了	184	过去了就过去了	202
给……小鞋穿	185	……过头了	202
跟……过不去	185	……过多少遍了	203

H

跟没事人似的	186	还别说	204
跟……没完	186	还不错	204
跟……说不清楚	187	还不就是……	205
跟……说得来	188		

还不（就）是那么回事	205	……好了	223
还不是……	206	好嘛	224
还不算……呢	206	好你个……	225
……还不行吗	207	好容易……	225
还不一定呢	207	好说	226
还过得去	208	好说歹说	226
还好	208	好说话	227
还可以	209	好哇	227
还没……够	209	好样儿的	228
……还难说（呢）	210	好一个……	228
还……呢	210	好意思吗	229
还……上了	211	合着……	230
还是的	212	何必呢	230
还是……来吧	212	何苦来呢	231
还是老样子	213	何苦呢	231
还是老一套	213	后会有期	232
还是那句话	214	胡扯	232
还是……（为）好	214	胡说	233
还说呢	214	胡说八道	233
还行	215	话不能这么说	234
还用说	216	话得说清楚	234
还用问（吗）	216	话里有话	235
（还）早（着）呢	217	话是这么说，……	235
还真没看出来	217	话说到这（个）份儿上	236
还真是	218	话说得太满了	237
好不容易……	219	话说回来，……	237
（……）好好儿的	220	坏了	238
好好儿的 A，……	220	……坏了	238
好儿……	221	换句话说	239
好家伙	221	回见	239
好久没……了	222	回头见	240
好了	222	会来事	240

会说话	241	就知道……	259
豁出去	241	**K**	
活该	242	开什么玩笑	260
活见鬼	242	看……	261
J		看A那（/这）……样儿	262
加把劲	243	看A这（/那）……	262
见不得人	243	看把A……得	263
见鬼	244	……看吧	264
见鬼去吧	244	看不出来	265
见过……的，没见过这样……的	245	看……的（了）	266
见笑	246	看……的脸色	267
叫……AA	246	看……的笑话	268
叫你……	247	看……的眼色	268
叫我说什么好	247	看得上（眼）	269
叫我说……什么好	248	看开点儿	269
叫我怎么说你	248	看看	270
借（……的）光	248	看看再说	270
揪……的（小）辫子	249	看你	271
久仰	250	看你说的	272
救命	250	看你这（/那）……劲儿	272
就A？……	251	看情况	273
……就那么一说	252	看我的	273
就是A，也B	252	看样子	274
就是了	253	看远点儿	274
就是嘛	253	看在……的分儿上	275
就（是）那么回事	254	看在……的面子上	275
就算是……	255	看怎么说了	276
就这么定了	255	看着……（吧）	276
就这么个……啊	256	看着办	277
就这么着吧	256	看走眼	277
就这些	257	可别这么说	278
就这样吧	258	可不是	278

……可好	279		**M**	
可……了	280	妈呀		298
可说（的）呢	281	麻烦……了		298
可惜了儿的	282	麻烦您……		299
可也是	282	慢慢儿来		299
苦了……了	283	慢用		300
亏 A……	283	慢走		300
	L	忙得过来		301
拉倒吧	285	忙得四脚儿朝天		301
来……	285	忙得转不开身		302
来劲	286	忙着……		303
来就来吧，……	286	毛病		303
来人哪	287	没把……放在眼里		303
来这一手	287	没办法		304
……来着	288	没错儿		304
劳（您）驾	289	没大没小		305
老实讲	289	没……的份儿		305
老实说	290	没……的事		306
老天爷	290	没的说		307
……了不是	291	没多少		307
……了个遍	291	没二话		308
……了去了	292	没个（……）样儿		308
……了（一）点儿	292	没（个）准儿		309
脸往哪儿搁	293	没关系		310
两回事	294	没话说		310
两码事	294	没话找话		311
两说着	295	没劲		311
了不得	295	没看出来		312
留步	296	没门儿		312
论理（说）	297	没皮没脸		313
论起来……	297	没谱儿		313

没轻没重	314	没这么（/那么）便宜	331
没商量	314	没准儿	332
没少……	315	美得你	333
没深没浅	315	免不了……	333
没什么	316	免了	334
没……什么事	316	免谈	334
没什么……头	317	面子上下不来	335
没事	317	明摆着	335
没事找事	318	摸不着头脑	336
没说的	318	摸着门儿	336
没完	319	**N**	
没完没了	320	拿不定主意	337
没问题	320	拿……当猴耍	337
没戏	321	拿得出手	338
没心没肺	321	拿得起来	338
没羞	322	拿……开心	339
没意思	322	拿……来说	339
没影儿的事	323	拿……没办法	340
没（有）别的意思	323	拿……是问	341
没（有）什么大不了的	324	哪点都好，就是……	341
没（有）什么……的	325	哪里	342
没（有）什么好说的	325	哪里话	342
没（有）什么可……的	326	哪里哪里	343
没（有）什么了不起（的）	326	哪儿啊	343
没（有）这么……的	327	……哪儿成啊	344
没有……这（么）一说	327	哪儿的话	345
没有……这样的	328	哪儿都好，就是……	345
没怎么	329	哪儿跟哪儿啊	346
没怎么的	329	哪儿来的回哪儿去	346
没怎么着	330	哪儿（来）那么多……	346
没辙	330	哪儿说哪儿了	347
没这（/那）个意思	331	哪儿有的事	347

哪儿有……的事	348	难怪	365
哪儿有（个）准儿	348	难说	365
哪儿（有）那么多……	348	闹了半天	365
哪儿（有）那么容易	349	能 A 就 A	366
哪儿有这么……的	349	能……到哪儿去	366
哪儿有……这（么）一说	350	你 A 你的，我 B 我的	367
哪儿有……这样的	350	你 A 我我 B 你的	368
哪儿至于呀	351	你猜怎么着	368
哪止	351	你才……呢	369
那不是（嘛）	352	你（给我）等着	370
那才……呢	352	你还别说	370
那倒（也）是	353	你看	371
那得看……	353	（你）看……	372
那个	354	你看看	372
那个……啊	355	你拿主意	373
那（个）谁	356	（你）瞧……	374
那（个）什么	356	你说 A 不 A	374
那还得了	356	你说呢	374
那还……得了	357	你算是……着了	375
那还了得	357	你太抬举我了	376
那叫一个……啊	358	你听着，……	377
那就不客气了	358	你呀，……	377
那就更别提了	359	你以为呢	378
那（可）不是一天半天就……的	359	你以为你是谁	379
那（可）不一定	360	你这个……	379
那可没准儿	361	你这个人	380
那是	361	你真行	381
那要看……	362	**P**	
那（要）看怎么说	362	碰瓷儿	382
那有什么	363	碰运气	382
那又怎么样	364	便宜……了	383
难得	364	凭良心说	383

凭什么	384		软硬不吃	401
Q			**S**	
岂有此理	385		三句话不离……	402
岂止	385		三天两头儿	402
……起来没（个）够	386		上点儿心吧	403
瞧 A 那（/这）……样儿	386		上赶着……	403
瞧 A 这（/那）……	387		上来（/去）就（是）……	404
瞧……的（了）	387		稍等	404
瞧得上（眼）	387		少……	405
瞧你	388		少废话	405
瞧你说的	388		少见	406
且不说	389		少来	406
请便	389		少来这一套	407
请多包涵	390		少陪	408
去你的	390		谁怕谁呀	408
缺德	391		谁让（/叫）……呢	409
R			谁说不是呢	410
让……AA	392		谁也别说谁	410
让……赶上了	393		谁知道	411
（让）……久等了	393		……什么	412
让你……	394		什么 A 不 A 的	413
让你说着了	394		什么 A 呀 B 的	413
（让）您费心了	395		什么东西	414
（让）您……了	395		什么风把你吹来的	415
让我说什么好	396		什么话	416
让我说……什么好	397		什么时候是个头儿	416
让我怎么说你	398		什么时候也 A	417
饶了我吧	398		什么玩意儿	417
人家那……A 的	399		什么呀	417
认倒霉吧	400		什么意思	418
认命吧	400		神经病	418
认栽	401		失礼	419

失陪	419	说到……心里了	437
实话告诉你	420	说得比唱得好听	438
实在不行，……	420	说得出口	438
使眼色	420	说得过去	439
事到如今，也只好……	421	说得好听	439
事儿多	421	说得简单	440
是A就B	422	说得来	440
是……的不是	423	说得轻巧	441
是得好好儿……	423	说得容易	441
是那块料吗	424	说得上话	442
是那么回事	424	说得是	442
是谁也A	425	说定了	443
是时候了	425	说好了	443
是有点儿……	426	说话带刺儿	444
是这话	426	说话算话	444
是这么个理	427	说话算数	445
是这么回事	427	说（句）不好听的	445
属……的	429	说句公道话	446
恕不奉陪	430	说（句）老实话	446
耍我	430	说（句）良心话	447
耍小聪明	431	说（句）实话	447
顺便问一下	431	说（句）实在的	447
顺其自然吧	432	说（句）心里话	448
说A就A	432	说来惭愧	448
说A也A	433	说来话长	449
说白了	434	说来也巧	449
说不好	434	说了不算	449
说不上	435	说了算	450
说出大天来	435	说你A，你就B	451
说穿了	436	说你呢	451
说到底	436	说起……一套一套的	452
说到哪儿去了	437	说……什么好	452

说什么也 A	453	天哪	471
说是 A，其实 B	453	天知道	471
说是这么说，……	454	听 A 这么一说，……	472
说这话可就见外了	454	听……的	473
说真的	455	听……的口气	473
死了这条心吧	455	听……的意思	474
……死（我）了	456	听得进去	474
算 A……	456	听其自然吧	475
算……白说	457	……透了	475
算……的	458	托……的福	476
算得了什么	458	**W**	
算得上	459	完蛋	477
算老儿	460	完了	477
算了	460	玩儿完	478
算了吧	461	往 A 处说，……，往 B 处说，……	478
算你说着了	462	忘了谁也忘不了……	479
……算什么	462	我把话放在这儿	479
算什么……	463	我当是谁呢	480
算什么呀	463	我倒（是）希望……	480
算是吧	464	我倒（是）想……	481
算是说着了	464	我的 A	482
算……一个	465	我的姑奶奶	483
算怎么回事	465	我的老天爷	483
随便	466	我的妈呀	484
随他（去）吧	467	我的天哪	484
随意	467	我的小祖宗	484
T		我敢说，……	485
太……了点儿	469	我就不信了	485
谈不上	469	我就说嘛	486
谈得来	470	我就知道……	486
讨厌	470	我（……）认了	487
替……扛着	471	我说……	487

我说（的）呢	488		心里没底	505
我说嘛	488		心里没谱儿	505
我说什么来着	489		心里有数	506
我说……，原来……	489		心里直打鼓	506
我问你，……	490		心凉了	507
无可奉告	491		心凉了半截儿	507
无所谓	491		心提到嗓子眼儿	508
无语	492		辛苦了	508

X

			行个方便	508
瞎掰	493		行了	509
瞎扯	493			

Y

瞎说	494		……痒痒	511
先走一步	494		要 A 有 A，要 B 有 B	511
献丑	495		要不（怎么）说……呢	512
相对来说	495		要……的命	513
想 A 就 A	496		要多 A 有多 A	513
想 A 也 A 不……	496		要命的是	514
想得倒好	497		要你好看	514
想得倒美	497		要说……啊	515
想都别想	498		（要）我说呀	515
想开点儿	498		（要）照我说	516
想什么呢	499		要知道	516
像话吗	500		……也 A	517
像（那么）回事	500		也别说	518
像什么话	501		也不全是	518
像什么样子	501		也好	519
小菜一碟	502		也就（是）……	519
小意思	502		也就（是）那点儿事	520
小祖宗	503		也是	520
笑话	503		……也是（的）	521
谢天谢地	504		……也真是（的）	521
心里不是滋味	504		一 A 就是 B	522

一 A 了事	522	用……的话来说	537
一 A 了之	523	悠着点儿	538
一 A 一个 B	523	由不得……	538
一般般	524	由……去吧	539
一般来说	524	有 A……的那一天	539
一般说来	525	有病	540
一边儿待着去	525	有的没的	540
一边儿凉快去	526	有……的时候	541
一点儿小意思	526	有的是	541
一个劲儿	527	有……好看的	542
一回事	527	有话好好儿说	542
一句话	527	有话好商量	543
一口一个……	528	有话直说	543
一块石头落了地	528	有讲究	543
一来……，二来……	529	有来头	544
一来二去	529	有了	544
一了百了	529	有两下子	545
一码归一码	530	有毛病	545
一码事	530	有门儿	546
一年半载	531	有那工夫还不如……呢	546
……一声	531	有（那么）点儿意思	547
一问三不知	531	有……呢	547
一言为定	532	有情况	548
依……看	532	有什么 A 什么	548
依……说	533	有什么大不了的	549
依……之见	533	有什么关系	549
以为谁不知道呢	534	有什么好说的	550
意思一下	534	有什么可……的	550
意思意思	535	有什么了不起（的）	551
应该……才对	535	有……什么事	551
硬着头皮……	536	有什么……头	552
用不着	536	有什么呀	552

有事您说话	553	怎见得	570
有完没完	553	怎么 A 的，（就）怎么 B	570
有戏	554	怎么不早说呢	571
有一 A 没一 A 的	554	怎么得了	572
有一搭无一搭的	555	怎么都行	572
有一套	555	怎么搞的	573
有意思吗	556	怎么个……法儿	573
有这么……的吗	556	怎么个意思	574
有种	557	怎么回事	575
又来了	557	怎么见得	575
又……上了	558	怎么讲	576
又是 A，又是 B	558	怎么说话呢	576
原来如此	559	怎么说呢	577

Z

……砸了	560	怎么说也 A	577
栽了	560	怎么样	578
栽在……手上	561	怎么着	578
在……看来	561	怎么着吧	579
（在）哪儿也 A	562	怎么（着）也 A	580
再 A 也没有……A	562	沾……光	580
再……不过了	563	找别扭	581
再……就不客气了	563	找不痛快	581
再说吧	564	找不着北	581
再说了	564	找不自在	582
再怎么说……	565	找碴儿	582
再者说	566	找抽	583
咱俩谁跟谁呀	566	找打	583
糟糕	567	找事	583
糟了	567	找死	584
早 A 就 B 了	568	找辙	584
早 A 早 B	569	找揍	585
早（也）不 A，晚（也）不 A，……	569	照 A 这么说，……	585
		照……的说法	586

照理（说）	586	这是从哪儿说起呀	602
这不是（嘛）	587	这是什么话	603
这才哪儿到哪儿	587	这是（说的）哪里话	603
这倒是个事	588	这是怎么话儿说的	604
这倒（也）是	589	这是怎么说的	604
这个	589	这下（可）……了	605
这个……啊	590	这样吧	605
这还……啊	590	这样（／么）一来	606
这还得了	591	这（要）看怎么说	606
这还……得了	591	这也叫……	607
这还了得	592	这一A不要紧，……	607
这话扯远了	592	这有什么	608
这话说到哪儿去了	593	……着点儿	608
这话说得	593	……着呢	609
（这话）说远了	594	……着玩儿	610
这话在理	594	真A得出来	611
这话怎么讲	595	真没看出来	611
这话怎么说	595	真让人头疼	612
这叫什么……啊	596	真是（的）	612
这叫什么话	596	真新鲜	613
这叫什么事	597	真行	613
这就……	597	真有你的	614
这（可）不是一天半天就……的	597	真有意思	614
这（可）不一定	598	整个一（个）……	615
这可没准儿	598	住口	615
这么说	599	住手	616
这么说吧	599	住嘴	616
这么下去，……	600	撞到……枪口上	617
这么着	600	自己来	617
这（／那）还叫（个／回）事吗	600	自找的	618
这你就……了	601	总不能……吧	618
这儿没有外人	602	总的来说	619

总得……吧	619	嘴上没个把门儿的	622
总而言之	619	左一A右一B	622
总之	620	做梦	623
走好	620	做梦也没想到	623
走一步算一步	621	做梦也想不到	624
走着瞧	621		

A

A……A 的，B……B 的　A…A de, B…B de

释义 Paraphrase

表示各做各的事情。

To indicate that everyone does his/her own thing.

用法提示 Usage

① A 和 B 为施事者。

A and B are the agents.

② A 和 B 后面的替换部分一般是动词。

The replacements after A and B are usually verbs.

③ "的"的后面可加中心语。

Head words can be added after "的".

实例 Examples

（1）公园里这边有人唱戏，那边有人唱歌，大家你唱你的，我唱我的，互不干扰。

（2）兄弟两个各住一个房间，平时哥哥看哥哥的书，弟弟玩儿弟弟的游戏，不常在一起聊天儿。

AA 看　AA kàn

释义 Paraphrase

表示尝试一下。

To mean to have a try.

用法提示 Usage

① A 多为单音节动词。
　　A is usually a monosyllabic verb.
② 有时候也说"A 一下看""A 一下试试"。
　　Sometimes it can also be "A 一下看" or "A 一下试试".
③ 有鼓励的语气。
　　There is a tone of encouragement.
④ 有时带有威胁的语气。
　　Sometimes there is a tone of threat.

实例 Examples

（1）你有什么好建议，先说说看。
（2）这些菜都是我做的，不知道合不合你的口味，你尝尝看。
（3）甲：这个手机你能修好吗？
　　　乙：不知道，我试试看吧。
（4）新来的小张很有想法，这个项目可以让他做做看。
（5）怎么着？你还想打人？你试试看！

A 不 A，B 不 B（的）　　A bu A, B bu B (de)

释义 Paraphrase

　　强调既没有这方面的特点，也没有那方面的特点，让人难以分清或者选择。

　　To emphasize that it's hard to distinguish or choose, since there isn't characteristic of either this aspect or that aspect.

用法提示 Usage

① A 和 B 通常是有对比意义的词语。
　　A and B are usually words implying contrast.
② 多含贬低义。
　　It's usually derogatory.

实例 Examples

（1）我不喜欢这种样式的衣服，中不中，洋不洋的。
（2）你怎么爱吃这种点心？甜不甜，咸不咸的。
（3）你理的是什么发型啊？男不男，女不女（的），真难看！
（4）我真看不惯那些人的打扮，人不人，鬼不鬼（的），像什么样子！

A 不 A 的　A bu A de

释义 Paraphrase

表示不在乎或者用不着去关注某人或某事物的某一特点。

To show that someone doesn't care or it's not necessary to care about a particular feature of a person or a thing.

用法提示 Usage

A 可以是形容词，也可以是动词、名词。

A can be an adjective, a verb or a noun.

实例 Examples

（1）甲：这菜一看就没胃口。
　　　乙：好看不好看的，能填饱肚子就行。
（2）甲：这个项目我们是不是还需要再研究研究？
　　　乙：研究不研究的，老板不是拍板了吗？我们照着干就是了。
（3）甲：你不听他的行吗？人家可是领导。
　　　乙：领导不领导的，他能把我怎么样？

A 不 A 由你　A bu A yóu nǐ

释义 Paraphrase

表示情况就是这样，任由别人决定怎么做。

To show that it's the case and let others decide what to do.

用法提示 Usage

可以换用其他人称代词。
Other personal pronouns can be used.

实例 Examples

（1）这是我亲眼看到的，信不信由你。
（2）我把票放在这儿，去不去由你吧。
（3）该说的话我都说了，听不听由他。
（4）你们可以提建议，但是做不做由我，你们不能强迫我啊。

A 不得，B 不得　A bude, B bude

释义 Paraphrase

表示没有办法应付某人或者某种情况。
To indicate that there is no way to deal with a person or a situation.

用法提示 Usage

① A 和 B 一般是意思相近的单音节动词或形容词。
A and B are usually monosyllabic verbs or adjectives of similar meaning.
② 有无奈的语气。
There's a tone of having no choice.
③ 也说"A 也 A 不得，B 也 B 不得"。
It can also be "A 也 A 不得，B 也 B 不得".

实例 Examples

（1）这些孩子大多是家里的"小皇帝"，对他们一点儿办法也没有，说不得，打不得。
（2）这孩子伶牙俐齿的，无论你说他什么都会被他怼回来，真让人哭不得，笑不得。

A 不了几 B   A buliǎo jǐ B

释义 Paraphrase

强调数量少，时间短。
To emphasize the limited number or short time.

用法提示 Usage

A 是动词或形容词，B 一般是表示数量或时间的量词。
A is a verb or an adjective, and B is usually a measure word for quantity or time.

实例 Examples

（1）咱们学校的食堂挺便宜的，吃一顿饭花不了几块钱。
（2）超市离这儿不远，走不了几步就到了。
（3）我的房子是比你的大一点儿，可大不了几平方米。
（4）咱们在这儿住不了几天（就走），用不着买家具。

A 不说，还 B   A bù shuō, hái B

释义 Paraphrase

表示除了前面所说的，还有后面的情况。
To indicate that there is also the following situation in addition to what has been said first.

用法提示 Usage

① 多指不如意的事情。
　It usually refers to something unpleasant.
② 也说"A 不算，还 B"。
　It can also be "A 不算，还 B".

实例 Examples

（1）我可不喜欢去那个饭馆儿，饭菜贵不说，还不好吃。
（2）我不想和他住一个房间，他每天抽烟不说，睡觉还打呼噜。
（3）周末咱们去温泉度假村吧，能泡温泉不说，还能钓鱼呢。

A 不算，还 B　A bú suàn, hái B

释义与用法提示 Paraphrase and Usage

参见"A 不说，还 B"。
See also "A 不说，还 B".

实例 Examples

（1）这孩子，不写作业不算，还在作业本上画乱七八糟的漫画。
（2）他开车撞了我，不向我道歉不算，还怪我挡了他的路。
（3）昨天我家被盗了，小偷儿偷了钱不算，还弄坏了不少东西。

A 倒是 A，……　A dàoshì A, …

释义 Paraphrase

前面暂且承认某种事实，后面的替换部分多是与前面所说不相适应的内容。

To admit a fact for the time being first, but the following replacement is always not suitable for what was mentioned first.

用法提示 Usage

① A 一般是形容词或动词。
　　A is usually an adjective or a verb.
② 后面的部分中，多有"可（是）"等表示转折的词语相呼应。
　　In the following part, there are often such words that indicate adversative meaning as "可（是）".

实例 Examples

（1）这种烤鸭便宜倒是便宜，可是味道不正。
（2）甲：你想开公司啊？
　　乙：想倒是想，可我哪儿来的本钱哪？
（3）吃倒是吃，就是吃得不多。
（4）她去倒是去了，可是待了一会儿就走了。

A 的 A，B 的 B　A de A, B de B

释义 Paraphrase

指有的这样，有的那样，合起来有时可以表示全部。

To refer that some are in this case, some are in that case, and when combined, they can sometimes stand for the whole.

用法提示 Usage

A 和 B 一般是意义相关或者相反的形容词、动词或动词性短语。

A and B are adjectives, verbs or verbal phrases that are related or opposite in meaning.

实例 Examples

（1）这些衣服肥的肥，瘦的瘦，没有一件适合我穿的。
（2）晚会上，大家说的说，笑的笑，非常热闹。
（3）为了准备这次聚餐，我们买菜的买菜，打扫房间的打扫房间，忙了一下午。

A 得不能再 A 了　A de bù néng zài A le

释义 Paraphrase

强调程度很高，到了极点。

To emphasize that the degree is very high, reaching the extreme.

用法提示 Usage

① A 一般是单音节形容词。

  A is usually a monosyllabic adjective.

② 有夸张的语气,有时也用于讽刺。

  There is an exaggerated tone, which is sometimes also used for irony.

实例 Examples

(1) 你怎么在那个小区买房子?那儿的房子贵得不能再贵了。
(2) 这孩子胖得不能再胖了,该让他减减肥了!
(3) 甲:我这么做有什么不好?
    乙:好,真是好得不能再好了!

A 都别 A　A dōu bié A

释义 Paraphrase

表示完全没有商量的余地,根本不可能答应。

To indicate that there is no room for discussion at all and it's impossible to agree.

用法提示 Usage

① A 是动词。

  A is a verb.

② 有决绝的语气。

  There is a resolute tone.

实例 Examples

(1) 这条件太苛刻了,谈都别谈。
(2) 你想要我这辆车?想都别想!

A 归 A, …… A guī A, …

释义 Paraphrase

表示虽然确认某一事实,但是从另一角度指出相对的一面。

To indicate that a certain fact is confirmed, but the opposite side is also pointed out from another angle.

用法提示 Usage

A 可以是动词、形容词或名词。

A can be a verb, an adjective or a noun.

实例 Examples

(1)骂归骂,他心里还是很疼自己的儿子的。
(2)这个演员帅归帅,但是演技不怎么样。
(3)朋友归朋友,可是在钱上面还是分清点儿好。

A 就 A A jiù A

释义 Paraphrase

表示态度决绝,不惧怕去做某事。

To indicate the resolute attitude and never being afraid of doing something.

用法提示 Usage

① A 一般是动词或者动词性短语。

A is usually a verb or a verbal phrase.

② 有赌气的意味。

There is a sense of pique.

实例 Examples

（1）甲：你敢跟我比试比试吗？
　　　乙：比就比，谁怕谁呀！
（2）甲：你不喜欢我，那就分手。
　　　乙：分手就分手，别以为我离不开你。

A 就 A 吧　A jiù A ba

释义 1 Paraphrase 1

表示没关系或不要紧。

To indicate that it doesn't matter or it's all right.

用法提示 Usage

① A 可以是动词、形容词或名词。

A can be a verb, an adjective or a noun.

② 有容忍、无所谓或无奈的语气。

It carries a tone of tolerance, indifference or having no choice but to accept it.

实例 Examples

（1）甲：孩子还没写完作业就去玩儿了。
　　　乙：玩儿就玩儿吧，今天是周末，让他放松一下吧。
（2）甲：今天下午的会，老王说他不想参加了。
　　　乙：反正有咱们几个去，他不参加就不参加吧。
（3）甲：要喝这种酒吗？可不便宜。
　　　乙：那有什么办法？他就喜欢喝这种酒，贵就贵吧。
（4）甲：我这儿可没什么好吃的，只有方便面。
　　　乙：方便面就方便面吧，有的吃总比饿着好。

释义 2 Paraphrase 2

用于复句的前半句，对前面某种行为表示容许，而对后面发生的意料之外的问题表示不满。

To be used in the first part of a complex sentence to express accepting some behavior before, but being dissatisfied with the unexpected problem that occurs later.

用法提示 Usage

① A 可以是动词或者动词性短语。
A can be a verb or a verbal phrase.
② 有不满的语气。
It carries a tone of dissatisfaction.
③ "吧"也可以说"呗"。
"吧" can also be "呗".

实例 Examples

（1）孩子闹着要去邻居家玩儿，去就去吧，还非要在人家家里吃饭。
（2）你说她家装修让你去帮忙，帮忙就帮忙呗，你掺和人家的私事干吗？

A 就 A 在…… A jiù A zài…

释义 Paraphrase

强调事物的特点所在或事情发生的原因。
To emphasize the characteristic of something or the reason for an event.

用法提示 Usage

A 一般是形容词。
A is usually an adjective.

实例 Examples

（1）这衣服漂亮就漂亮在颜色上。
（2）我倒霉就倒霉在太相信你了。

A 了也就 A 了　A le yě jiù A le

释义 Paraphrase

对某事的发生表示没办法或者持无关紧要的态度。

To show helplessness or an indifferent attitude towards the occurrence of something.

用法提示 Usage

① A 是动词。
　A is a verb.
② 有无奈或者无所谓的语气。
　There is a helpless or indifferent tone.

实例 Examples

（1）摔了也就摔了，你骂孩子有什么用？
（2）丢了也就丢了，再买个新的吧。

A 你的（去）吧　A nǐ de (qù) ba

释义 Paraphrase

劝对方专心处理自己的事情，不用操心其他事情。

To persuade the other party to deal with one's own business and not to worry about other issues.

用法提示 Usage

① A是动词。

A is a verb.

② 有时有不满或不耐烦的语气。

There is a tone of dissatisfaction or impatience.

实例 Examples

（1）甲：我最近事情太多，抽不出时间来，可孩子的功课没人辅导怎么行呢？

乙：忙你的去吧，孩子的功课交给我了。

（2）甲：小刘，你帮我接待一下客人，我得赶紧把报告写完交上去。

乙：行，你弄你的吧，这儿交给我了。

（3）甲：你看他坐那儿一动不动的，想什么呢？

乙：玩儿你的（去）吧！跟你有什么关系？

A什么A　A shénme A

释义 Paraphrase

否定人们对某人或者某一事物的评价，或者要求他人停止某一行为。

To deny people's evaluation of someone or something, or to ask others to stop a certain behavior.

用法提示 Usage

① A 一般是单音节形容词或动词。

A is usually a monosyllabic adjective or verb.

② A 为形容词时有不耐烦的语气。

There is a tone of impatience when A is an adjective.

③ A 为动词时有呵斥的语气。

There is a tone of reprimand when A is a verb.

实例 Examples

（1）甲：我觉得他这个人挺好的。

　　　乙：好什么好，当人一面背人一面，两面派！

（2）甲：这是不是太贵了？

　　　乙：贵什么贵！别的商场比这儿贵多了。

（3）喊什么喊！怕人不知道你嗓门儿大吗？

A 什么 B 什么　A shénme B shénme

释义 1 Paraphrase 1

任指。两个"什么"前后照应，表示后者与前者等同。

To indicate free reference, in which the two "什么" refer to each other, indicating that the latter is equivalent to the former.

用法提示 Usage

A 和 B 可以是同一个动词，也可以是不同的动词。

A and B can be the same verb or different verbs.

实例 Examples

（1）别费事了，有什么吃什么。

（2）他的模仿能力很强，学什么像什么。

释义 2 Paraphrase 2

表示事情随着人的希望发生，或者本来不希望发生却偏偏发生。

To indicate that things happen with people's hope, or things happen when people don't want to.

用法提示 Usage

A 和 B 一般是不同的动词。

A and B are usually the different verbs.

实例 Examples

（1）甲：老刘中奖了，他说中午他请客，请大家吃海鲜。
　　　乙：真是想什么有什么，我好久没闻到鱼腥味儿了。
（2）甲：赶快起床收拾房间，一会儿宿舍楼管要来检查卫生。
　　　乙：唉！怕什么来什么，大周末的，也不让人多睡会儿。

A 什么不好哇，偏……　A shénme bù hǎo wa, piān…

释义 Paraphrase

表示某人所做的是自己最不希望看到或者听到的。

To indicate that what someone is doing is the last thing the speaker wants to see or hear.

用法提示 Usage

① A 是动词。
　A is a verb.
② 替换部分是不希望看到或听到的事情。
　The replacement is something that the speaker doesn't want to see or hear.
③ 有不满的语气。
　It carries a tone of dissatisfaction.

实例 Examples

（1）学什么不好哇，偏学这种低俗的顺口溜。
（2）写什么不好哇，偏写这些负面的东西！

A 是 A，……　A shì A, …

释义 Paraphrase

表示让步，有"虽然"的意思。
To indicate concession, which is equal to "although".

用法提示 Usage

① 第二个 A 可以是和第一个 A 完全相同的词语，也可以有附加成分。
The second A can be same as the first A, or can have some supplementary words.

② 后面常有表示转折的"可（是）、但（是）、就是、只是"等词语。
The following part often contains such words that show adversative meaning as "可（是）、但（是）、就是、只是"。

实例 Examples

（1）这个饭馆儿的菜便宜是便宜，可并不好吃。
（2）咱们朋友是朋友，但我可不能帮你做违法的事情。
（3）他唱是能唱，就是今天感冒了，嗓子不太好。
（4）甲：下这么大的雪，飞机都停飞了，你还走得了吗？
　　乙：走是走不了了，只是明天在上海还有一个重要的会呢！

A 是 A，B 是 B　A shì A, B shì B

释义 Paraphrase

表示二者有区别，不能等同或者混为一谈。
To indicate that the two are different and cannot be regarded as the same.

用法提示 Usage

A 和 B 是用于对比的词语。
A and B are contrastive words.

实例 Examples

（1）虽然我和他是朋友，但他是他，我是我，他犯的错误怎么能算在我的头上？
（2）甲：你昨天不是说要跟我们一起去爬山吗？
　　乙：昨天是昨天，今天是今天，现在我又不想去了。
（3）你别信他，他这个人，说是说，做是做，说话从来不算数。

A 死也不能…… A sǐ yě bù néng…

释义 Paraphrase

表示无论怎么样,都绝对不能做某事。

To indicate that someone cannot do something absolutely in any case.

用法提示 Usage

A 是动词。

A is a verb.

实例 Examples

(1) 这是原则问题,饿死也不能偷别人的东西吃!

(2) 这可是天大的秘密,打死也不能告诉别人啊!

A 他…… A tā…

释义 Paraphrase

"他"用在动词和数量词之间,表示虚指。

"他" indicates empty reference when used between a verb and a quantifier.

用法提示 Usage

① A 是动词。

A is a verb.

② 替换部分多为数量词。

The replacement is usually a quantifier.

实例 Examples

(1) 每天早上跑他十圈,你一定会瘦下来。

(2) 今晚好好儿睡他一觉,什么烦恼都没了。

A 也 A 不得，B 也 B 不得　A yě A bude, B yě B bude

释义与用法提示 Paraphrase and Usage

参见"A 不得，B 不得"。
See also "A 不得，B 不得".

实例 Examples

（1）孩子闯了祸有他爷爷奶奶护着，我打也打不得，骂也骂不得。
（2）她这个人就是个慢性子，出门前化妆至少要一个小时，真让人急也急不得，恼也恼不得。

A 也 A 了，B 也 B 了　A yě A le, B yě B le

释义 Paraphrase

表示已经满足了对方的先决条件，希望知道后续的结果。
To indicate that the precondition of the other party has been met, hoping to know the follow-up result.

用法提示 Usage

A 和 B 是意义相近的单音节动词。
A and B are the monosyllabic verbs with similar meanings.

实例 Examples

（1）你吃也吃了，拿也拿了，答应的事什么时候办？
（2）你打也打了，骂也骂了，还想怎么样？

A 也罢，B 也罢　A yěbà, B yěbà

释义 Paraphrase

表示在任何情况下都如此。
To indicate that it's such situation in any case.

用法提示 Usage

① A 和 B 通常是意义相关但表示不同感受的形容词或表示不同方式的动词性词语。

A and B are usually adjectives which have relative meanings but indicate different feelings, or verbal words which indicate different ways.

② 也说"A 也好，B 也罢""A 也好，B 也好"。

It can also be "A 也好，B 也罢" "A 也好，B 也好".

实例 Examples

（1）只要我们能永远生活在一起，日子苦也罢，甜也罢，我都是心甘情愿的。

（2）你卖给他也罢，送给他也罢，反正要把这东西交到他手里。

（3）留下来也罢，回去也罢，你自己决定吧。

A 也罢，不 A 也罢　A yěbà, bù A yěbà

释义 Paraphrase

表示在正反两种情况下都应该如此。

To indicate that it should be such situation in both positive and negative cases.

用法提示 Usage

① A 一般是动词或者心理活动动词。

A is usually a verb or a verb of mental activity.

② 也说"A 也好，不 A 也好"。

It can also be "A 也好，不 A 也好".

实例 Examples

（1）你去也罢，不去也罢，好歹给个回话。

（2）你愿意也罢，不愿意也罢，总要有个主意吧?

A 也不是，B 也不是　A yě bú shì, B yě bú shì

释义 1 Paraphrase 1

表示两种选择都不合适，感到左右为难。

To indicate a dilemma situation because neither of the two choices is appropriate.

用法提示 Usage

① A 和 B 是意义相关但表示不同方式的词语。

A and B are the words with relative meanings but indicating different ways.

② A 后面的"也"有时可以省略。

"也" after A can sometimes be omitted.

实例 Examples

（1）孩子考试没考好,父母看着孩子难过的样子,打也不是,骂也不是。

（2）第一次去女朋友家，他很紧张，站也不是，坐也不是。

释义 2 Paraphrase 2

表示相反的两种选择都不合适，感到左右为难。

To indicate a dilemma situation because neither of the two opposite choices is appropriate.

用法提示 Usage

① A 一般是动词。

A is usually a verb.

② B 是 A 的否定形式"不 A"。

B is "不 A", the negative form of A.

实例 Examples

（1）甲：他是你的朋友，请你参加生日晚会，你不去不合适吧？

乙：可是我实在是没时间哪，真是去也不是，不去也不是。

（2）甲：这个方案怎么样？你表个态吧。

乙：我怎么表态？这方案是我师父提出来的，同意也不是，反对也不是。

A 也得 A，不 A 也得 A　A yě děi A, bù A yě děi A

释义 Paraphrase

表示无论如何必须做或者只能这样做。

To indicate that it should be done in any case or has to be done like this.

用法提示 Usage

① A 是动词。

A is a verb.

② 有强迫或者无奈的语气。

It carries a tone that something has to be done or there is no choice but to do it.

实例 Examples

（1）甲：今天我有急事，晚上的演出我可能参加不了。

乙：那怎么行？你来也得来，不来也得来。你是主角，你不来怎么演呀？

（2）你们都商量好了，还问我干什么？我同意也得同意，不同意也得同意。

A 也好，B 也罢 A yěhǎo, B yěbà

释义与用法提示 Paraphrase and Usage

参见"A 也罢，B 也罢"。
See also "A 也罢，B 也罢".

实例 Examples

（1）他们俩结婚也好，不结婚也罢，由他们自己决定。
（2）考得上也好，考不上也罢，反正明年我不再考了。

A 也好，B 也好 A yěhǎo, B yěhǎo

释义与用法提示 Paraphrase and Usage

参见"A 也罢，B 也罢"。
See also "A 也罢，B 也罢".

实例 Examples

（1）篮球也好，足球也好，我都没什么兴趣。
（2）唱歌也好，看电影也好，你总该出去散散心。

A 也好，不 A 也好 A yěhǎo, bù A yěhǎo

释义与用法提示 Paraphrase and Usage

参见"A 也罢，不 A 也罢"。
See also "A 也罢，不 A 也罢".

实例 Examples

（1）明天我们打算一起去郊区，你去也好，不去也好，今天晚上告诉我一下。
（2）你喜欢他也好，不喜欢他也好，总得表个态吧。

A 一点儿是一点儿　A yìdiǎnr shì yìdiǎnr

释义 Paraphrase

表示希望某一数量能有所变化，多少没关系，有就好。

To mean to hope that a certain quantity can change, it doesn't matter how much, as long as there is some.

用法提示 Usage

① A 可以是形容词，也可以是动词。
　A can be an adjective or a verb.
② "是"要重读。
　"是" should be stressed when reading.

实例 Examples

（1）钱我不嫌多，多一点儿是一点儿。
（2）大家都在捐款，你也捐一点儿吧，捐一点儿是一点儿。
（3）咱们再压压价，便宜一点儿是一点儿。

A 一下看　A yíxià kàn

释义与用法提示 Paraphrase and Usage

参见"AA 看"。
See also "AA 看".

实例 Examples

（1）这种沙发特别舒适，你坐一下看。
（2）这个软件拍照就能翻译，你用一下看。

A 一下试试　A yíxià shìshi

释义与用法提示 Paraphrase and Usage

参见"AA 看"。
See also "AA 看".

实例 Examples

（1）这是今年的新茶，味道很好，你喝一下试试。
（2）这车是我的，你动一下试试！

A 怎么……，B 就怎么……　A zěnme…, B jiù zěnme…

释义 Paraphrase

表示要按照某人的要求或者方式去做。
To indicate doing according to someone's request or way.

用法提示 Usage

① A 和 B 是不同的人称代词或指人的名词。
　A and B are different personal pronouns or nouns referring to someone.
② 替换部分可以是同一动词，也可以是不同的动词。
　The replacements can be the same verb or different verbs.

实例 Examples

（1）到了现场你听我的，我怎么说，你就怎么说。
（2）在学校要听老师的话，老师怎么说，你就怎么做。
（3）他是领导，你得听他的，领导让你怎么干，你就怎么干。

A 这 A 那　A zhè A nà

释义 Paraphrase

表示不停地做某事，或者过多地考虑某事。

To mean to keep doing something or to think too much about something.

用法提示 Usage

A 多为动词。

A is usually a verb.

实例 Examples

（1）进了门就问这问那，好像有问不完的问题。
（2）一起床就忙这忙那，不闲着。
（3）要是都像你这么怕这怕那，就什么都别干了。

A 着也是 A 着　A zhe yě shì A zhe

释义 Paraphrase

表示不要让时间或东西白白浪费，可以顺便利用一下。

To mean not to let time or things go to waste and to make use of them conveniently.

用法提示 Usage

A 多为"放、待、闲"等动词或形容词。

A is usually a verb or an adjective such as "放、待、闲".

实例 Examples

（1）甲：下个月我们班去外地教学实习，你能不能帮我借一个摄像机用用？

乙：我这儿就有，好长时间没用了，放着也是放着，你拿去用吧。

（2）甲：今年暑假我没什么事，你有什么安排？

乙：在家里待着也是待着，不如咱们一块儿去旅行吧。

（3）你在家闲着也是闲着，不如多看看书。

爱 A 不 A   ài A bù A

释义 Paraphrase

对某人的行为或发生的某种情况听之任之。

To let someone's behavior or whatever happens go unchecked.

用法提示 Usage

① A 一般是动词、助动词或形容词。

A is often a verb, an auxiliary verb or an adjective.

② 有不在乎或不满的语气。

It carries a tone of not caring or showing dissatisfaction.

实例 Examples

（1）甲：他说最近太忙，帮不了你。

乙：爱帮不帮，没有他，我一个人也能行。

（2）甲：他好像不太愿意跟咱们一起去旅行。

乙：爱愿意不愿意，缺了他地球就不转了？

（3）甲：楼道里的灯不亮了，你怎么不换一个？

乙：爱亮不亮，又不是我弄坏的。

爱 A 就 A　ài A jiù A

释义 Paraphrase

表示某人完全可以按照自己的意愿做事，也表示本人要做某事，不管别人怎么说。

To indicate that someone can do something absolutely according to his/her own will, or that someone would do something no matter what others say.

用法提示 Usage

① A 多是带疑问词的短语。

A is usually a phrase containing interrogative word.

②"就"在口语中经常省略。

"就" is often omitted in colloquial expressions.

③ 有时有不耐烦的语气。

Sometimes it carries a tone of impatience.

实例 Examples

（1）这个饭馆儿是自助的，菜都在那边，你们爱吃什么吃什么。

（2）甲：你们这儿的服务太差了，我要找你们经理反映反映！

　　　乙：你爱找谁找谁。

（3）我爱去哪儿去哪儿，你们问那么多干什么！

爱搭不理的　àidā-bùlǐ de

释义 Paraphrase

表示态度冷淡，不理睬别人或者只是表面上的敷衍。

To show indifference, ignoring others or merely offering a superficial and perfunctory response.

用法提示 Usage

有时也说"爱理不理的"。
It can also be "爱理不理的" sometimes.

实例 Examples

（1）你今天怎么了？见了我爱搭不理的？
（2）他高傲得很，在公司见了谁都爱搭不理的。

爱理不理的　àilǐ-bùlǐ de

释义与用法提示 Paraphrase and Usage

参见"爱搭不理的"。
See also "爱搭不理的".

实例 Examples

（1）她今天心里不痛快，谁跟她说话她都爱理不理的。
（2）跟他打招呼，他也是爱理不理的。

爱谁谁　ài shéi shéi

释义 Paraphrase

表示我行我素，不管别人怎么看待自己。
To indicate doing something in someone's own way no matter what others think.

用法提示 Usage

有满不在乎的语气。
There is a tone of not caring.

实例 Examples

（1）有本事你们找人替我演，我就是不演！爱谁谁！
（2）我说不去就不去！爱谁谁！

碍……什么事　ài…shénme shì

释义 Paraphrase

表示妨碍别人做某事，造成不方便。

To mean to hinder others from doing something or to cause inconvenience to others.

用法提示 Usage

① 多用于反问句。
It's often used in a rhetorical question.
② 有时"事"可以省略。
Sometimes "事" can be omitted.

实例 Examples

（1）我吃我的饭，碍他什么事？
（2）我们在自己的房间聊天儿，碍你什么了？

碍着……了　àizhe…le

释义 Paraphrase

表示某人的行为妨碍了别人。

To show that someone's behavior is in the way of others.

用法提示 Usage

替换部分多为"你、我"等代词。

The replacement is usually a pronoun such as "你、我".

实例 Examples

（1）甲：别人都在休息，你能不能小点儿声？

乙：我唱我的歌，碍着你了？

（2）甲：他把我的车撞了，我找他赔，有你什么事？碍着你了？

乙：碍着我了，怎么着？我这个人就爱管闲事。

按（理）说 àn (lǐ) shuō

释义 Paraphrase

表示按照常规或常理作出某种推断，但是发生的事情却违反了常规或常理。

To mean to make an inference according to a rule or common sense, but what happened violated it.

用法提示 Usage

也说"照理（说）""论理（说）"。

It can also be "照理（说）""论理（说）".

实例 Examples

（1）按（理）说，顾客买的衣服有问题可以退换，可是你这件衣服已经弄脏了，怎么退啊？

（2）他在这家公司工作十几年了，按（理）说也应该升为工程师了，可他到现在为止还是个技术员。

B

巴不得　bābudé

释义 Paraphrase

表示从表面看来某事对某人不利，或不知道某人是否愿意接受，但其实这恰恰是某人所希望的。

To indicate that something is seemingly not favorable to someone, or that it's not clear if someone is willing to accept it, but actually it's just what he/she wishes.

实例 Examples

（1）甲：听说最近人事调整，不让你做主任了，你心里一定不好受吧？
　　乙：我正巴不得呢，其实我早就不想干了。
（2）甲：我想把部门经理的工作交给他，不知道他愿意不愿意。
　　乙：他呀！巴不得呢。
（3）我正巴不得下雨呢，下雨就不用上课了。

把……不当一回事　bǎ…bú dàng yì huí shì

释义 Paraphrase

表示对所说的事情不重视，没有用严肃认真的态度去对待。

To indicate that someone doesn't pay attention to what others said and doesn't take it seriously.

用法提示 Usage

① "把……不当一回事"与"没把……当一回事"的区别：
The differences between "把……不当一回事" and "没把……当一回事" are:

   a. "把……不当一回事"指经常性的行为；"没把……当一回事"常指已经过去的某一行为。

   "把……不当一回事" is a regular behavior; "没把……当一回事" is something that has been done.

   b. "把……不当一回事"前面可加"别、不要"等副词；"没把……当一回事"则不能。

   Adverbs such as "别、不要" can be used before "把……不当一回事", but cannot be used before "没把……当一回事".

② 也说"不把……当一回事"。
It can also be "不把……当一回事".

③ "一"常常可省略。
"一" can usually be omitted.

实例 Examples

（1）你别把这次考试不当一回事，不及格你就毕不了业了。

（2）他当时提醒我了，可是我没把他的话当回事。

把丑话说在前面　bǎ chǒuhuà shuō zài qiánmiàn

释义 Paraphrase

参见"把话说在前面"。
See also "把话说在前面".

用法提示 Usage

① 参见"把话说在前面"。
   See also "把话说在前面".
② 也说"把丑话说在前边（/头）"。
   It can also be "把丑话说在前边（/头）".
③ 有时也说"丑话说在前面"。
   Sometimes it can also be "丑话说在前面".

实例 Examples

（1）你们为什么非要走那条危险的小路？我把丑话说在前面，出了事我可概不负责！
（2）我把丑话说在前边，你要是不听我的话，我跟你断绝父子关系！

把……当耳旁风　bǎ…dàng ěrpángfēng

释义 Paraphrase

表示不重视别人对自己的提醒、劝告或批评。

To indicate that someone doesn't pay attention to others' reminding, advice or criticism.

用法提示 Usage

① 替换部分一般是某人的言语。
   The replacement is usually someone's saying.
② "耳旁风"也可以说"耳边风"。
   "耳旁风" can also be "耳边风".

实例 Examples

（1）父母这么做也是为你好，你别把父母的批评当耳旁风。
（2）我跟你说过多少次，别跟这种不可靠的人来往，你怎么总是把我的话当耳边风？

把……当一回事 bǎ…dàng yì huí shì

释义 Paraphrase

表示重视某人或某事。

To mean to take someone or something seriously.

用法提示 Usage

① 常使用反问形式"谁把……当一回事"。

The rhetorical form "谁把……当一回事" is often used.

② "一"常常可省略。

"一" can usually be omitted.

实例 Examples

（1）我也就随口说说，没想到他真把这当一回事给办成了。

（2）我就是个最普通的人，没人把我当回事。

（3）他是新来的小职员，谁把他的话当回事啊！

把……放一放 bǎ…fàng yi fàng

释义 Paraphrase

表示暂时不考虑或不去做某事，先去做更重要的事。

To indicate that someone does more important things first, instead of thinking about or doing something for the time being.

用法提示 Usage

替换部分为某事。

The replacement is something.

实例 Examples

（1）你先把手边的工作放一放，送孩子去医院要紧。
（2）今年孩子要出国留学，咱们把买房的事先放一放吧。

把……放在心上　bǎ…fàng zài xīn shang

释义 Paraphrase

表示牢牢记住某事。
To indicate keeping something firmly in mind.

实例 Examples

（1）妈，您不用嘱咐了，我会把找对象的事放在心上的。
（2）看你，又忘了，你把我托你办的事放在心上行不行？

把……放在一边　bǎ…fàng zài yìbiān

释义 Paraphrase

表示暂时不考虑或不去做某事。
To indicate not going to consider something or not doing it temporarily.

用法提示 Usage

有时略含贬义，表示对某事不太重视。
Sometimes it carries a derogatory meaning, which means that someone doesn't attach too much importance to something.

实例 Examples

（1）甲：关于明年的员工假期安排你是怎么考虑的？
　　　乙：先把这件事放在一边吧，我现在实在是顾不上。
（2）他每天回到家，总是把作业放在一边，先去玩儿游戏。

把……挂在嘴边　bǎ…guà zài zuǐ biān

释义 Paraphrase

表示总是不停地说某句话或者念叨某件事。

To indicate that someone always says some sentence or talks about something ceaselessly.

实例 Examples

（1）整天把这些牢骚话挂在嘴边，给谁听呢？

（2）你别老把这句话挂在嘴边，大家都听烦了。

把话放在这儿　bǎ huà fàng zài zhèr

释义 Paraphrase

向人发出警告，指出其行为肯定会导致不如意的结果，也常表示坚决、肯定的判断。

To indicate warning someone that some of his/her behaviors will definitely lead to unsatisfactory results and also expressing a firm and positive judgment.

用法提示 Usage

① 主语一般是第一人称。后面给出所警告的内容。

The subject is usually the first person. The content of the warning appears after the subject.

② 有警告的语气。态度坚决、肯定。

It carries a tone of warning. The attitude is firm and positive.

③ 也说"把话搁这儿"。

It can also be "把话搁这儿".

实例 Examples

（1）不经过市场调查就贸然投资，能行吗？我把话放在这儿，总有一天你会后悔的。

（2）以他们两个人的性格，结婚以后肯定过不到一块儿。咱们今天把话放在这儿，不出一年，他们非离婚不可。

（3）你这么一意孤行，早晚会出问题，我把话放在这儿。

把话搁这儿　bǎ huà gē zhèr

释义与用法提示 Paraphrase and Usage

参见"把话放在这儿"。
See also "把话放在这儿".

实例 Examples

（1）我把话搁这儿，这件事要不是他干的，我把我的姓倒着写。

（2）你们就不听我的！我把话搁这儿，这笔买卖成不了。

把话收回去　bǎ huà shōu huíqù

释义 Paraphrase

所说的话引起对方不满，表示不再说这种话或向对方道歉。

To indicate that what was said caused the other party's dissatisfaction, which means not to say it again or to apologize to the other party.

实例 Examples

（1）甲：你想追她？也不看看自己的长相。

　　乙：说什么呢！你把话收回去，否则我跟你没完。

（2）甲：不带这么讽刺人的，太伤人心了。

　　乙：好好好，我把刚才的话收回去，行了吧？

把话说开了 bǎ huà shuōkāi le

释义 Paraphrase

有话直说，公开表达出来，解释清楚，多用于劝解矛盾。

To mean to speak directly, to express opinions openly, and to provide clear explanations, which is often used to persuade conflicts.

实例 Examples

（1）他们俩也没什么深仇大恨，把话说开了，问题一定能解决。
（2）我说什么来着？大家把话说开了不就没事了？

（把）话说清楚 (bǎ) huà shuō qīngchu

释义 1 Paraphrase 1

要求对方明确说清其所指，不能混为一谈。

To require that the other party should give a clear explanation and it cannot be regarded the same.

用法提示 Usage

有质问或不满的语气。

It carries a tone of questioning or dissatisfaction.

实例 Examples

（1）甲：有人老在领导面前说我的坏话，别以为我不知道。
　　乙：把话说清楚，你说的"有人"指的是谁？
（2）甲：大家娱乐一下没问题，但不能扰民，影响别人的生活。
　　乙：话说清楚，谁扰民了？影响谁了？

释义 2 Paraphrase 2

指出非正常情况下会出现不良后果或表示不希望出现这种非正常情况。

To indicate that some adverse consequences will take place under abnormal situation or this abnormal situation is not expected.

用法提示 Usage

有提醒或警告的语气。

It carries a tone of reminder or warning.

实例 Examples

（1）在正常情况下，这种产品可以使用十年，不过咱们把话说清楚，如果你们使用不当，就会大大缩短它的寿命。

（2）大家如果有困难，我一定会尽力帮助解决。不过话说清楚，谁要是想让我帮他做违法的事，想都别想！

把话说在前面　bǎ huà shuō zài qiánmiàn

释义 Paraphrase

用于提醒对方注意或指出事情存在或可能出现某些不如意的情况，并表明这种情况的存在或发生并非自己的责任。

To be used to remind the other party to pay attention or point out that there exist or may arise certain unsatisfactory situations, and to clarify that it's not the speaker's responsibility if the situations really exist or happen.

用法提示 Usage

① 主语一般为第一人称。

The subject is usually the first person.

② 有提醒或者警告的语气。

It carries a tone of reminder or warning.

③ 用于警告时也说"把丑话说在前面","把丑话说在前面"更强调不如意的一方面,语气更强。

It can also be "把丑话说在前面" when used for warning, which shows more emphasis on the unsatisfactory aspect and carries stronger tone.

④ 也说"把话说在前边(/头)"。

It can also be "把话说在前边(/头)".

实例 Examples

(1) 我可以带你一块儿去,不过我可把话说在前面,去了一切都要听我的。

(2) 我帮你找了一个工作,不过咱们把话说在前边,这工作可挺辛苦,待遇也不太高,你看要不要做?

(3) 甲:大夫,我女儿非要做这个整容手术不可,我有点儿担心。

乙:一般情况下,做这种手术还是比较安全的。但我想应该把话说在前头:做任何手术都有一定的风险,你们对此也得有个思想准备。

把……怎么着(/样)　bǎ…zěnmezháo (/yàng)

释义 Paraphrase

表示做对某人有不利影响的事情或拿某人没办法。

To indicate doing something harmful to someone or there is nothing one can do with someone.

用法提示 Usage

替换部分一般指某人。

The replacement usually refers to someone.

实例 Examples

(1) 你把她怎么着了?她一直哭个没完。

(2) 我就不去,你能把我怎么样?

罢了　bàle

释义 Paraphrase

参见"算了"。
See also "算了".

用法提示 Usage

① 参见"算了"。
See also "算了".
② 有时表示无奈之下改变原来的决定。
Sometimes it means someone has no choice but to change his/her original decision.

实例 Examples

（1）甲：这次升职又没有你？你应该去跟主管说说呀。
　　　乙：罢了，结果都公布了，说有什么用？
（2）甲：我知道这件事让你很为难，可我实在是走投无路了，你要是再不帮忙，我真是死定了！
　　　乙：唉，罢了，看在我们是老同学的分儿上，我就再帮你一次。

……罢了　…bàle

释义 Paraphrase

表示仅此而已。
To indicate that's all.

用法提示 Usage

用在陈述句末尾，常跟"不过、只是、无非"等词语前后呼应。
It's used at the end of a declarative sentence, with words such as "不过、只是、无非".

实例 Examples

（1）甲：他也没伤着，怎么躺在马路上不起来？
　　乙：他不过是想要赔偿罢了。
（2）别太在意，只是一次小小的失误罢了。
（3）我没有别的意思，无非是给你提个醒罢了。

掰了　bāi le

释义 Paraphrase

表示双方关系终止。
To indicate that the relationship between the two parties is terminated.

用法提示 Usage

多用于恋爱双方或者朋友关系。
It's often used in the relationship between lovers or friends.

实例 Examples

（1）甲：最近怎么没见你女朋友跟你联系？
　　乙：掰了。她嫌我穷。
（2）甲：老王不是你的好朋友吗？你可以找老王帮忙。
　　乙：我们俩早就掰了。

摆出一副……的样子　bǎichū yí fù…de yàngzi

释义 Paraphrase

指出某人是故意作出某种姿态。
To point out that someone is deliberately making some gesture.

用法提示 Usage

替换部分一般为动词或形容词。
The replacement is usually a verb or an adjective.

实例 Examples

（1）她在婆婆面前，总喜欢摆出一副受气的样子，婆婆一走就不是她了。
（2）别在大家面前摆出一副可怜的样子，没人同情你！
（3）新来的组长老摆出一副了不起的样子，我就看不惯！

拜托 bàituō

释义 1 Paraphrase 1

嘱托对方帮自己做好某事。
To entrust the other party to do something for oneself.

用法提示 Usage

常说"拜托拜托"或者"拜托了"，常用在嘱托的内容之后，希望引起对方的重视，兼有感谢的语气。

It's usually "拜托拜托" or "拜托了", which is often used after the entrustment to attract the other party's attention and carries a tone of gratitude.

实例 Examples

（1）你见到王经理的时候，一定要亲自把这份文件交给他，拜托拜托。
（2）这几天就请你帮我们照顾一下小狗吧，拜托了。

释义 2 Paraphrase 2

请求对方停止某种自己不喜欢的行为。
To ask the other party to stop doing something that the speaker doesn't like.

用法提示 Usage

有恳求和不满的语气。
There is a tone of supplication and dissatisfaction.

实例 Examples

（1）拜托！你可不可以把车开慢一点儿？
（2）你们别吵了好不好？拜托！

办不到 bànbudào

释义 Paraphrase

认为对方的要求没有道理或无法容忍，表示决不答应。
To think that the other party's request is unreasonable or hard to put up with, showing firm refusal.

用法提示 Usage

有拒绝的语气。
It carries a tone of refusal.

实例 Examples

（1）你们公司仗着自己财大气粗，就想逼我们退出玩具市场？办不到！
（2）甲：如果你肯为我们做事，我们就不杀你。
　　乙：只有"断头将军"，没有"投降将军"，要我投降，办不到！

包在……身上 bāo zài…shēnshang

释义 Paraphrase

表示某人完全有把握帮人解决问题，可以委托。
To show that someone has full confidence in helping others to solve the problems, who can be entrusted.

用法提示 Usage

替换部分一般是某人。

The replacement is usually someone.

实例 Examples

（1）甲：你能帮我找一个汉语辅导老师吗？
　　乙：行，包在我身上，你就放心吧。
（2）甲：他真的能给我找个好工作吗？
　　乙：没问题，包在他身上了。

保不准　bǎobuzhǔn

释义 Paraphrase

表示很有可能发生或出现。

To indicate that something is very possible to happen or appear.

实例 Examples

（1）甲：昨天我坐出租车把书包落在车上了，我所有的证件都在里面呢。怎么办呢？
　　乙：你也别太着急，保不准会有人捡到给你送来呢。
（2）这次考试太难，别看我也是刚刚及格，保不准还能排在前十名呢。

背后说　bèihòu shuō

释义 Paraphrase

指不敢当面说，多用于不该说、不能说或不好意思说的话。

To mean that someone dare not say it in person, which is often used for words that should not be said, cannot be said or are embarrassing to say.

实例 Examples

（1）"丈母娘"的称呼只能背后说，不能当面叫。
（2）有话当面讲清楚，别背后说。

本来就是嘛　běnlái jiù shì ma

释义 Paraphrase

强调事情就是自己所说的那样。
To emphasize that it's just like what one said.

实例 Examples

（1）甲：你不该打他，不过他骂你也不对。
　　　乙：本来就是嘛！他不骂我我能打他吗？
（2）甲：你认为是我的责任？
　　　乙：本来就是嘛！你要是不逼他写那么多作文他会离家出走吗？

本来嘛　běnlái ma

释义 Paraphrase

表示按道理当然会如此或就该这样。
To indicate that it's certain to be like this or it should be like this.

实例 Examples

（1）甲：我上课的时候听老师说话还可以，下课后听别的中国人说，就听不懂了。
　　　乙：本来嘛，你来中国还不到两个月，能听懂老师的话就很不错了。
（2）甲：为考上名牌大学，我天天学到晚上十二点，多不容易呀。
　　　乙：本来嘛，不下功夫，怎么能得到好成绩呢？

奔命 bèn mìng

释义 Paraphrase

指拼命地做某事。

To mean to do something too hard.

用法提示 Usage

有时有调侃、讽刺甚至训斥的语气。

Sometimes there is a tone of humor, satire and even reprimand.

实例 Examples

（1）商场一开门大家就都拼命往里冲，奔命呢！

（2）今天早上我起晚了，一路奔命，总算没迟到。

（3）我整天奔命工作，就是想多赚点儿钱，让家里生活好一些。

鼻子不是鼻子，脸不是脸 bízi bú shì bízi, liǎn bú shì liǎn

释义 Paraphrase

指某人态度反常，很暴躁，和平时大不一样。

To indicate that someone's attitude is abnormal, who is irritable and quite different from his/her usual self.

用法提示 Usage

后面常常有"的"。

It's usually followed by"的".

实例 Examples

（1）他今天一进门就鼻子不是鼻子，脸不是脸（的），也不知谁得罪他了。

（2）他可能在公司被老板批评了，憋了一肚子火儿，回家就鼻子不是鼻子，脸不是脸（的），拿我和孩子撒气。

比……A 多了 bǐ…A duō le

释义 Paraphrase

表示在某一方面与本人或某一事物的过去相比相差的程度大，也可以与他人或其他事物相比。

To indicate that the degree of difference in comparison to the past of oneself or something in a certain aspect is large, which is also used in comparing with others or other things.

用法提示 Usage

① A一般是形容词。

A is usually an adjective.

② 替换部分是比较的对象。

The replacement is the object of comparison.

实例 Examples

（1）我的身体比住院前好多了。

（2）经过装修，这座古建筑比过去气派多了。

（3）早市的菜比超市便宜多了。

（4）他考上了名牌大学，比你可强多了。

比 A 还 A bǐ A hái A

释义 Paraphrase

表示极力强调某人的特点或能力。

To indicate emphasizing someone's characteristic or capability strongly.

用法提示 Usage

① A 多是指具有某方面特点或能力的人。

A is usually a person with certain characteristic or capability.

② 带有夸张的语气，有时也用于讽刺。

There is an exaggerated tone, which is sometimes also used for irony.

实例 Examples

（1）他的篮球打得才棒呢，比乔丹还乔丹。

（2）这个结论是专家给出的，你一口就否定了，你比专家还专家呢。

比……差远了 bǐ…chà yuǎn le

释义 Paraphrase

表示某人或某一事物和过去、他人或其他事物相比有很大距离。

To indicate that there is a great gap for someone or something compared to the past, others or other things.

用法提示 Usage

替换部分是比较的对象。

The replacement is the object of comparison.

实例 Examples

（1）你现在的球技比年轻时差远了。

（2）他们队的主力中锋身高两米二，我比他差远了。

彼此彼此　bǐcǐ bǐcǐ

释义 Paraphrase

表示互相之间都一样。

To mean that everyone is the same to each other.

用法提示 Usage

① 多用作客套话，有谦逊的语气。

It's often used as a polite expression with a modest tone.

② 如果对方说的话有敌意，应答时有反击或讽刺的语气。

If the other party speaks with hostility, there is a tone of beating back or sarcasm for the reply.

实例 Examples

（1）甲：您辛苦了！

乙：彼此彼此。

（2）甲：你考上北大了？祝贺你呀。

乙：彼此彼此，你考的学校也不错。

（3）甲：来得这么早啊！真积极呀！

乙：彼此彼此。

必须的 bìxū de

释义 Paraphrase

表示一定要这样做，没有改变或商量的余地。

To indicate that the thing must be done like this without any room for change or negotiation.

实例 Examples

（1）甲：明天不管刮风下雨，你一定要来。
　　 乙：必须的！
（2）甲：这是小张的错儿，应该让他向人家道歉，不道歉不行。
　　 乙：对！应该道歉！必须的！

变着法儿 biànzhe fǎr

释义 Paraphrase

表示想尽各种办法做某事。

To indicate trying every means to do something.

实例 Examples

（1）妈妈为了让我们吃好，每天变着法儿给我们做各种好吃的。
（2）他这个人不地道，总是变着法儿跟我作对。

别的不说，就说……吧 bié de bù shuō, jiù shuō…ba

释义 Paraphrase

表示无须举很多例子，只举一个例子就可以说明问题。

To indicate that it's not necessary to give a lot of examples and only one will do.

用法提示 Usage

也说"不说别的,就说……吧"。
It can also be "不说别的,就说……吧".

实例 Examples

(1)甲:听说最近水果涨价了。
乙:可不是嘛,别的不说,就说香蕉吧,每斤比原来贵了好几块钱呢。
(2)甲:大家都说他这个人挺爱帮助人。
乙:没错儿,别的不说,就说昨天吧,他帮老王修了一上午的车,连口水都顾不上喝。

别逗了 bié dòu le

释义 Paraphrase

表示不相信,认为对方是在开玩笑,所说的事情绝不可能发生。
To show distrust, thinking that the other party is kidding and what he/she said will never happen.

用法提示 Usage

多用于朋友之间,口气比较随便。
It's often used among friends, which carries a casual tone.

实例 Examples

(1)甲:昨天晚上我在酒吧看见你了。
乙:别逗了,昨天晚上我一直在宿舍复习,你看错人了吧?
(2)甲:听说公司要给咱们加薪。
乙:别逗了,老板给咱们加薪?除非太阳从西边出来。

别放在心上　bié fàng zài xīn shang

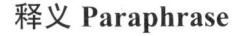

释义 Paraphrase

让对方不要把某件事或某个人看得太重。
To ask the other party not to take something or someone too seriously.

用法提示 Usage

有时用于客气，有时用于安慰对方。
Sometimes it's used to show politeness and sometimes used to comfort the other party.

实例 Examples

（1）甲：你帮了我这么大的忙，总也没有机会感谢你。
　　　乙：举手之劳，您别老放在心上。
（2）甲：他怎么能用这种口气跟我说话！
　　　乙：他就是这么个人，一着急就什么都说，过后就忘。你别放在心上。

别废话　bié fèi huà

释义 Paraphrase

对对方的话表示强烈不满，阻止对方继续说下去。
To express strong dissatisfaction with the other party's words and stop the other party from talking.

用法提示 Usage

① 有训斥的语气。
　 There is a tone of reprimand.
② 有时用反问形式"废什么话"。
　 Sometimes the rhetorical form "废什么话" is used.

实例 Examples

（1）甲：你老在大家面前夸她，是不是对她有那么点儿意思？
　　　乙：别废话了！人家工作就是强。
（2）甲：我酒量不好，不能再喝了。
　　　乙：别废话！是朋友就把这杯干了。

别跟……一般见识　bié gēn…yìbān jiànshi

释义 Paraphrase

　　用于劝架，安慰处于矛盾中的一方，表示用不着跟另一方讲理、争吵或打架。

　　To be used to persuade and comfort one party in a conflict, which indicates that there is no need to reason, quarrel or fight with the other party.

用法提示 Usage

① 替换部分是人称代词或指人的名词。
　　The replacement is a personal pronoun or a noun referring to someone.
② 有安慰的语气。
　　There is a soothing tone.

实例 Examples

（1）甲：我今天非要跟他把这件事说清楚。
　　　乙：算了，他是什么样的人你还不清楚吗？别跟他一般见识。
（2）老李，你别跟小王一般见识，他就是这么一个不讲理的人。

别看…… bié kàn…

释义 Paraphrase

指不要从表面上或习惯认识上判断，事实常使人想不到。

To mean not to judge from the surface or according to habitual knowledge, because facts are often unexpected.

用法提示 Usage

用于上半句，下半句常有表示转折的词语。

It's used in the first half of the sentence, and there is often a word indicating adversative meaning in the second half of the sentence.

实例 Examples

（1）甲：这活儿让他去干最合适了。
　　乙：别看他又高又壮，可一点儿劲也没有。
（2）甲：外面风很大，肯定冷得要命，多穿点儿吧。
　　乙：别看风那么大，其实并不太冷。

别客气 bié kèqi

释义与用法提示 Paraphrase and Usage

参见"不客气"。
See also "不客气".

实例 Examples

（1）甲：你帮了我这么大的忙，真不知怎么感谢你才好。
　　乙：别客气，这是我应该做的。
（2）甲：谢谢你请我们来这么高档的餐厅吃饭。
　　乙：别客气！

别来这一套 bié lái zhè yí tào

释义 Paraphrase

表示自己不接受或不相信某人的言行，指出对方所使用的办法在自己这里行不通，不起作用。

To show that the speaker doesn't accept or trust someone's words and deeds, pointing out that the method used by the other party doesn't work.

用法提示 Usage

① 一般用于拒绝或制止。
It's usually used to refuse or stop.

② 有警告或斥责的语气。
There is a tone of warning or reprimand.

③ 也说"少来这一套"。
It can also be "少来这一套".

实例 Examples

（1）甲：这个项目的顺利完成，多亏了您的支持。这是我们家乡的土特产，请您收下。
　　乙：别别别，咱们工作归工作，别来这一套。

（2）甲：他说现在资金紧张，暂时发不出工资来。
　　乙：叫他别来这一套，他要是再拖欠我们的工资，我们就去告他！

别麻烦了 bié máfan le

释义 Paraphrase

当别人要为自己做某事时所说的客气话，表示不用这么做。

A polite expression, used when someone is going to do something for the speaker, which indicates that it's not necessary to do so.

用法提示 Usage

一般用于谢绝。

It's usually used to decline with thanks.

实例 Examples

（1）甲：明天我去机场送你。
　　乙：别麻烦了，我自己打个车去。
（2）甲：中午去我家吃饭吧，我给你包饺子。
　　乙：别麻烦了，吃点儿简单的饭菜就行了。

别闹　bié nào

释义 Paraphrase

制止别人拿自己开玩笑。

To stop others from making fun of the speaker.

用法提示 Usage

多用于亲近的人，有嗔怪的语气。

It's mostly used for close people, with a reproachful tone.

实例 Examples

（1）甲：这是他的神秘礼物？是求婚的信物吧，打开瞧瞧！
　　乙：别闹！我自己都不知道是什么。下班再看吧。
（2）甲：恭喜你荣升华东区业务主管！请客吧？
　　乙：别闹！我可不想当什么主管，我是个拿不定主意的人！

别人 A 不 A 我不管，反正…… biérén A bu A wǒ bù guǎn, fǎnzheng…

释义 Paraphrase

表示一定要做某事或者不做某事，不受别人的影响。

To mean to be determined to do or not to do something regardless of others' influence.

用法提示 Usage

① A 一般是动词。

A is usually a verb.

② 也说"别人A什么我不管，反正……"。

It can also be "别人A什么我不管，反正……".

实例 Examples

（1）甲：这本参考书很有用，人家都买了。

乙：别人买不买我不管，反正我不买，到时候上网查就行了。

（2）甲：听说去那儿爬山有点儿危险，大家都不想去。

乙：别人去不去我不管，反正我一定要去。

别人 A 什么我不管，反正…… biérén A shénme wǒ bù guǎn, fǎnzheng…

释义与用法提示 Paraphrase and Usage

参见"别人A不A我不管，反正……"。

See also "别人A不A我不管，反正……".

实例 Examples

（1）别人说什么我不管，反正我就要跟他结婚。
（2）别人吃什么我不管，反正我想吃海鲜。

别是……吧　bié shì…ba

释义 Paraphrase

表示对可能发生的事情的一种猜测。
To indicate a kind of guess of what is possible to happen.

用法提示 Usage

① 如果猜测的结果是不好的，语气比较委婉，表示不希望这一结果真的出现。
If the result of guess is not good, the tone is mild, and it's undesirable that the result will really come true.

② 如果猜测的结果是好的，有意外、惊喜的语气。
If the result of guess is good, the tone is surprising and joyful.

实例 Examples

（1）他到现在还不来，别是出什么事了吧？
（2）信寄出去一个月还没收到，别是寄丢了吧？
（3）甲：最近怎么老有人给我送花呀？
　　乙：别是什么人看上你了吧？

别说　biéshuō

释义与用法提示 Paraphrase and Usage

参见"你还别说"。
See also "你还别说".

实例 Examples

（1）甲：那个正在唱京剧的是我们班的同学。
　　乙：别说，她唱得还真有那么点儿京腔京韵。
（2）甲：坚持每天跳绳有助于你减肥吧？
　　乙：别说，还真管点儿用。

别说这（/那）没用的　bié shuō zhè (/nà) méi yòng de

释义 Paraphrase

表示对方所说的与自己想要听到的无关，自己阻止对方说这些话。

To indicate that what the other party said has nothing to do with what the speaker wants to hear, and the speaker prevents the other party from saying these words.

用法提示 Usage

有不耐烦和训斥的语气。

There is a tone of impatience and reprimand.

实例 Examples

（1）甲：我可不想跟小王去出差，他睡觉爱打呼噜。
　　乙：别说这没用的，现在只有你能去，睡觉的问题自己想办法解决吧。
（2）甲：听说那儿刚开发，连饭馆儿都没有，到时候没饭吃可怎么办？
　　乙：别说那没用的，车到山前必有路，到了那儿再说吧。

别提多……了 biétí duō…le

释义 Paraphrase

表示程度极高。

To indicate a very high degree.

用法提示 Usage

① 替换部分一般是形容词或心理活动动词。

The replacement is usually an adjective or a verb of mental activity.

② 有感叹的语气。

There is an exclamatory tone.

实例 Examples

（1）那儿的天气别提多热了。
（2）他要结婚了，心里别提多高兴了。
（3）看到大家都这样热心地帮助他，他别提多感动了。

别提了 biétí le

释义 Paraphrase

表示对方问到的情况自己觉得很糟糕，不愿多谈。有时表示程度高到极点，无须过多说明。

To show that the speaker is not willing to talk more when the other party asks some cases that the speaker feels terrible, which sometimes indicates that it has reached the highest degree and it's not necessary to give more explanation.

实例 Examples

（1）甲：喂，你们学校食堂的饭菜做得怎么样？
　　　乙：别提了，真不如路边那些小饭馆儿做得好吃。
（2）甲：你儿子考上大学了吗？
　　　乙：唉！别提了！离录取分数线就差一分。
（3）中了大奖以后，全家那股高兴劲儿就别提了。

别往心里去　bié wǎng xīnli qù

释义 Paraphrase

表示劝某人对不顺心的事情不必过分在意。

To mean to persuade someone not to pay much attention to something that is not pleasing.

用法提示 Usage

有安慰或劝解的语气。

It carries a tone of comfort or persuasion.

实例 Examples

（1）他对人还是挺热心的，就是有时候说话太直，你别往心里去。
（2）我在会上批评的是一种普遍存在的现象，并不是针对某个人的，你可千万别往心里去。

别想　bié xiǎng

释义与用法提示 Paraphrase and Usage

参见"想都别想"。
See also "想都别想".

实例 Examples

（1）你想跟我的女儿谈恋爱？别想！
（2）在咱们单位要升职？别想！

别在意　bié zàiyì

释义 Paraphrase

表示事情不大，不要放在心上。
To show that something is not serious and don't worry about it.

用法提示 Usage

① "别"与"在意"之间可加入"太、那么"等词语。
Words such as "太、那么" can be added between "别" and "在意".
② 有劝解的语气。
It carries a tone of persuasion.

实例 Examples

（1）老板只是泛泛地说这种现象，不是专门批评你，你别在意。
（2）甲：出国考察，老板很少让我去。
　　乙：别太在意，这种机会以后还会有。
（3）甲：这次涨工资又没我的份儿。
　　乙：不就涨百十来块钱吗？别那么在意。

别在这儿（/那儿）瞎……了　bié zài zhèr (/nàr) xiā…le

释义 Paraphrase

劝人不要没有根据地做某事。
To advise people not to do something without basis.

用法提示 Usage

替换部分多为"说、写、想、猜、琢磨、埋怨、折腾"等动词。

The replacement is usually a verb such as "说、写、想、猜、琢磨、埋怨、折腾" and so on.

实例 Examples

（1）甲：她最近没给我打电话，是不是有男朋友了？
　　乙：别在这儿瞎猜了！你可以去问她嘛。
（2）甲：都怪他，要不我们今天不会输！
　　乙：别在那儿瞎埋怨了，今天我们队整体都踢得不好。

别这么说　bié zhème shuō

释义 Paraphrase

认为对方说的话不适当，对方不用这么说或者不该这么说。

To regard what the other party said inappropriate and that the other party doesn't have to say so or should not speak like this.

用法提示 Usage

① 用于对方说感谢、道歉的话时，表示客气。
　 It shows politeness when used as a reply for the other party's expressing gratitude or apology.
② 有制止或警告的语气。
　 It carries a tone of restraining or warning.

实例 Examples

（1）甲：我真不知道该怎么感谢你。
　　乙：别这么说，朋友之间，不用这么客气。

（2）甲：真对不起，都是我的错儿，我今天不该骂你。
　　　乙：别这么说，我也不该跟你吵架。
（3）甲：老师给我们留这么多作业，真烦！
　　　乙：可别这么说，老师也是为我们好，她批改作业也很辛苦。

不 A 白不 A　bù A bái bù A

释义 Paraphrase

表示有机会得到某一好处时应该理所当然地把握住，以免错过机会而后悔。

To indicate that when you have a chance to get a certain benefit, you should certainly take it to avoid regret for missing an opportunity.

用法提示 Usage

A 多是"吃、喝、拿、领、去"等动词。

A is usually a verb such as "吃、喝、拿、领、去" and so on.

实例 Examples

（1）这么多好吃的，不吃白不吃。
（2）这是给咱们班的奖品，不领白不领。

……不 A 谁 A　…bù A shéi A

释义 Paraphrase

表示这件事情必须由某人去做，不能指望别人，或只有某人具有这种感受或特点，别人没有。

To show that something must be done by someone instead of by others, or that only someone has the feeling or the characteristic which others don't have.

用法提示 Usage

① A是动词、动词性短语或形容词。

A is a verb, a verbal phrase or an adjective.

② 替换部分大多是人称代词。

The replacement is usually a personal pronoun.

③ 有反问的语气。

There is a rhetorical tone.

实例 Examples

（1）家里我最大，我不干谁干？难道让弟弟妹妹们去干吗？
（2）这件事是你经手的，你不管谁管？
（3）咱们科室就他奖金最多，他不请客谁请客？
（4）她是组长，她不积极谁积极？
（5）小美是咱们的校花，她不漂亮谁漂亮？

不 A 是不 A，…… bù A shì bù A, …

释义 Paraphrase

表示某人在一般情况下不显露自己在某方面的特点，一旦显露，就有惊人的表现。

To show that someone usually doesn't show his/her characteristic in some aspect, but once he/she displays them, then the demonstration will be surprisingly wonderful.

用法提示 Usage

A一般是动词。

A is usually a verb.

实例 Examples

（1）甲：今天会上老张怎么没说话呀？

乙：幸亏他没说话。他呀，不说是不说，一说就是一个多小时。

（2）甲：你丈夫平时不做饭吧？

乙：他不做是不做，一做就能做出一桌席来。

（3）甲：老听别人说你会唱京剧，怎么从来没听你唱过呀？

乙：我不唱是不唱，要唱就得去电视台唱。

不碍的　bú ài de

释义与用法提示 Paraphrase and Usage

参见"不碍事"。
See also "不碍事".

实例 Examples

（1）甲：要是考不及格会影响你毕业吧？

乙：不碍的，大不了重修这门课。

（2）甲：电脑好像死机了，我也不会修，怎么办？

乙：不碍的，明天找我们同事来看看。

不碍事　bú ài shì

释义 Paraphrase

表示不重要或不要紧、没关系。
To indicate that it's not important or it doesn't matter.

用法提示 Usage

① 有轻描淡写的语气。
There is a tone of understatement.

② 也说"不碍的"。
It can also be "不碍的".

实例 Examples

（1）甲：实在对不起，这么重要的文件让我弄丢了。
　　　乙：不碍事，我今晚加个班，再整理一份就是了。
（2）甲：你的腿伤得怎么样？
　　　乙：不碍事，不影响走路。
（3）甲：我的车放在这儿影响您出入了吧？
　　　乙：不碍事，一侧身就过去了。

不把……当一回事　bù bǎ…dàng yì huí shì

释义与用法提示 Paraphrase and Usage

参见"把……不当一回事"。
See also "把……不当一回事".

实例 Examples

（1）他老不把复习当一回事，考不及格又后悔。
（2）甲：他上班总是迟到，你也应该说说他。
　　　乙：我说过他多少次了，可他根本不把我的话当回事。

不把……放在眼里　bù bǎ…fàng zài yǎn li

释义 Paraphrase

表示对某人不重视，有轻视的意思。
To show indifference to someone, implying contempt.

用法提示 Usage

① 替换部分是自己或者某人。

The replacement refers to the speaker or someone.

② 也说"没把……放在眼里"。

It can also be "没把……放在眼里".

实例 Examples

（1）我是经理，可他从来不向我汇报工作，简直不把我放在眼里。

（2）你们平时不把他放在眼里，现在出了问题才想起来求他，他会帮你们吗？

不……不行啊　bù…bù xíng a

释义 Paraphrase

表示不得不这样做。

To indicate that the speaker has to do so.

用法提示 Usage

① 替换部分是动词或者动词性短语。

The replacement is a verb or a verbal phrase.

② 有无奈的语气。

It carries a tone of having no choice but to do it.

实例 Examples

（1）甲：你为什么一定要买车呢？

乙：不买不行啊，工作的地方离家太远，交通也不方便。

（2）我也不想开除他，可是这件事已经造成了很坏的影响，不开除他不行啊。

不成问题　bù chéng wèntí

释义 Paraphrase

表示可以承受或处理，不会有什么不妥。

To indicate that it can be tolerated or handled and there is nothing wrong with it.

实例 Examples

（1）他力气很大，二百多斤的水泥扛起来就走，不成问题。

（2）你别小看我，我一个人对付他们三个，不成问题。

不吃这一套　bù chī zhè yí tào

释义 Paraphrase

表示立场坚定不移，不因为他人使用的方法而改变。

To show that someone is firm and will not be changed by the way others use.

实例 Examples

（1）你别动不动就找家长，你找啊！告诉你，我不吃这一套！

（2）他父母为了让他换个工作，利弊都说尽了，他就是不吃这一套，坚持认为什么都不如自己的热爱更重要。

不带这么……的　bú dài zhème…de

释义 Paraphrase

表示不应该有如此行为。

To indicate that there should be no such behavior.

用法提示 Usage

替换部分是动词或动词性短语。
The replacement is a verb or a verbal phrase.

实例 Examples

（1）你下棋怎么老悔棋？不带这么玩儿的。
（2）组长用了我做的计划书的一部分，事先也不告诉我说一声，结果开会讨论的时候我一点儿准备也没有，不带这么坑人的！

……不到哪儿去　…bú dào nǎr qù

释义 Paraphrase

表示即使有某种情况，程度也不会很高。
To indicate that even if there is a certain case, it will not be to a great extent.

用法提示 Usage

① 当用于比较句时，指两者在程度上差不多。有时甚至有否定的语气。
When used in a comparative sentence, it refers to the two are almost at the same level. Sometimes it even carries a negative tone.
② 替换部分一般是形容词。
The replacement is usually an adjective.
③ 有时用反问形式"能……到哪儿去"。
Sometimes the rhetorical form "能……到哪儿去" is used.

实例 Examples

（1）立秋以后，天气就热不到哪儿去了。
（2）甲：这儿的东西比别的地方贵吧？
　　　乙：能贵到哪儿去？就在这儿买吧。

……不到一块儿去　…bú dào yíkuàir qù

释义 Paraphrase

表示不能聚合在一起或者不能相辅相成。

To indicate that they cannot be aggregated or complement each other.

用法提示 Usage

替换部分一般是动词。

The replacement is usually a verb.

实例 Examples

（1）甲：你学了那么长时间的汉语，难道写不出一篇短文吗？
　　　乙：认识的汉字不少，凑不到一块儿去。
（2）我跟她简直没有共同语言，说不到一块儿去。

不得了　bùdéliǎo

释义 Paraphrase

表示情况严重。

To indicate that the case is serious.

用法提示 Usage

① 可用于句中，也可独立使用。

It can be used in sentences or independently.

② 有惊恐的语气。

There is a tone of panic.

实例 Examples

（1）什么？我家着火了？那可不得了，家里还有人呢！
（2）不得了！地震了！

不对劲　bú duìjìn

释义 Paraphrase

表示事情不合情理，不正常。
To indicate that something is not reasonable or normal.

实例 Examples

（1）你说什么？我怎么越听越不对劲呀？
（2）他怎么突然回来了？不对劲，这里面肯定有问题。

不对呀　bú duì ya

释义 Paraphrase

表示对不正常的情况有所察觉或怀疑。
To mean to notice or doubt some abnormal case.

用法提示 Usage

后面一般要给出所察觉或怀疑的情况。
It's usually followed by some case that is noticed or doubted.

实例 Examples

（1）甲：我给他家打过电话了，他家里人说他一个小时以前就出来了。
　　乙：不对呀，他家离这儿就十分钟的路，怎么现在还没到啊？
（2）不对呀，都上课了，怎么一个人也没有呀？

不敢当 bùgǎndāng

释义 Paraphrase

表示对对方给予的称号或待遇承当不起。

To show that the speaker cannot accept the granted title or treatment by the other party.

实例 Examples

（1）甲：我看你都快成"中国通"了。
　　乙：不敢当，不敢当。
（2）甲：您是我们今天最尊贵的客人，请先入席。
　　乙：那可不敢当。您比我岁数大，还是您先请吧。

不跟……一般见识 bù gēn…yìbān jiànshi

释义 Paraphrase

表示自己用不着跟另一方讲理或争吵。

To indicate that the speaker doesn't need to reason or argue with the other party.

用法提示 Usage

替换部分多为人称代词。

The replacement is usually a personal pronoun.

实例 Examples

（1）你就是一个不讲道理的人，我不跟你一般见识。
（2）甲：算了！跟这种没素质的人吵架不值当。
　　乙：你说得对，我不跟他一般见识就是了。

不关……的事 bù guān…de shì

释义 Paraphrase

表示此事与某人没有关系，不是某人的责任。

To show that it has nothing to do with someone, and it's not someone's responsibility.

用法提示 Usage

① 替换部分为人称代词或指人的名词。

The replacement is a personal pronoun or a noun referring to someone.

② 有时用反问形式"关……什么事"。

Sometimes the rhetorical form "关……什么事" is used.

实例 Examples

（1）甲：别去了，你这么做会得罪老板的，你要考虑后果。

乙：这不关你的事，我今天非要跟他把这个道理讲清楚，大不了我辞职不干了。

（2）医院里发生了什么都不关小王的事，昨天他不在医院。

不管 A 不 A bùguǎn A bu A

释义 Paraphrase

表示在正反两种情况下结果或结论都不会改变。

To indicate that the result or conclusion will not change in both positive and negative cases.

用法提示 Usage

A 一般是动词或形容词。

A is usually a verb or an adjective.

实例 Examples

（1）不管你明天来不来，一定要给我打个电话。

（2）不管工作忙不忙，她每天都去健身房练瑜伽。

不管 A 没 A　bùguǎn A méi A

释义 Paraphrase

表示无论事情是否发生过，结果或结论都不会改变。

To show that no matter whether it happened or not, the result or conclusion will not change.

用法提示 Usage

A多为动词或动词性短语。

A is usually a verb or a verbal phrase.

实例 Examples

（1）不管这话你说没说，你惹老婆生气就是你的错儿。

（2）不管这道题大家做过没做过，今天都要再做一遍。

不管不顾的　bùguǎn-búgù de

释义 Paraphrase

表示做事情不加考虑或不注意。

To mean to do something without consideration or attention.

实例 Examples

（1）她说话从来不动脑子，在客人面前也是想说什么就说什么，不管不顾的。

（2）过马路要注意看车，别不管不顾的，出了事谁负责？

不管什么 A 不 A 的　bùguǎn shénme A bu A de

释义 Paraphrase

表示对某一问题不重视，不考虑。
To mean to think little or take no account of some problem.

用法提示 Usage

A可以是形容词，也可以是名词。
A can be an adjective or a noun.

实例 Examples

（1）甲：孩子要的玩具可贵了，你真的给他买吗？
　　　乙：孩子可不管什么贵不贵的，只要喜欢就一定要买
（2）这位老师上课从来不管什么风度不风度的，常常穿得很休闲。

不管有 A 没 A　bùguǎn yǒu A méi A

释义 Paraphrase

表示在正反两种情况下结果或结论都不会改变。
To indicate that the result or conclusion will not change in both positive and negative cases.

用法提示 Usage

A一般是名词。
A is usually a noun.

实例 Examples

（1）家不是讲理的地方，不管有理没理，男人最后总是会向老婆认错儿。
（2）不管有戏没戏，你总要去试试呀！

不管怎么说，…… bùguǎn zěnme shuō, …

释义 Paraphrase

表示在任何情况下结果或结论都不会改变或不应该改变。

To indicate that the result or conclusion will not change or should not change under any case.

用法提示 Usage

有时也可以说"不管怎么样，……"。
Sometimes it can also be "不管怎么样，……".

实例 Examples

（1）不管怎么说，你今天一定要给我一个准确的答复。
（2）虽然你爸爸对你说的话有些过分，可不管怎么说，他是你爸爸，你不应该气他。

不管怎么样，…… bùguǎn zěnmeyàng, …

释义与用法提示 Paraphrase and Usage

参见"不管怎么说，……"。
See also "不管怎么说，……".

实例 Examples

（1）不管怎么样，我今天就不理他，看他哭到什么时候。
（2）有错误以后再检讨，不管怎么样，先把活儿按期完成再说。

不过……罢了 búguò…bàle

释义 Paraphrase

表示仅此而已，没有什么可炫耀的。
To indicate that's all and there is nothing to show off.

用法提示 Usage

有时"不过"或者"罢了"可以省略。
Sometimes "不过" or "罢了" can be omitted.

实例 Examples

（1）他不过是家里有钱罢了，有什么了不起？
（2）这不算什么，我不过是尽了我的职责。
（3）他得第一并不是他有多大的本事，运气好罢了。

不好了 bù hǎo le

释义 Paraphrase

表示发现了意外的不好的情况。
To indicate that an unexpected adverse situation has been discovered.

用法提示 Usage

多有惊慌的语气。
It usually carries a tone of panic.

实例 Examples

（1）不好了！病人昏过去了！
（2）不好了，小王和小李打起来了。

不好说　bù hǎo shuō

释义 Paraphrase

表示对对方所说的事情不能确定或没有把握。

To indicate that the speaker is uncertain of or has no confidence about what the other party said.

用法提示 Usage

也说"难说"。

It can also be "难说".

实例 Examples

（1）甲：天阴得这么厉害，你说会不会下雪啊？
　　　乙：那可不好说。
（2）甲：这件古董卖得这么便宜，会不会是赝品？
　　　乙：不好说。要不咱们找个懂行的人来看看？
（3）甲：他上班又迟到了，你说老板会不会开除他？
　　　乙：不好说，看他怎么跟老板解释吧。

不好意思　bù hǎoyìsi

释义 Paraphrase

为自己给别人带来的或可能带来的不便表示歉意。

To show apology for the inconvenience that the speaker has brought or possibly would bring to others.

实例 Examples

（1）甲：你怎么还不睡呀？
　　　乙：不好意思，打扰你休息了。
（2）不好意思，用一下你的笔，行吗？

不会吧 bú huì ba

释义 Paraphrase

表示怀疑对方所说的话的真实性。

To mean to distrust what the other party said.

用法提示 Usage

① 如果对方所说的是糟糕的情况，表示非常不希望这种情况真的发生。

If what the other party said is terrible, it means that the speaker doesn't hope it becomes true.

② 如果情况是好的，表示由于不敢相信是真的而感到惊讶。

If the case is good, it means that the speaker feels surprised because he/she can hardly believe that it's true.

③ 有时强调对方所说的情况不可能发生。

Sometimes it's used to emphasize what the other party said is impossible to happen.

实例 Examples

（1）甲：今天下午咱们的邻居被警察带走了，好像他跟一起诈骗案有关系。

乙：不会吧？他是那么老实的一个人。

（2）甲：那边那个男生说想请你做他的舞伴。

乙：不会吧？你说的是那个帅哥？

（3）甲：他说昨天是因为拉肚子才没来上课的。

乙：不会吧？昨天晚上我还在烤肉店看见他了呢！

不会呀　bú huì ya

释义 Paraphrase

对对方所说的表示否定，认为这种情况不可能发生。

To negate what the other party said and to think that such case is impossible to happen.

用法提示 Usage

后面一般要给出否定的理由。

The reason of negation is usually followed by this phrase.

实例 Examples

（1）甲：你知道吗？小王和女朋友分手了。
　　　乙：不会呀，昨天我还看见他们手拉手一起出去呢。
（2）甲：小美说她不知道今天有考试。
　　　乙：不会呀，我亲自告诉过她，她怎么会不知道呢？

不简单　bù jiǎndān

释义 Paraphrase

表示某人有不平凡的经历或与众不同的能力。

To show that someone has unusual experiences or distinctive capabilities.

用法提示 Usage

带有夸赞的语气。

It carries a tone of praise.

实例 Examples

（1）他可真不简单，美洲的几大高峰都爬过了。

（2）甲：这孩子会说好几种语言。

　　乙：是吗？不简单哪！

不见不散　bújiàn-búsàn

释义 Paraphrase

表示先到者如果没见到对方就不要离开。

To indicate that the early comer will not leave if he/she doesn't see the other party.

用法提示 Usage

常用于与人约定见面时。

It's often used when making an appointment with someone.

实例 Examples

（1）咱们今天下午两点动物园门口见，不见不散。

（2）甲：明天我去机场接你。

　　乙：好，不见不散。

不见得　bújiànde

释义 Paraphrase

表示事实和某种说法不完全一样。

To show that the fact is not totally the same as a certain saying.

用法提示 Usage

用于否定对方的看法时，语气比较婉转。

The tone is milder when used to negate the other party's opinion.

实例 Examples

（1）甲：只要有钱什么都能得到。
　　乙：不见得吧，真正的爱情能用钱买到吗？
（2）甲：你打这场官司是为了得到赔偿吗？
　　乙：那倒不见得，主要是想得到一个公平的说法。
（3）有人说"便宜没好货"，我看不见得，现在物美价廉的东西也不少。

不叫（个/回）事　bú jiào (ge/huí) shì

释义 Paraphrase

表示事情不大或者很平常，没必要看得很严重或感到惊奇。

To indicate that it's not a big problem or it's quite common, and there is no need to take it seriously or to feel surprised.

用法提示 Usage

① 有安慰或者轻视的语气。

It carries a tone of comfort or contempt.

② 有时用反问形式"这（/那）还叫（个/回）事吗"。

Sometimes the rhetorical form "这（/那）还叫（个/回）事吗" is used.

实例 Examples

（1）甲：我很想参加比赛啊，可是报名日期昨天已经截止了。
　　乙：那不叫事，我有办法帮你报上名。
（2）甲：这怎么搬啊？我家在五楼呢，又没电梯。
　　乙：这不叫个事，我找两个朋友帮你搬。

不就得了　bú jiù déle

释义与用法提示 Paraphrase and Usage

参见"不就……了"。

See also "不就……了".

实例 Examples

（1）撞得也不厉害，让他赔你二百块钱不就得了？

（2）甲：明明是我老婆没理，她就是不认错儿。

乙：你向老婆服个软儿不就得了？

不就……了　bú jiù…le

释义 Paraphrase

表示问题的解决很简单。

To show that it's very easy to solve the problem.

用法提示 Usage

① 有反问的语气。

It carries a rhetorical tone.

② 有时也说"不就得了""不就行了"。

Sometimes it can also be "不就得了" "不就行了".

实例 Examples

（1）甲：他们都说是对方撞了自己。

乙：调监控视频来看看不就真相大白了？

（2）他又没受伤，你向他道个歉不就没事了？

不就是……吗 bù jiù shì…ma

释义 Paraphrase

对所说的人、事或物表示轻视。

To show contempt for the mentioned people or things.

用法提示 Usage

有蔑视的语气。

It carries a tone of contempt.

实例 Examples

（1）你不就是一个小科长吗？干吗这么凶？

（2）甲：学校就要来检查宿舍卫生了，你快点儿打扫打扫啊！
乙：咳，不就是擦擦桌子，扫扫地吗？一会儿就能干完。

（3）甲：这不就是一个塔吗？有什么可看的？
乙：这座塔已经有一千多年的历史了！

不就（是）那点儿事 bú jiù (shì) nà diǎnr shì

释义 Paraphrase

对提到的事情表示轻视。

To show contempt for the mentioned things.

用法提示 Usage

① 有蔑视的语气。

It carries a tone of contempt.

② 有时用肯定形式"也就（是）那点儿事"。

Sometimes the positive form "也就（是）那点儿事" is used.

实例 Examples

（1）甲：老张三天两头儿来找你，到底为了什么啊？
　　　乙：咳！不就（是）那点儿事，让我帮他找房子。
（2）甲：明天就交稿了，你还不着急？
　　　乙：不就（是）那点儿事嘛，一晚上搞定！

不就（是）那么回事　bú jiù (shì) nàme huí shì

释义与用法提示 Paraphrase and Usage

参见"就（是）那么回事"。
See also "就（是）那么回事".

实例 Examples

（1）都说他是帅哥，不就（是）那么回事？比别人高一点儿而已。
（2）都说名牌化妆品好，不就（是）那么回事？作用没有广告里说的那么大。

不就行了　bú jiù xíng le

释义与用法提示 Paraphrase and Usage

参见"不就……了"。
See also "不就……了".

实例 Examples

（1）甲：我没带那么多现金。
　　　乙：你用支付宝转账不就行了？
（2）这还不好办？你付点儿钱找一家翻译公司不就行了？

不客气 bú kèqi

释义 Paraphrase

当对方向自己表示感谢的时候所说的答语，意思是不用这么客气。

To be used to response when the other party expresses thanks, which means that there is no need to be so polite.

用法提示 Usage

① 有谦逊的语气。
There is a modest tone.

② 也说"别客气"。
It can also be "别客气".

实例 Examples

（1）甲：谢谢你。
　　　乙：不客气。

（2）甲：你为了帮我到现在连饭都没顾上吃，真是过意不去，太感谢了。
　　　乙：不客气。

……不了多少 …buliǎo duōshǎo

释义 Paraphrase

表示数量没多多少，也指程度相差不大。

To mean that the quantity is not much more, which also refers to a small difference in degree.

用法提示 Usage

① 替换部分一般是动词或形容词。
The replacement is usually a verb or an adjective.

② 有时用反问形式"得了多少"。

Sometimes the rhetorical form "得了多少" is used.

实例 Examples

（1）少叫几个菜，我吃不了多少。
（2）换了工作以后，他家的日子虽说有了一点儿改善，但也好不了多少。
（3）甲：我常去楼下的小商店，那里的东西一般都比较便宜。
　　　乙：我看比大商店的也便宜不了多少，所以我还是宁可去大商店，至少环境好，质量也有保证。
（4）甲：别选那门课了，听说那门课比较难。
　　　乙：难得了多少？跟别的课差不多吧。

不瞒你说　bù mán nǐ shuō

释义 Paraphrase

　　插入语，表示对信任的、比较亲近的人说一些不敢、不好意思或不想在众人面前说的话，相当于"说实话""说真的""说实在的"。

　　A parenthesis, which indicates saying something that the speaker dare not, feels embarrassed or doesn't want to say in front of the public to trusted and close people, being equivalent to "说实话""说真的""说实在的".

实例 Examples

（1）甲：你为什么一定要换班？
　　　乙：不瞒你说，我不太喜欢这个班的老师。
（2）甲：你今天吃得这么少。
　　　乙：不瞒你说，我现在正在减肥。
（3）甲：你为什么不去游泳？
　　　乙：不瞒你说，我的身材不好，不想让别人看到。

不怕你笑话 bú pà nǐ xiàohua

释义 Paraphrase

插入语，用于比较亲近的人，后面连接的一般是羞于在众人面前启齿的话。

A parenthesis, which is used between close people and is usually followed by the words that the speaker is too shy to say in front of the public.

实例 Examples

（1）甲：这么好的留学机会，你为什么要放弃？
    乙：不怕你笑话，我长这么大，还没离开过家，一个人在国外生活我怕不适应。
（2）甲：孩子又尿床了。
    乙：可能是遗传吧？不怕你笑话，我小时候就有尿床的毛病。

不是 A 就是 B bú shì A jiù shì B

释义 Paraphrase

表示两种情况兼而有之。

To indicate a combination of two situations.

用法提示 Usage

不能理解为否定前者而肯定后者。

It cannot be understood as negating the former and affirming the latter.

实例 Examples

（1）小李是个学霸，每天都在看书，不是在教室，就是在图书馆。
（2）小王是个手机控，每天不是上网聊天儿，就是玩儿游戏。

不是吹（的） bú shì chuī (de)

释义 Paraphrase

强调某人在某一方面的能力超出他人。

To emphasize that one's ability in one area is beyond others.

用法提示 Usage

有吹嘘的语气。

There is a boastful tone.

实例 Examples

（1）我不是吹，这活儿我一个人就能干。

（2）我还真不是吹，在咱们班谁的数学成绩比得过我？

（3）他做菜的水平比厨师都棒，那可不是吹的。

不是……的（材）料 bú shì…de (cái)liào

释义 Paraphrase

表示某人达不到某一水准，不能胜任。

To indicate that someone who cannot be up to a certain level is incompetent.

实例 Examples

（1）甲：听说您儿子参加工作了？

　　乙：他呀，学习不好，不是上大学的（材）料，还是早点儿工作吧。

（2）甲：我们都选你当班长。

　　乙：你饶了我吧，我可不是当班长的料。

不是东西　bú shì dōngxi

释义 Paraphrase

骂人语，斥责道德败坏、行为恶劣的人。

A cursing word, which means to condemn those who are morally degenerate and act despicably.

用法提示 Usage

也说"不是玩意儿""不是人"。

It can also be "不是玩意儿" "不是人".

实例 Examples

（1）这家伙专爱骗人，真不是东西！
（2）他们把给灾区的救灾款贪污了，多不是东西呀！

不是（个）办法　bú shì (ge) bànfǎ

释义与用法提示 Paraphrase and Usage

参见"不是（个）事"。

See also "不是（个）事".

实例 Examples

（1）我觉得应该把真实的病情告诉他，总瞒着他也不是（个）办法。
（2）既然他们夫妻已经没有感情了，还是离了的好，老拖着也不是（个）办法。

不是（个）事 bú shì (ge) shì

释义 Paraphrase

表示某种情况不能长期延续下去，应该改变。

To mean that a certain situation cannot last for a long time and should be changed.

用法提示 Usage

有时可以说成"不是（个）办法"。

Sometimes it can be "不是（个）办法".

实例 Examples

（1）甲：隔壁的邻居每天晚上打麻将，吵得我家孩子没办法学习。
　　　乙：你这么忍着可不是（个）事，得跟他们去说说。
（2）甲：你不是住在朋友家吗？怎么搬出来了？
　　　乙：总住在别人家，也不是（个）事。

不是那块料 bú shì nà kuài liào

释义与用法提示 Paraphrase and Usage

参见"不是这块料""是那块料吗"。

See also "不是这块料" "是那块料吗".

实例 Examples

（1）别让他考大学了，他根本就不是那块料。
（2）你们选他当班长，可是他不是那块料哇。

不是那么回事　bú shì nàme huí shì

释义 Paraphrase

表示某人的言谈举止根本不具备应有的做派或不符合某种规范、标准。

To show that someone's behavior doesn't possess the style what it should be or doesn't conform to a certain norm or standard.

实例 Examples

（1）甲：你们听我唱的这几句有没有京剧味儿？
　　　乙：快别唱了，你唱的什么呀？根本不是那么回事！
（2）有些人在报纸上发表了几篇小短文就自封为作家，其实根本不是那么回事。

不是闹着玩儿的　bú shì nàozhe wánr de

释义 Paraphrase

提醒对方某事关系重大，不能掉以轻心，否则后果严重。

To warn the other party that something is of great importance and cannot be treated so carelessly, otherwise the consequence will be serious.

用法提示 Usage

有时也说"不是玩儿的"。

Sometimes it can also be "不是玩儿的".

实例 Examples

（1）药能乱吃吗？吃错了可不是闹着玩儿的！
（2）别把护照带在身上到处乱走，丢了可不是闹着玩儿的。

不是人　bú shì rén

释义 Paraphrase

表示某人的所作所为不正派，丧失伦理道德。

To mean that someone's behavior is not decent and he/she has lost ethics.

用法提示 Usage

① 有时用反问形式"是人吗"。

Sometimes the rhetorical form "是人吗" is used.

② 参见"不是东西"。

See also "不是东西".

实例 Examples

（1）看他把老婆打的！真不是人！

（2）连父母都敢骂，你还是人吗？

不是玩儿的　bú shì wánr de

释义与用法提示 Paraphrase and Usage

参见"不是闹着玩儿的"。

See also "不是闹着玩儿的".

实例 Examples

（1）这种运动太危险，一旦伤着可不是玩儿的。

（2）在高速公路上开车不要太快，要是超速被摄像头拍下来，不是玩儿的。

不是玩意儿　bú shì wányìr

释义与用法提示 Paraphrase and Usage

参见"不是东西"。
See also "不是东西".

实例 Examples

（1）这家伙把父母挣的血汗钱都败光了，真不是玩意儿。
（2）她老公一喝醉酒就打她，太不是玩意儿了！

不是我说你　bú shì wǒ shuō nǐ

释义 Paraphrase

插入语，用于批评的话之前，表示不是自己有意责难对方，而是对方的言行确实不合理。

A parenthesis, used before the criticizing words, which shows that the speaker doesn't intend to blame the other party on purpose, but because the other party's words and deeds are really insensible.

用法提示 Usage

① 在用于批评第三者时，"你"换成"他（/她）"。
When used to criticize the third person, "你" should be changed to "他（/她）".
② 后面给出批评的话。
It's followed by the criticizing words.

实例 Examples

（1）你怎么又跟我借钱？不是我说你，你到现在也不找工作，你打算靠借钱过一辈子吗？

（2）甲：我妻子昨天又跟我吵架了，这日子可怎么过呀？

乙：不是我说你，你整天什么家务也不做，就知道上网玩儿游戏，她的心情能好吗？

（3）甲：你听说了吗？小张又被辞退了，这是第三次了吧？

乙：我早知道会这样，不是我说他，他太不把工作当回事了。

不是这块料 bú shì zhè kuài liào

释义 Paraphrase

讽刺某人没有这方面的本事。也可以自指。

To satirize someone for not being able to do something and also to be used to refer to oneself.

用法提示 Usage

① 用于他人时，有揶揄的语气。

When used to mention someone else, it carries a sarcastic tone.

② 用于自己时，有自嘲的语气。

When used to describe the speaker, it carries a tone of self-deprecation.

③ 也说"不是那块料"。

It can also be "不是那块料".

实例 Examples

（1）甲：这工作做起来不难，要不要让你儿子来试试？

乙：我看算了吧，他不是这块料。

（2）你叫我上场？不行不行！我可不是这块料。

不说别的，就说……吧　bù shuō bié de, jiù shuō…ba

释义与用法提示 Paraphrase and Usage

参见"别的不说，就说……吧"。
See also "别的不说，就说……吧".

实例 Examples

（1）她这个人脾气可真不好，不说别的，就说今天吧，从早上到现在，她跟好几个人吵过了。
（2）我觉得汉语的发音很难，不说别的，就说声调吧，二声和三声我到现在也分不清楚。

……不死你　…bù sǐ nǐ

释义 Paraphrase

表示不惧怕某人的叫板，敢于应战。
To show that the speaker is not afraid of someone's challenge and dare take the challenge.

用法提示 Usage

① "你"可以换成"他（/她）"。
"你" can be changed to "他（/她）".
② 有蔑视对方的语气。
It carries a defiant tone.

实例 Examples

（1）摔跤谁不会呀？跟我摔一个试试！我摔不死你！
（2）他竟然欺负到我头上来了，看我整不死他！

不送　bú sòng

释义 Paraphrase

参见"不远送了"。
See also "不远送了".

用法提示 Usage

① 参见"不远送了"。
See also "不远送了".
② 有时也用于因对客人不满、不愿再留而下的逐客令。
Sometimes it's also used as a dismissal order when one is dissatisfied with the guests and decides not to keep them any longer.

实例 Examples

（1）您慢走，我腿脚不好，就不送了。
（2）我看咱们没必要再谈下去了，今天就到这儿吧，我还有事，不送。

不听使唤　bù tīng shǐhuan

释义 Paraphrase

指身体某一器官处于不正常状态，感觉无法控制。
To refer that a body organ is in an abnormal state and is uncontrollable.

实例 Examples

（1）最近我的手抖得厉害，有点儿不听使唤。
（2）我现在思路很乱，脑子不听使唤。

不像话 búxiànghuà

释义 Paraphrase

表示某人的言行是不合理的。

To show that someone's words and deeds are unreasonable.

用法提示 Usage

① 有批评或不满的语气。

It carries a tone of criticism or dissatisfaction.

② 有时用反问形式"像话吗""像什么话"。

Sometimes the rhetorical forms "像话吗" "像什么话" are used.

实例 Examples

（1）这家五个儿女，谁都不想赡养老人，真不像话！
（2）这个人撞了人，不下来看看，开车就跑，太不像话了！

不像样子 bú xiàng yàngzi

释义 Paraphrase

指状态或者行为不符合规范，让别人看不顺眼。

To refer that the state or behavior doesn't conform to a norm and is a nuisance to others.

用法提示 Usage

① 有责备和质问的语气。

It carries a tone of blame and questioning.

② 有时用反问形式"像什么样子"。

Sometimes the rhetorical form "像什么样子" is used.

实例 Examples

（1）看你宿舍乱的，不像样子！
（2）第一次和女朋友见面就穿这种衣服，太不像样子了！

不要紧　búyàojǐn

释义 Paraphrase

表示情况不严重，可以应付。

To show that the case is not so serious and can be dealt with.

实例 Examples

（1）甲：大夫，您看这孩子的病严重吗？
　　　乙：不要紧，只是普通的感冒，吃了药，休息几天就会好的。
（2）甲：请这么多客人，我一个人可忙不过来。
　　　乙：这不要紧，咱们打电话，让饭馆儿送几个菜来。

不要脸　búyàoliǎn

释义 Paraphrase

骂人语，指某人的言行没有廉耻。

A cursing word, which means that someone's words and deeds have no sense of shame.

实例 Examples

（1）他撞了人，不但不道歉，还骂人，真不要脸。
（2）穿成这样就上街了，真不要脸！

不要命　búyàomìng

释义 Paraphrase

指某人的言行太过分，可能造成的后果很严重。

To refer that someone's words and deeds are too much, and the possible consequences are very serious.

实例 Examples

（1）头儿的话你也敢不听，不要命啦？
（2）过马路不走人行横道，不要命啦？

不一定 bù yídìng

释义 Paraphrase

表示事情并不完全如对方所说，或表示不同意对方的看法。

To show that the case is not totally like what the other party said, or to disagree with the other party's opinion.

实例 Examples

（1）甲：你们四川人是不是都爱吃辣的？
　　乙：不一定，我也是四川人，我就不爱吃辣的。
（2）甲：我觉得咱们买的股票最近会涨。
　　乙：我看不一定，现在的行情难以捉摸，说跌就跌。
（3）甲：这孩子现在就这么聪明，长大以后一定有出息。
　　乙：那可不一定，小时候聪明，长大以后未必聪明。

不用说 búyòng shuō

释义 Paraphrase

表示事情肯定像自己所推断的那样。

To mean that the thing is certain to be like what the speaker has inferred.

用法提示 Usage

① 后面常给出推断的内容。
   It's usually followed by what is inferred.
② 有肯定的语气。
   There is a positive tone.
③ 有时用反问形式"还用说"。
   Sometimes the rhetorical form "还用说" is used.
④ 也说"不用问""还用问（吗）"。
   It can also be "不用问""还用问（吗）".

实例 Examples

（1）他又没按时来，不用说，准是在睡懒觉。
（2）甲：她怎么又哭上了？
     乙：不用说，又跟男朋友吵架了。

不用问　búyòng wèn

释义与用法提示 Paraphrase and Usage

参见"不用说"。
See also "不用说".

实例 Examples

（1）他什么也回答不上来，不用问，一定是忘了老师留的作业。
（2）甲：今天老师上课提问他，你猜他是怎么回答的？
     乙：不用问，他回答的肯定是"不知道"。

不远送了 bù yuǎn sòng le

释义 Paraphrase

客套话，对来访的客人不能远送表示歉意。

A polite expression, which shows apology for not being able to see off the guests.

用法提示 Usage

也说"不送"。

It can also be "不送".

实例 Examples

（1）甲：前面就是车站了，二位就送到这里吧。
　　乙：那我们就不远送了，您走好。
（2）甲：我今天身体不太舒服，就不远送了。
　　乙：您别这么客气，请回吧。

不在乎 bú zàihu

释义 Paraphrase

表示不重视，不放在心上。

To mean to think little of something.

实例 Examples

（1）考了个不及格，他也不在乎。
（2）不管别人怎么说他，他都摆出一副不在乎的样子。

不怎么…… bù zěnme…

释义 Paraphrase

表示程度不高。

To indicate that it's not to a great extent.

用法提示 Usage

替换部分一般是形容词或表达感受的动词。

The replacement is usually an adjective or a verb expressing feelings.

实例 Examples

（1）甲：你今天学的那个绕口令难吗？能不能教教我？
　　　乙：不怎么难，一学就会。
（2）甲：这个菜可太咸了。
　　　乙：我觉得不怎么咸啊，是不是盐没放匀？
（3）甲：你肚子还疼吗？
　　　乙：吃了药，不怎么疼了。

不怎么样 bù zěnmeyàng

释义 Paraphrase

表示不是很好，多用于否定。

To mean not to be very good, which is often used to negate.

实例 Examples

（1）她新交的男朋友长得挺好，可脾气不怎么样。
（2）甲：那部新电影好看吗？
　　　乙：不怎么样，剧情没意思，演员演得也一般。

不知……（才）好　bù zhī…(cái) hǎo

释义 Paraphrase

强调没有办法，十分为难。

To emphasize that there is no way and the speaker feels embarrassed.

用法提示 Usage

① 替换部分多为带疑问词的词语。

The replacement is usually a phrase with interrogative word.

② 也说"不知如何是好"。

It can also be "不知如何是好".

实例 Examples

（1）我家的卫生间漏水了，急得我不知怎么办才好。

（2）老师布置的作文明天就该交了，我真不知写什么好。

（3）你帮了我这么大的忙，我真不知怎么感谢你才好。

不知如何是好　bù zhī rúhé shì hǎo

释义与用法提示 Paraphrase and Usage

参见"不知……（才）好"。

See also "不知……（才）好".

实例 Examples

（1）父母不同意我的大学报考志愿，我真不知如何是好。

（2）婆媳之间产生矛盾我该站在谁那边，我不知如何是好。

不知深浅 bùzhī-shēnqiǎn

释义 Paraphrase

表示说话或做事不考虑可能发生的不良后果。

To mean that someone doesn't think about the possible adverse consequences when speaking or doing something.

实例 Examples

（1）这种不知深浅的话你也说得出口？不怕你爸打你？
（2）小孩子做事没经验，不知深浅，你得多提醒他。

不知死活 bùzhī-sǐhuó

释义 Paraphrase

表示说话或做事不考虑可能发生的危险。

To mean that someone doesn't think about the possible danger when speaking or doing something.

实例 Examples

（1）你真是不知死活，病得这么厉害还不当一回事，快去医院检查一下啊！
（2）你想去那么危险的地方旅行？真是不知死活！

不知怎么（了） bù zhī zěnme (le)

释义 Paraphrase

表示身上或心里产生一种说不出的感觉或者不清楚发生了什么事情。

To mean that someone has an indescribable feeling in the body or mind or doesn't know what happened.

实例 Examples

（1）不知怎么了，我一上午都觉得浑身没劲。
（2）就是想哭，我也不知怎么了。
（3）不知怎么，老师今天一进教室就一副不高兴的样子。

不值（得）一提 bù zhí (dé) yì tí

释义 Paraphrase

表示认为事情太小，没有必要说。

To mean to think that the thing is too trivial and not worthy to be mentioned.

用法提示 Usage

用于自身时有谦虚的语气，用于他人表示轻视。

When used to describe the speaker, it carries a tone of modesty; when used to mention someone else, it carries a tone of contempt.

实例 Examples

（1）我哪儿是什么作家，只写过几篇小文章，不值得一提。
（2）他们只参加过业余比赛，成绩也一般，根本不值一提。

不止 bùzhǐ

释义 Paraphrase

表示超出一定的数量或范围。

To mean to be out of a certain number or range.

用法提示 Usage

有时也说成"哪止"或"岂止"这样的反问句。
Sometimes it can also be such rhetorical question as "哪止" or "岂止".

实例 Examples

（1）甲：今天来参加晚会的有一百人吧？
　　　乙：不止，你就多准备些饮料吧。
（2）甲：警察同志，我是第一次违反交通规则。
　　　乙：不止吧，光我就罚了你两次了。

不至于　búzhìyú

释义 Paraphrase

表示不会达到某种程度。
To mean that it will not reach a certain degree.

用法提示 Usage

① 独立用在对话中。有时用于否定对方的说法，表示不以为然，有不屑一顾的语气；有时也表示对方的说法似乎有一定的道理，很不希望对方所说的那种不如意的事情真的发生，有担心的语气。
It's used in a dialogue by itself. Sometimes it's used to negate the other party's saying, showing that the speaker doesn't approve of it, with a dismissive tone; sometimes it's used to indicate what the other party said is seemingly reasonable, but the speaker doesn't hope the unhappy things that the other party has said will come true, with a worried tone.

② 有时用反问形式"哪儿至于呀"。
Sometimes the rhetorical form "哪儿至于呀" is used.

实例 Examples

（1）甲：我这病都两年多了，是不是好不了了？
　　　乙：不至于！你想得太多了。
（2）甲：男朋友跟她分手了，她会不会再也不想谈恋爱了？
　　　乙：不至于吧？她会这样想不开吗？我们要不要去找找她？
（3）甲：这次装修规模这么大，得花几十万吧？
　　　乙：我觉得不至于。

C

才不……呢 cái bù…ne

释义 Paraphrase

明确表示不会做某件事情,有时也表示没有某个特点或状态。

To express clearly that someone will not do something, which sometimes also indicates lacking a certain feature or state.

用法提示 Usage

① 替换部分多为动词性词语或形容词。

The replacement is usually a verbal phrase or an adjective.

② 有强调的语气。

It carries an emphatic tone.

实例 Examples

(1) 让我给他们拉砖?我才不去呢!
(2) 你问他?他才不会告诉你呢。
(3) 他才不懒呢,每天都是第一个来的。
(4) 要是光为钱去救人,那才不快乐呢。

……才怪(呢) …cái guài (ne)

释义 Paraphrase

表示不相信在某种情况下会有所希望的结果。

To mean to distrust that there will be the expected results in a certain case.

实例 Examples

（1）你整天这么大吃大喝不运动，要能减肥才怪呢。

（2）你没学过电脑，又不会说英语，能找到好工作才怪！

惨了　cǎn le

释义 Paraphrase

因情况非常糟糕而惊叹。

To exclaim because of the terrible situation.

用法提示 Usage

有慌乱的语气。

There is a flustered tone.

实例 Examples

（1）甲：你昨天骂老板的话他都知道了。

　　　乙：惨了！这下他非炒我的鱿鱼不可。

（2）甲：你快出去看看，你的车被人撞了。

　　　乙：那可惨了，车是我租的。

差（一）点儿　chà (yì)diǎnr

释义 Paraphrase

表示事情接近实现而最终没有实现。

To indicate that something is about to come true but not at last.

用法提示 Usage

① 后面多与"就"搭配。
   It's usually followed by "就".
② 如果是说话人希望实现的事情,"差(一)点儿"指事情没有实现,有惋惜的语气;"差(一)点儿没"指事情终于勉强实现了,有庆幸的语气。
   If it's something that the speaker hopes to achieve, "差(一)点儿" means that something has not been realized, with a tone of regret; "差(一)点儿没" means that something has finally been achieved, with a tone of fortune.
③ 如果是说话人不希望实现的事情,"差(一)点儿"和"差(一)点儿没"都是指事情没有实现,有庆幸的语气。
   If it's something that the speaker doesn't want to achieve, both of "差(一)点儿" and "差(一)点儿没" refer that something has not been achieved, with a tone of fortune.

实例 Examples

(1) 我差(一)点儿就考上北京大学了。
(2) 他在昨天的比赛中差(一)点儿就打破世界纪录了。
(3) 眼瞅着飞机起飞,我差(一)点儿就赶上飞机了。
(4) 路上发生了交通事故,我差(一)点儿没赶上飞机。
(5) 一阵大风刮来,差(一)点儿(没)把我吹下山去。
(6) 昨天我起晚了,上课差(一)点儿(没)迟到。

长话短说　chánghuà-duǎnshuō

释义 Paraphrase

表示说话要简洁,突出重点,不要啰唆。

To mean to be concise, to highlight the key points and not to be wordy.

实例 Examples

（1）任务的重要性我就不再强调了，长话短说，要按时完成这个月的销售指标。

（2）甲：我再补充几句。

乙：已经到饭点儿了，长话短说吧。

吃饱了撑的　chībǎole chēng de

释义 Paraphrase

骂人语，斥责某人做了他不该做的很过分的事情。

A cursing word, scolding someone for doing something he/she should not have done too much.

用法提示 Usage

有训斥的语气。

There is a tone of reprimand.

实例 Examples

（1）有话你不能好好儿说吗？你那么大声喊什么？吃饱了撑的！

（2）中午也不休息一下，在院子里大声喊，真是吃饱了撑的！

吃不了兜着走　chībuliǎo dōuzhe zǒu

释义 Paraphrase

指出做某事的后果很严重。

To point out that the consequence of doing something is very serious.

用法提示 Usage

有警告的语气。

It carries a tone of warning.

实例 Examples

（1）他要是敢动你一下，我让他吃不了兜着走。
（2）你别不信，你骂一句试试，叫你吃不了兜着走！

吃错药了 chīcuò yào le

释义 Paraphrase

训斥某人的言行不正常。
To reprimand someone for his/her abnormal behavior.

用法提示 Usage

有讽刺的语气。
There is a sarcastic tone.

实例 Examples

（1）你今天怎么这么大脾气？吃错药啦？
（2）你怎么能跟领导这么讲话？我看你是吃错药了。

吃得开 chīdekāi

释义 Paraphrase

表示受欢迎，行得通。
To indicate that some situation is well received or something works.

用法提示 Usage

有时用否定形式"吃不开"。
Sometimes the negative form "吃不开" is used.

实例 Examples

（1）像他那样爱拍领导马屁的人在我们单位还是很吃得开的。
（2）光靠嘴皮子混饭吃的现在可吃不开了。

吃好了　chīhǎo le

释义 Paraphrase

客套话，强调吃饱或吃得满意。

A polite expression, emphasizing being full or being satisfied with the meal.

实例 Examples

（1）甲：再吃点儿吧。
　　　乙：谢谢，我吃好了。
（2）甲：吃好了吗？要不要再点些小吃？
　　　乙：够了，不用再点了。

吃枪药了　chī qiāngyào le

释义 Paraphrase

斥责态度不好、火气大的人。

To reprimand someone of bad attitude and great anger.

用法提示 Usage

有讽刺的语气。

It carries a sarcastic tone.

实例 Examples

（1）谁家的孩子在那儿大喊大叫的？吃枪药了？
（2）你吵什么？跟吃枪药了似的。

丑话说在前面　chǒuhuà shuō zài qiánmiàn

释义 Paraphrase

参见"把丑话说在前面"。
See also "把丑话说在前面".

用法提示 Usage

① 参见"把丑话说在前面"。
　 See also "把丑话说在前面".
② 也说"丑话说在前边（/头）"。
　 It can also be "丑话说在前边（/头）".

实例 Examples

（1）甲：我儿子刚刚大学毕业，他想来你的公司工作，你看行吗？
　　 乙：你可以让他来试试。不过丑话说在前面，要是他能力有限，我也帮不了他的忙。
（2）你们下星期就要结婚了，我可把女儿交给你了，咱们丑话说在前头，你要是欺负她，我可不答应！

臭……　chòu…

释义 Paraphrase

用在骂人语前面，加强骂人的力度。
To be used before the cursing words to strengthen the force of swearing.

用法提示 Usage

有气愤的语气。
There is an angry tone.

实例 Examples

（1）真没见过你这么臭不要脸的！
（2）甲：你愿意做我的女朋友吗？
　　　乙：臭德行！懒得理你！

……出个好歹来　…chū ge hǎodǎi lai

释义 Paraphrase

表示形成严重的后果。
To indicate that there is a serious consequence.

用法提示 Usage

替换部分一般是动词。
The replacement is usually a verb.

实例 Examples

（1）你慢慢儿说，老人家心脏不好，别吓出个好歹来。
（2）要是摔出个好歹来，我怎么跟你父母交代？

吹了　chuī le

释义 Paraphrase

表示事情没有成功或恋爱失败。
To indicate that things don't work out or love goes failing.

实例 Examples

（1）甲：你们假期不是要出国旅游吗？
　　　乙：吹了，我丈夫工作太忙了，没时间。
（2）甲：你弟弟和女朋友还好吧？
　　　乙：好什么呀？他们上个月就吹了。

吹（牛）　chuī (niú)

释义 Paraphrase

说大话，夸口。
To boast.

用法提示 Usage

也说"吹牛皮"。
It can also be "吹牛皮".

实例 Examples

（1）甲：我要是参加这次马拉松比赛，一定能拿第一名。
　　　乙：吹（牛）！我才不信呢！
（2）甲：现在喜欢我的姑娘很多。
　　　乙：别吹（牛）了。

吹牛皮　chuī niúpí

释义与用法提示 Paraphrase and Usage

参见"吹（牛）"。
See also "吹（牛）".

实例 Examples

（1）甲：他要是敢跟我下棋，保管杀他个片甲不留！
　　　乙：吹牛皮！我还不知道你是什么水平！
（2）你别听他的，他就是在你面前吹吹牛皮而已。

从哪儿……起　cóng nǎr…qǐ

释义 Paraphrase

表示要说的话或要做的事情很多，不知如何开始。

To show that there are so many things to say or to do that the speaker doesn't know how to start.

用法提示 Usage

替换部分一般是动词。

The replacement is usually a verb.

实例 Examples

（1）甲：介绍一下你们的恋爱经过。
　　　乙：这让我从哪儿说起呀！
（2）甲：你把这周的工作好好儿安排一下。
　　　乙：该做的事情很多，真不知道从哪儿做起。

从这一点上说　cóng zhè yì diǎn shang shuō

释义 Paraphrase

指出从某一个角度看某一问题，会得出合理的结论。

To point out that if people look at a certain problem from some angle, they can draw a reasonable conclusion.

实例 Examples

（1）甲：这个学校的纪律虽然过于严格，可是升学率很高。
　　乙：从这一点上说，严有严的道理。
（2）甲：在大城市里放鞭炮常常会发生火灾和伤亡事故。
　　乙：从这一点上说，禁放是有安全方面的道理的。

凑份子　còu fènzi

释义 Paraphrase

指同一群组的每个人都拿出若干钱合起来送礼或办事。

To mean that each person in the same group takes out a certain amount of money to put together to give gifts or to do something.

实例 Examples

（1）明天教师节，你用大家凑份子的钱买一束鲜花送给老师吧。
（2）小张下个月结婚，咱们凑个份子吧。

凑合　còuhe

释义 Paraphrase

表示勉强过得去。

To indicate being just so-so.

实例 Examples

（1）甲：你这次考得怎么样？
　　乙：凑合。及格没问题。
（2）甲：你家装修得不错吧？
　　乙：凑合吧。

凑合着……吧 còuhezhe…ba

释义 Paraphrase

表示不令人满意,但是没有其他办法,只能将就。

To indicate that it's not satisfactory, but there is no other way and someone has to make do.

用法提示 Usage

替换部分是动词。

The replacement is a verb.

实例 Examples

(1) 房子是小了点儿,凑合着住吧。
(2) 这支笔不太好使,凑合着用吧。

错不了 cuòbuliǎo

释义 Paraphrase

表示对自己的做法或者看法非常肯定,很有信心。

To indicate being very positive or confident about the act or opinion of himself/herself.

实例 Examples

(1) 甲:肯定是他?你没看错?
    乙:错不了,我跟他一起住过四年呢。
(2) 甲:他那么年轻,把这么重要的工作交给他行吗?
    乙:你放心吧,错不了,他的能力我很了解。

D

搭不上话　dābushàng huà

释义 Paraphrase

表示因某种原因无法加入别人的谈论。

To indicate that the speaker cannot join others' conversation for some reason.

实例 Examples

（1）我不懂英语，看他们聊得热闹，我也搭不上话。
（2）他们在一起聊的都是专业上的事情，我在一边搭不上话。

搭（一）把手　dā (yì) bǎ shǒu

释义 Paraphrase

指在别人需要时帮个忙，有时也指一起完成某事。

To mean to offer assistance when others are in need, which sometimes also refers to completing something together.

实例 Examples

（1）小王！我们要把这张床搬上楼，你能不能过来搭把手？
（2）我们忙得晕头转向，你也不说搭把手。
（3）我给你搭一把手，这箱子太沉。

打……的主意　dǎ…de zhúyi

释义 Paraphrase

想尽办法要得到。
To try the best to get.

用法提示 Usage

替换部分指某人或某物。
The replacement refers to someone or something.

实例 Examples

（1）这位运动员是我们队的"非卖品"，你别打他的主意。
（2）这房子是我们留着养老的，你别打这房子的主意。

打定主意　dǎdìng zhúyi

释义 Paraphrase

表示下决心一定要做某事。
To make up one's mind to do something.

用法提示 Usage

反义用法是"打不定主意"。
The antonym is "打不定主意".

实例 Examples

（1）我们劝了她半天，可她打定主意，非小李不嫁。
（2）到底考哪一所大学，他想来想去，还是打不定主意。

打个比方　dǎ ge bǐfang

释义 Paraphrase

用具体的事物举例说明。
To give specific examples to illustrate.

实例 Examples

（1）做这件事要有付出，打个比方说，就像种庄稼一样，不能犯懒，只种不管。
（2）你别误会，他不是在批评你，只是打个比方。

打搅了　dǎjiǎo le

释义与用法提示 Paraphrase and Usage

参见"打扰了"。
See also "打扰了".

实例 Examples

（1）甲：张经理正在开会，不便接待客人。
　　　乙：对不起，打搅了。
（2）耽误您这么长时间，打搅您了。

打扰了　dǎrǎo le

释义 Paraphrase

客套话，为麻烦别人而表示歉意。
A polite expression, showing apology for bothering others.

用法提示 Usage

也说"打搅了"。
It can also be "打搅了".

实例 Examples

（1）甲：这么晚打电话，打扰了，请问小刘在不在？
　　乙：他还没回来。
（2）甲：以后有什么问题，随时给我打电话吧。
　　乙：谢谢您，打扰您了。

打心眼儿里…… dǎ xīnyǎnr li…

释义 Paraphrase

表示某种感情是发自内心的。
To mean that a certain feeling is from the heart.

实例 Examples

（1）蹦极虽然有些危险，但是很刺激，很多年轻人打心眼儿里喜欢。
（2）把她分到了这个班，她打心眼儿里不乐意。

大 A 特 A dà A tè A

释义 Paraphrase

表示程度极高。
To indicate a very high degree.

用法提示 Usage

① A 一般是动词。
A is usually a verb.

② 有夸张的语气。

There is an exaggerated tone.

实例 Examples

（1）就做了这么点儿好事，用不着大吹特吹的。
（2）要是以为你认错儿态度好警察就会放过你，那你就大错特错了。

大不了…… dàbuliǎo…

释义 Paraphrase

表示从最坏处估计最多也不过是如此。

To mean that at most it's just like this by judging from the worst.

实例 Examples

（1）我才不怕她跟我闹呢，大不了我们分开过就是了。
（2）赔了就赔了，大不了就当是交了一笔学费。

大……的 dà…de

释义 Paraphrase

提醒某人注意当下的环境特征，表示其行为不恰当。

To remind someone to pay attention to the characteristic of the current environment, indicating that his/her behavior is not suitable.

用法提示 Usage

① 替换部分多为表示时间、季节、假日等方面的词语。

The replacement is usually a word about time, season, holiday, etc.

② 有强调的语气。

It carries an emphatic tone.

实例 Examples

（1）大中午的，你怎么不休息休息？
（2）大夏天的，你穿那么多干什么？
（3）大周末的，别在房间里学了，出去转转。

大有……头　dà yǒu…tou

释义 Paraphrase

表示很特别，非同一般。
To indicate that it's very special and extraordinary.

用法提示 Usage

替换部分一般为动词。
The replacement is usually a verb.

实例 Examples

（1）新领导是从省里派到咱们县的，大有来头。
（2）这个戏都是名角出演，大有看头。
（3）这种干果大有嚼头，你尝尝。

大主意还得……自己拿　dà zhúyi hái děi…zìjǐ ná

释义 Paraphrase

表示最后还是由某人自己来做决定。
To indicate that it's up to someone to make the final decision.

用法提示 Usage

替换部分是指人的名词或人称代词。
The replacement is a noun referring to someone or a personal pronoun.

实例 Examples

（1）结婚是孩子自己的事，我觉得咱们的意见只是个参考，大主意还得孩子自己拿。

（2）我只是担心你不能胜任这项工作，至于要不要去，大主意还得你自己拿。

（3）大家的意见只是供他参考，大主意还得他自己拿。

当我没说　dàng wǒ méi shuō

释义 Paraphrase

表示如果别人对自己的话不满，他们可以忽略不计。

To indicate that others can ignore the speaker's words if they are dissatisfied with them.

用法提示 Usage

有时有抱歉或者无关紧要的语气。

It carries an apologetic or irrelevant tone sometimes.

实例 Examples

（1）甲：你们班学习最好的不是小张吗？你怎么说是小刘呢？
　　乙：好吧，当我没说，就当是小张吧。

（2）甲：你的意见当然很重要，不过评议结果是评委投票得出来的。
　　乙：行，当我没说。

倒大霉　dǎo dà méi

释义 Paraphrase

表示某人遇到了非常倒霉的事情。

To mean that someone meets something very unfortunate.

用法提示 Usage

也可以说成"倒血霉"。
It can also be "倒血霉".

实例 Examples

（1）出门没带伞，赶上下大雨，我今天真是倒大霉了！
（2）我不让你买这只股票你偏要买，早晚有你倒大霉的一天。

倒血霉 dǎo xiě méi

释义与用法提示 Paraphrase and Usage

参见"倒大霉"。
See also "倒大霉".

实例 Examples

（1）我买的股票今天暴跌，真是倒血霉了。
（2）我今天倒了血霉了，碰上一个大骗子，把我的钱全都骗走了。

到底是…… dàodǐ shì…

释义 Paraphrase

强调人或事物的某一特点。
To emphasize a certain feature of a person or a thing.

用法提示 Usage

替换部分一般是名词性词语。
The replacement is usually a nominal word.

实例 Examples

（1）到底是专家，来了就把问题解决了。
（2）穿了两件毛衣，身上还是觉得冷，到底是深秋了呀。
（3）甲：这钱你拿去用吧，等有钱的时候再还我。
    乙：到底是老朋友，就是爽快！

……到家了　…dào jiā le

释义 1 Paraphrase 1

形容程度高到极点。
To indicate that it reaches the extreme.

用法提示 Usage

替换部分是形容词。
The replacement is an adjective.

实例 Examples

（1）你呀，这么简单的事情都办不好，真是笨到家了。
（2）出个国要填这么多表格？真是烦琐到家了。

释义 2 Paraphrase 2

表示想得或者做得非常周到。
To show that the thinking or the way of doing is very thoughtful.

用法提示 Usage

多用在动词或者心理活动动词后面。
It's usually used after a verb or a verb of mental activity.

实例 Examples

（1）火车上准备了很多常用的药品，他们为旅客服务到家了。
（2）连卫生纸都为你准备了？你父母真是为你考虑到家了。

……到哪儿去了 …dào nǎr qù le

释义 Paraphrase

表示对方不该这样想或者这样做。

To mean that the other party should not think or do so.

用法提示 Usage

① 替换部分主要是"想、说"等动词。

The replacement is mainly a verb like "想、说" and so on.

② 有辩解或者嗔怪的语气。

It carries a tone of justification or blame.

实例 Examples

（1）甲：她一直没跟我联系，是不是不想见我？
　　乙：你想到哪儿去了！她最近太忙了，没法儿跟你联系。
（2）甲：你放心，还钱的时候，我会把利息一并给你的。
　　乙：你这是说到哪儿去了！朋友之间借点儿钱还能要利息吗？

……到哪儿算哪儿 …dào nǎr suàn nǎr

释义 Paraphrase

表示行为没有计划或完不成预定的计划，只能根据具体的情况安排或终止。

To indicate that there is no plan or the plan cannot be carried out as expected, and the action can only be arranged or stopped depending on the specific situation.

用法提示 Usage

替换部分是单音节动词。

The replacement is a monosyllabic verb.

实例 Examples

（1）甲：你们平时都到哪儿散步啊？

乙：没有固定的地点，随便走走，走到哪儿算哪儿。

（2）今天要讲的内容很多，恐怕讲不完，只能讲到哪儿算哪儿。

到时候有你……的　dào shíhou yǒu nǐ…de

释义 Paraphrase

表示将来会出现不好的结果。

To mean that there will be bad consequences in the future.

用法提示 Usage

① 替换部分是动词或形容词。

The replacement is a verb or an adjective.

② "你"有时可以换成第三人称代词。

"你" can be the third personal pronoun sometimes.

③ 有警告的语气。

It carries a tone of warning.

实例 Examples

（1）你就不听我的吧！到时候有你好看的。

（2）那么不靠谱的项目你们也敢投资，到时候有你们哭的。

（3）他非要娶那个姑娘，到时候有他后悔的。

到时候再……吧 dào shíhou zài…ba

释义 Paraphrase

表示到了某一时刻再作打算或采取某种行为。

To mean to make a decision or do something at a certain time.

实例 Examples

（1）甲：下个月的篮球比赛你能不能参加？
　　乙：到时候再看吧，要是伤好了我一定参加。
（2）甲：暑假你和我们一起去旅行吧！
　　乙：现在还不能决定，到时候再商量吧。

到时候再说 dào shíhou zàishuō

释义 Paraphrase

表示现在暂时不作考虑，等事情发生时再作打算。

To indicate that it's not taken into account temporarily and a new plan will be made when things really take place.

实例 Examples

（1）甲：你将来想做什么工作呀？
　　乙：现在我刚上大学，离毕业还早着呢，到时候再说。
（2）甲：不带饭，到山上吃什么呀？
　　乙：到时候再说吧，带着饭爬山多麻烦啊！

到……为止 dào…wéizhǐ

释义 Paraphrase

限定在某一时间内。

To be limited to a certain time.

用法提示 Usage

替换部分多是表示时间的词语。

The replacement is usually a word about time.

实例 Examples

（1）到现在为止，他还没有缺过课。
（2）报名到今天为止。
（3）到目前为止，我还没有结婚的打算。

……到我头上来了 …dào wǒ tóu shang lái le

释义 Paraphrase

表示某一行为太过分，直接侵犯了自己的利益。

To mean that an act goes too far and directly infringes on one's own interests.

用法提示 Usage

① 替换部分是动词。

The replacement is a verb.

② 有气愤的语气。

It carries a tone of anger.

实例 Examples

（1）他竟然欺负到我头上来了。
（2）你收保护费收到我头上来了，也不看看我是谁。

……到这儿 …dào zhèr

释义 Paraphrase

表示停止某一行为。
To mean to stop some behavior.

用法提示 Usage

① 替换部分是动词。
The replacement is a verb.
② 有时省略动词,只说"到这儿"。
Sometimes the verb is omitted and it will be "到这儿".

实例 Examples

(1) 今天就练到这儿吧。
(2) 会就开到这儿,大家休息休息,下午接着开。
(3) 好,今天先到这儿,明天咱们接着谈。

……倒好 …dào hǎo

释义 Paraphrase

表示某人的言行或事情的结果与做事人的意愿或常理相反。
To indicate that someone's words and deeds or the results of something don't conform to the doer's will or common sense.

用法提示 Usage

① "好"在这里并不表示肯定,结果往往是不好的。
"好" is not used in a positive way, and the results are usually not good.

② 后面给出的言行或结果，与做事人的意愿或常理相反。

It's followed by the words and deeds or results which don't conform to the doer's will or common sense.

实例 Examples

（1）他心里不痛快，你就应该劝劝他。你倒好，不但不劝，还说他，他能不讨厌你吗？
（2）大家都忙着复习考试，他倒好，一个人钓鱼去了。
（3）你老把孩子关在屋子里学习，也不让他锻炼，这下倒好，关出病来了吧？
（4）甲：其实我早就到约会地点了，只是想考验他有没有耐心等我。
乙：这下可倒好，把男朋友考验跑了。

倒要看看　dào yào kànkan

释义 Paraphrase

表示不怕对方，有敢于向对方挑战的勇气。

To show that someone is not afraid of the other party and has the courage to challenge.

用法提示 Usage

有不服、蔑视的语气。

There is a tone of defiance and contempt.

实例 Examples

（1）你敢跟我比一比吗？我倒要看看，谁的功夫硬。
（2）让他们罚！我倒要看看，他们怎么个罚法儿！

倒也是　dào yě shì

释义与用法提示 Paraphrase and Usage

参见"这倒（也）是"。
See also "这倒（也）是".

实例 Examples

（1）甲：她这种态度对待领导，就不怕领导给她小鞋穿吗？
　　乙：倒也是，哪个领导受得了这个？
（2）甲：你不重视这次考试，到时候能毕业吗？
　　乙：倒也是，老师说这是必修课。

得了　déle

释义 1 Paraphrase 1

用来中止别人的言行。
To be used to stop others' words and deeds.

用法提示 Usage

有不耐烦的语气。
There is a tone of impatience.

实例 Examples

（1）甲：我去问问他到底是什么意思。
　　乙：得了，别问了，你问不出结果来。
（2）得了，别磨蹭了，赶快走吧。

释义 2 Paraphrase 2

表示事情有了结果，或问题得到了解决。
To show that some result has achieved or a problem has been solved.

实例 Examples

（1）甲：我饿了，饭什么时候好啊？

乙：已经得了，拿筷子去吧。

（2）得了，就这么办，问题终于解决了。

得了吧　déle ba

释义 Paraphrase

表示不相信、怀疑或否定。

To show doubt or negation.

实例 Examples

（1）甲：听说小李买了一台冰箱，只花了五百块钱。

乙：得了吧，哪儿有那么便宜的冰箱？除非是二手的。

（2）甲：我觉得明年老板会给咱们加薪的。

乙：得了吧，像他这样一毛不拔的人，别指望他给你涨工资。

德行　déxing

释义 Paraphrase

表示讨厌或轻视某人的仪表或言谈举止。

To indicate that the speaker dislikes or looks down upon someone's appearance or manner of speaking and behaving.

用法提示 Usage

① 有轻微的骂人语气，但有时语气比较重。

There is a slight scolding tone, but sometimes the tone is quite heavy.

② 女性使用时，有时用于关系亲密的人，带有娇嗔的语气。

When used by women, it's sometimes used for intimate people, with a coquettish tone.

实例 Examples

(1) 甲：他说既然你不想跟他好了，那就把他以前送给你的东西都还给他。

乙：德行！哪儿有送人东西还往回要的！

(2) 甲：那个人不排队，加塞儿。

乙：臭德行！把他揪出来。

……的是…… …de shì…

释义 Paraphrase

表示强调或转折。

To express emphasis or transition.

用法提示 Usage

① 前面的替换部分一般是双音节词或短语。

The previous replacement is usually a disyllabic word or a phrase.

② 后面一般是短语或句子，不能是单个的词。

The following part is usually a phrase or a sentence instead of a single word.

实例 Examples

(1) 考试得多少分不重要，重要的是看你学到了多少知识。

(2) 我很想去看晚上的足球比赛，遗憾的是我没买到票。

(3) 孩子没考好我倒不生气，让我感到生气的是他对我说谎。

……得不得了 …de bùdéliǎo

释义 Paraphrase

表示程度很高。

To indicate a very high degree.

用法提示 Usage

替换部分一般是心理活动动词或形容词。
The replacement is usually a verb of mental activity or an adjective.

实例 Examples

（1）昨天是我妹妹的生日，爸爸送给她一个玩具熊，她喜欢得不得了。
（2）护照找不着了，他急得不得了。
（3）那儿的冬天冷得不得了，滴水成冰。

……得不是地方　…de bú shì dìfang

释义 Paraphrase

表示在不适当的场合做某一事情。
To mean to do something in an inappropriate situation.

用法提示 Usage

① 替换部分多是动词。
　 The replacement is usually a verb.
② "地方"不一定是某一地点。
　 "地方" is not necessarily a place.

实例 Examples

（1）甲：他在武林高手面前舞枪弄棒，结果让人家三下两下就打趴下了。
　　　乙：他呀，要得不是地方。
（2）人家在办丧事，她穿这么一件花里胡哨的衣服来，显摆得不是地方。

……得不是时候   …de bú shì shíhou

释义 Paraphrase

表示行为发生在不该发生的时间。

To indicate that the behavior occurs when it should not have happened.

用法提示 Usage

替换部分是动词或者形容词。

The replacement is a verb or an adjective.

实例 Examples

（1）他刚睡，你电话打得不是时候。

（2）你这意见提得真不是时候，你没看领导正生气呢吗？

（3）甲：上个星期我去旅行，飞机票、住宿费都贵得要命。

　　乙：你去得不是时候，过了旅游旺季再去。

（4）甲：我们的球队得了冠军，你们为什么不高兴？

　　乙：你高兴得不是时候，你没看大家都在准备下午的考试吗？

……得不行   …de bùxíng

释义 Paraphrase

表示程度高到难以控制的地步。

To indicate that the degree is too high to control.

用法提示 Usage

替换部分多为心理活动动词或形容词。

The replacement is usually a verb of mental activity or an adjective.

实例 Examples

（1）拿着刚刚收到的救灾款，老人激动得不行。
（2）他接到家里的电话,说他心爱的狗死了,这消息让他难过得不行。
（3）怎么样？要是疼得不行，咱们去医院看看吧。
（4）那天唱歌比赛，我紧张得不行，差点儿连歌词都忘了。

……得不亦乐乎　…de búyìlèhū

释义 Paraphrase

表示程度高到无法形容。
To show that the degree is too high to describe.

用法提示 Usage

替换部分是形容词或动词。
The replacement is an adjective or a verb.

实例 Examples

（1）最近我们在做年终报表，忙得不亦乐乎。
（2）孩子们在度假村里上山采果，下河摸鱼，玩儿得不亦乐乎。

……得够呛　…de gòuqiàng

释义 Paraphrase

表示程度高到无法忍受的地步。
To show that the degree is too high to endure.

用法提示 Usage

替换部分多为心理活动动词或形容词。
The replacement is usually a verb of mental activity or an adjective.

实例 Examples

（1）周末去看了一个恐怖电影，吓得够呛。
（2）我昨晚只睡了两个小时，今天上课困得够呛。

……得好好儿的，…… ···de hǎohāor de,···

释义 Paraphrase

表示本来状况很好，突然发生了变化。
To mean that the situation is originally good but suddenly changes.

用法提示 Usage

① 前面的替换部分是动词。
The previous replacement is a verb.
② 后面表示发生了转折。
The following part means that transition has taken place.
③ 对发生的变化表示不理解。
It expresses lack of understanding of the changes that have occurred.

实例 Examples

（1）在这儿学得好好儿的，干吗要转学？
（2）睡得好好儿的，一下子被他吓醒了。
（3）在这座城市住得好好儿的，干吗搬家？

……得慌 ···dehuang

释义 Paraphrase

强调达到难以忍受的程度。
To emphasize reaching to an intolerable degree.

用法提示 Usage

① 替换部分多为心理活动动词或形容词。
   The replacement is usually a verb of mental activity or an adjective.
② 一般用于不好的感受。
   It's generally used for bad feelings.

实例 Examples

（1）整天待在家里，闷得慌。
（2）这屋子里空气不好，憋得慌。
（3）这家饭馆儿人太多，闹得慌，咱们还是换一个地方吧。

……得厉害 …de lihai

释义 Paraphrase

表示程度很高，难以应付或忍受。
To show that the degree is too high to deal with or endure.

用法提示 Usage

替换部分多为心理活动动词或形容词。
The replacement is usually a verb of mental activity or an adjective.

实例 Examples

（1）你帮我叫辆救护车吧，我肚子疼得厉害。
（2）这两天热得厉害，我不想出门。

……得起 …deqǐ

释义 Paraphrase

表示有支付能力。
To indicate being able to pay.

用法提示 Usage

① 替换部分为动词。

The replacement is a verb.

② 有时用否定形式"……不起"。

Sometimes the negative form "……不起" is used.

实例 Examples

（1）这家饭馆儿的菜贵是贵，不过一顿两顿我们还吃得起。

（2）一件大衣要两千多，你买得起吗？

（3）那家酒店太豪华了，我们住不起。

……得什么似的　…de shénme shìde

释义 Paraphrase

表示程度高得无法形容。

To show that the degree is too high to describe.

用法提示 Usage

替换部分多为心理活动动词或形容词。

The replacement is usually a verb of mental activity or an adjective.

实例 Examples

（1）听说警察要来抓他，他吓得什么似的。

（2）听说自己中了奖，得到一辆汽车，他高兴得什么似的。

（3）不就丢了几百块钱吗？看你，急得什么似的，可别急出病来！

……得受不了   …de shòubuliǎo

释义 Paraphrase

表示程度高得难以应付或忍受。
To indicate that the degree is too high to deal with or endure.

用法提示 Usage

① 替换部分多为心理活动动词或形容词。
The replacement is usually a verb of mental activity or an adjective.
② 多与表示不舒服的词语搭配。
It usually collocates with the word expressing uncomfortable feelings.

实例 Examples

（1）让他休息休息吧，我看他已经紧张得受不了了。
（2）周末爬山，我实在累得受不了了，结果没爬到山顶就下来了。
（3）这几天天气热得受不了。

……得头都大了   …de tóu dōu dà le

释义 Paraphrase

表示头脑接收的信息过多或者过于深奥，难以厘清头绪。
To mean that the information that the brain receives is too much or too deep to be clear.

用法提示 Usage

① 替换部分是动词。
The replacement is a verb.
② 有夸张的语气。
There is an exaggerated tone.

实例 Examples

（1）你们能不能一个一个地说，把我吵得头都大了。
（2）这道理太深奥了，我听得头都大了。

……得团团转　…de tuántuánzhuàn

释义 Paraphrase

形容忙碌、焦急的样子。
To describe a busy and anxious appearance.

用法提示 Usage

① 替换部分多为"急、忙"等词语。
The replacement is usually a word such as "急、忙" and so on.
② 有夸张的语气。
There is an exaggerated tone.

实例 Examples

（1）马上就要出发了，可护照找不到了，他急得团团转。
（2）最近忙得团团转，都没时间给你打电话。

……得要命　…de yàomìng

释义 Paraphrase

表示程度达到极点。
To show that the degree reaches the extreme.

用法提示 Usage

① 替换部分多为心理活动动词或形容词。
   The replacement is usually a verb of mental activity or an adjective.
② 表示不好的感受时也说"……得要死"。
   It can also be "……得要死" when it's used for bad feelings.

实例 Examples

（1）我怎么说他也不听，把我气得要命。
（2）我收到大学的录取通知书以后，全家都高兴得要命。
（3）孩子病了，妈妈急得要命。

……得要死　…de yàosǐ

释义与用法提示 Paraphrase and Usage

参见"……得要命"。
See also "……得要命".

实例 Examples

（1）最近宿舍旁边的建筑工地从早到晚闹哄哄的，吵得要死。
（2）我这几天忙得要死，连吃饭的时间都没有。

……得真是时候　…de zhēn shì shíhou

释义 Paraphrase

表示不早不晚，非常及时或时机正合适。
To indicate that it's not too early or too late, referring that it's very timely or the time is right.

用法提示 Usage

① 替换部分多为"来、去"等动词。

The replacement is usually a verb such as "来、去" and so on.

② 有时用作反语，有讽刺的语气。

Sometimes it's used as irony with a sarcastic tone.

③ 有时也说"……得正是时候"。

Sometimes it can also be "……得正是时候".

实例 Examples

（1）我们刚把饭做好你就敲门了，来得可真是时候啊。

（2）我的电脑出问题了，正不知道怎么办呢。你来得真是时候，快帮我看看！

（3）你去得真是时候，今天那家商店促销，有礼物赠送吧？

……得正是时候　…de zhèng shì shíhou

释义与用法提示 Paraphrase and Usage

参见"……得真是时候"。

See also "……得真是时候".

实例 Examples

（1）太好了，这药送来得正是时候。

（2）刚要出门，雨停了，这雨停得正是时候。

得分（什么）事　děi fēn (shénme) shì

释义 Paraphrase

表示事情应该区别看待，不能一概而论。

To mean that things should be treated differently and cannot be generalized.

实例 Examples

（1）甲：是不是什么事都得听父母的？
　　　乙：得分（什么）事。要是父母说错了你也听？
（2）甲：听说你的导师特别严厉。
　　　乙：得分（什么）事，学业方面确实要求很严，不过跟我们私下聊天儿的时候也挺幽默的。

（等）哪天……　(děng) nǎ tiān…

释义 Paraphrase

表示要等待一个合适的时间去做某事。

To mean to wait for a suitable time to do something.

实例 Examples

（1）你先忙吧，（等）哪天我约你出来吃饭啊。
（2）你家女儿不是学法语的吗？（等）哪天让她帮我看看这表怎么填吧。

等着瞧　děngzhe qiáo

释义 Paraphrase

表示恶人总有一天会得到应有的下场。

To mean that the wicked will get their due end one day.

用法提示 Usage

有威胁的语气。

It carries a threatening tone.

实例 Examples

（1）我现在打不过你！你等着瞧！将来我会跟你算账的！
（2）别看他那么霸道，等着瞧！早晚有人会收拾他！

丢不起那人　diūbuqǐ nà rén

释义 Paraphrase

表示感到丢脸。

To mean to feel humiliated.

实例 Examples

（1）甲：你就大方点儿，去跟他道个歉吧。
　　　乙：丢不起那人！
（2）让我坐这种车去参加婚礼？我丢不起那人！

东一 A 西一 B　dōng yī A xī yī B

释义 Paraphrase

表示有话绕着说，让人听了心里不舒服。

To mean that someone says indirectly and makes people feel uncomfortable.

用法提示 Usage

A 和 B 是相同或者相似的词语。

A and B are same or similar words.

实例 Examples

（1）有话直说，别东一句西一句的。
（2）你们有意见就提，别老是东一榔头西一棒子的，一点儿也不爽快。

动不动就…… dòngbudòng jiù…

释义 Paraphrase

表示某人极容易作出某种反应或行动，或某种情况很容易出现。

To indicate that someone is much inclined to make a certain reaction or take a certain action, or that a certain situation is easy to take place.

用法提示 Usage

① 替换部分多为动词性短语。
The replacement is usually a verbal phrase.
② 多用于不希望发生的事。
It's usually used for things that someone doesn't want to happen.

实例 Examples

（1）他身体很弱，动不动就生病。
（2）你怎么动不动就发脾气？
（3）你带上伞吧，这两天天气不好，动不动就下雨。

都怪…… dōu guài…

释义 Paraphrase

表示某种糟糕情况或后果完全是某人的责任。

To show that it's totally someone's responsibility for a certain terrible case or result.

用法提示 Usage

① 替换部分一般指某人。
The replacement usually refers to someone.

② 有抱怨或自责的语气。
It carries a tone of complaint or self-reproach.

实例 Examples

（1）甲：你昨天上班迟到了吧？
　　　乙：都怪你，不早点儿叫醒我。
（2）这个事故都怪那个开车的，红灯亮了还往前闯。
（3）啊？你在东门呢？对不起，都怪我，我忘了告诉你在西门集合。

都……了　dōu…le

释义 Paraphrase

表示已经达到某种限度或状态。
To show that it has reached a certain limit or situation.

实例 Examples

（1）都3月了，天还这么冷。
（2）我女儿都三十五了，还不打算结婚，真让我着急。
（3）你怎么还不睡？都十二点了。
（4）你们快吃吧，饭都凉了。

都什么年代了　dōu shénme niándài le

释义 Paraphrase

强调对方的思想或行为落伍。
To emphasize that the other party's idea or behavior falls behind.

用法提示 Usage

有抱怨或不满的语气。

It carries a tone of complaint or dissatisfaction.

实例 Examples

（1）都什么年代了，你怎么还想着一家三代住一块儿啊？

（2）甲：你是男人，不应该进厨房，那会被人看不起的。

乙：都什么年代了，你的思想还这么保守。

都什么时候了 dōu shénme shíhou le

释义 Paraphrase

表示时间太晚了，或者事情已经不能再耽搁。

To indicate that it's too late or it cannot be delayed any more.

用法提示 Usage

有批评和抱怨的语气。

It carries a tone of criticism and complaint.

实例 Examples

（1）都什么时候了，你还不起床！

（2）甲：我想这件事情还是应该再好好儿研究研究。

乙：都什么时候了，你还在这儿说这些没有用的话！

（3）甲：再等一会儿，饭还没好。

乙：你看看现在都什么时候了，午饭都快成晚饭了！

都是…… dōu shì…

释义 Paraphrase

强调责任在于某人，相当于"都是……的责任"。

To emphasize that someone should take the responsibility, which is equal to "都是……的责任".

用法提示 Usage

① 替换部分一般是人称代词或指人的名词。

The replacement is usually a personal pronoun or a noun referring to someone.

② 有抱怨的语气。

It carries a tone of complaint.

实例 Examples

（1）甲：我听说这款大衣降价了。
　　乙：都是你，当初非要我马上买，多花了那么多钱。
（2）甲：你怎么买这种"垃圾股"？别人往外抛都来不及呢。
　　乙：都是老张，他说这只股票看涨。

对……不客气 duì…bú kèqi

释义 Paraphrase

表示如果某人再做说话人不能容忍的事情，说话人将对他采取严厉的措施。

To show that if someone continues to do something that the speaker cannot put up with, the speaker will take severe measures against him/her.

用法提示 Usage

① 替换部分一般是人称代词或指人的名词。

The replacement is usually a personal pronoun or a noun referring to someone.

② 有警告的语气。

It carries a tone of warning.

实例 Examples

（1）你再欺负我妹妹，别怪我对你不客气。
（2）你告诉他，他要是再在背后说我的坏话，我可对他不客气了。
（3）如果你们一意孤行，别怪我对小王不客气。

对……来说　duì…láishuō

释义 Paraphrase

表示从某人或某事的角度来看。

To consider from the point of view of someone or something.

用法提示 Usage

有时也说"对……说来"。

Sometimes it can also be "对……说来".

实例 Examples

（1）对外国人来说，汉语的声调确实比较难掌握。
（2）对你来说，什么样的工作最理想？
（3）这次青年演员大赛对京剧的发展来说是件好事。

对了　duìle

释义 Paraphrase

表示忽然想起某事。

To mean to think of something all of a sudden.

用法提示 Usage

用在句首,有感叹词的作用。

To be used at the beginning of the sentence, which acts as an interjection.

实例 Examples

(1) 好,现在下课吧。对了,把昨天的作业交给我。

(2) 甲:我们的晚会王老师也会参加吧?

乙:对了,我忘了告诉他了,我现在就给他打电话。

对……说来　duì…shuōlái

释义与用法提示 Paraphrase and Usage

参见"对……来说"。

See also "对……来说".

实例 Examples

(1) 对失败者说来,这也算是一个教训。

(2) 对年轻人说来,这是一个很好的创业机会。

多的是　duōdeshì

释义 Paraphrase

强调数量多。

To emphasize a large amount.

用法提示 Usage

可以独立成句或在句中直接用作谓语。

It can be an independent clause or act as a predicate in the sentence.

实例 Examples

（1）甲：有京剧的唱片吗？

乙：多的是，你随便选。

（2）我家里的中文书多的是。

多管闲事 duō guǎn xiánshì

释义 Paraphrase

认为某人不该管责任以外的事情。

To show that someone should not charge something that is out of his/her business.

用法提示 Usage

有责怪的语气。

It carries a tone of scolding.

实例 Examples

（1）我们部门的事情由我们部门负责，用你来说三道四吗？多管闲事！

（2）甲：这件事情我觉得太不公平了，我得去说说。

乙：跟你没关系，你就别多管闲事了，有领导呢。

……多了 …duō le

释义 Paraphrase

强调与以前或者其他同类事物相比，相差的程度更大。

To emphasize that the degree of difference is larger in comparison to one's past or other similar things.

用法提示 Usage

① 用于比较句。

It's used in comparative sentences.

② 替换部分多为形容词。

The replacement is usually an adjective.

实例 Examples

（1）我今天好多了，已经不咳嗽了。

（2）比起前任来，这位领导厉害多了。

多少是个够哇　duōshǎo shì ge gòu wa

释义 Paraphrase

表示如果不控制，数字的增加是没有限度的。

To mean that if there is no control, there is no limit to the increase of numbers.

实例 Examples

（1）甲：十个人吃饭，带一千块钱够吗？

　　乙：多少是个够哇？看你吃什么了，要是吃山珍海味，八千也不够。

（2）甲：孩子一个人在国外学习，多给他带些钱吧。

　　乙：多少是个够哇！不能让他养成大手大脚花钱的习惯。

多少（也）得……　duōshǎo (yě) děi…

释义 Paraphrase

表示在数量上可多可少，但一定要做。

To mean that it can be more or less in quantity, but it must be done.

用法提示 Usage

有时有勉强别人做某事的意思或无奈的语气。

Sometimes it means to force others to do something or carries a tone of having no choice but to do it.

实例 Examples

（1）甲：我实在不会喝酒，饶了我吧。

乙：今天是你大喜的日子，多少也得喝点儿。

（2）朋友结婚，不送礼行吗？多少（也）得意思意思呀。

多少……也得A　duōshǎo…yě děi A

释义 Paraphrase

表示不管多么困难或不情愿，一定要达到某一限度。

To indicate that something should reach a certain degree no matter how hard it is or no matter how reluctant a person is.

用法提示 Usage

① 替换部分一般是名词。

The replacement is usually a noun.

② A一般是动词。

A is usually a verb.

实例 Examples

（1）甲：老师，光生词就有好几百呢！

乙：这些内容都要考，多少生词也得记。

（2）甲：孩子上辅导班，费用不少吧？

乙：那有什么办法？为了孩子的将来，多少钱也得花呀。

多少有点儿…… duōshǎo yǒudiǎnr…

释义 Paraphrase

表示无论数量多少或程度高低，但肯定有。
To indicate the presence regardless of the quantity or degree.

用法提示 Usage

替换部分多为心理活动动词或形容词。
The replacement is usually a verb of mental activity or an adjective.

实例 Examples

（1）这是我第一次见男朋友的父母，心里多少有点儿害怕。
（2）虽说他已经参加过不少比赛,但比赛之前多少还是有点儿紧张。

多少有那么点儿 duōshǎo yǒu nàme diǎnr

释义 Paraphrase

表示无论多少，在一定程度上存在。
To mean that it exists to a certain extent regardless of the quantity.

用法提示 Usage

有时用于委婉地承认不愿意或不好意思说出来的事情。
Sometimes it's used to admit mildly something that the speaker is unwilling or embarrassed to say.

实例 Examples

（1）甲：你是不是还有点儿"大男子主义"呀？
　　乙：嗯，多少有那么点儿。
（2）甲：你给他提了意见，他是不是不高兴了？
　　乙：多少有那么点儿吧，今天早晨见了我，连招呼都没打。

多新鲜哪　duō xīnxian na

释义 Paraphrase

反语，表示理所当然，不应该感到新奇。

Irony, which means that it's certainly right and no one should be surprised.

实例 Examples

（1）甲：大品牌的箱子质量就是好，都用了好几年了还没坏。
　　　乙：多新鲜哪！一分钱一分货嘛。
（2）甲：我讲了半天学生也不明白，怎么张教授三言两语学生就懂了呢？
　　　乙：多新鲜哪！人家可是专家啊。

多嘴　duō zuǐ

释义 Paraphrase

不该说而说。

To say something that one should not say.

用法提示 Usage

有训斥的语气。

There is a tone of reprimand.

实例 Examples

（1）这件事跟你没关系，你别多嘴。
（2）你告诉他干什么？多嘴！

E

二话不说 èrhuà bù shuō

释义 Paraphrase

指不再提出不同的看法，不再讲相反的意见，不再讲条件，不再抱怨，等等。

To mean to cease putting forward different or opposite opinion, bargaining, complaint, etc.

实例 Examples

（1）被老板当众批评，她感到羞愧难当，二话不说，哭着跑出了会议室。

（2）看到入选名单中没有自己的名字，小李二话不说，转身就走了。

（3）他是个热心人，谁有难处，只要开口，他都二话不说，立刻帮忙。

F

犯不上 fànbushàng

释义与用法提示 Paraphrase and Usage

参见"犯不着"。
See also "犯不着".

实例 Examples

（1）你犯不上跟这种人生气。
（2）被这种不讲理的人气哭，犯不上。
（3）家不是讲理的地方，你非要跟老婆辩出个是非来，犯得上吗？

犯不着 fànbuzháo

释义 Paraphrase

表示不值得或没有必要。
To indicate that it's not worth or necessary.

用法提示 Usage

① 有时用反问形式"犯得着吗"。
Sometimes the rhetorical form "犯得着吗" is used.
② 也可以说"犯不上"。
It can also be "犯不上".

实例 Examples

（1）她正在气头上，说话嘴上没把门儿的，你犯不着跟她生气。

（2）甲：这孩子，吃饭的时候非要画画儿，气死我了！

乙：犯不着，为这么点儿小事生气值得吗？

（3）甲：我妈就爱贪便宜，你看，又买回来一堆没用的衣服，谁穿哪！真想都给扔了！

乙：犯得着吗？老人都这样。

放……点儿　fàng…diǎnr

释义 Paraphrase

要求对方注意自己的言行，采取正确的态度或做法，避免造成不希望看到的后果。

To ask the other party to pay attention to his/her words and deeds and to take the right attitude or practice to avoid undesirable consequences.

用法提示 Usage

① 替换部分是形容词。

The replacement is an adjective.

② 有提醒或警告的语气。

It carries a tone of reminding or warning.

③ 有时也说"放……些"。

It can also be "放……些" sometimes.

实例 Examples

（1）这里是派出所，你放老实点儿，别大喊大叫的！

（2）你可要放聪明点儿，跟我作对对你一点儿好处也没有。

放……些 fàng…xiē

释义与用法提示 Paraphrase and Usage

参见"放……点儿"。
See also "放……点儿".

实例 Examples

(1) 脚步放轻些,里边在开会呢。
(2) 在座的很多人都是长辈,你说话放尊重些。

非……不成 fēi…bùchéng

释义 Paraphrase

表示一定要这样做或一定会出现某种不好的情况。

To mean that it must be done this way or a certain bad situation will definitely occur.

用法提示 Usage

① 替换部分是动词性短语或小句,表示只能由某施事者完成,或只能使用某种工具、材料等,别的无法替代。

The replacement is a verbal phrase or a clause, indicating that it can only be carried out by the doer or only by using a certain tool or material and nothing else can replace it.

② 有时动词性短语可以省略,只用代词或名词。

Sometimes the verbal phrase can be omitted, just using a pronoun or a noun.

③ 也可以说"非……不行"或者"非……不可"。

It can also be "非……不行" or "非……不可".

非……不可 | 非……不行

实例 Examples

（1）针对这种经常迟到的人，非采取有效的惩罚措施不成。
（2）你穿这么少，非冻出病来不成。
（3）主演这部电影，非你不成。

非……不可　fēi…bùkě

释义与用法提示 Paraphrase and Usage

参见"非……不成"。
See also "非……不成".

实例 Examples

（1）公交车上那么多人，你带这么多鸡蛋上车，非挤破了不可。
（2）别买那里的商品，如果你一定要买，非受骗不可。
（3）别人去不行，非你不可。

非……不行　fēi…bùxíng

释义与用法提示 Paraphrase and Usage

参见"非……不成"。
See also "非……不成".

实例 Examples

（1）你们别劝我，我非跟他们论出个是非不行。
（2）要完成复杂数据的运算，非（使用）计算机不行。
（3）你再这么磨蹭，非迟到不行。

废什么话　fèi shénme huà

释义与用法提示 Paraphrase and Usage

参见"别废话"。
See also "别废话".

实例 Examples

（1）甲：这么点儿钱还整天催着还哪？
　　　乙：废什么话！好借好还，再借不难。
（2）甲：忙了一天了，剩这点儿活儿明天再干行吗？
　　　乙：废什么话！赶紧干完，明天活儿更多！

废物　fèiwu

释义 Paraphrase

骂人语，比喻没有用的人。
A cursing word, which is a metaphor for a useless person.

用法提示 Usage

也说"废物点心"。
It can also be "废物点心".

实例 Examples

（1）让你买包子你怎么把豆包买回来了？真是个废物！
（2）废物！这么点儿事情你都办不好！

废物点心 fèiwu diǎnxin

释义与用法提示 Paraphrase and Usage

参见"废物"。
See also "废物".

实例 Examples

（1）不认路你不会张口问哪？废物点心！
（2）你怎么介绍这么个废物点心来我们公司工作？

费心了 fèi xīn le

释义 Paraphrase

客套话，用于请人帮忙或者对人表示感谢，意思是让对方耗费心神了。

A polite expression, which is used to ask for help or thank someone, meaning that it takes the other party's mind.

用法提示 Usage

有时也说"（让）您费心了"。
Sometimes it can also be "（让）您费心了".

实例 Examples

（1）甲：你的信我已经交给他了。
　　乙：好，费心了。
（2）甲：我帮您把考试的事情问清楚了。
　　乙：谢谢，您费心了。

服了 fú le

释义 Paraphrase

对某人的行为表示无可奈何。
To show helplessness at someone's behavior.

用法提示 Usage

① 有时后面可以加人称代词或指人的名词。
Sometimes it can be followed by a personal pronoun or a noun referring to someone.

② 兼有无奈和讽刺的语气。
There is a tone of helplessness and sarcasm.

实例 Examples

（1）复习了半天才考50分？服了！
（2）这鞋刚穿了一次就不要了？我也是服了她了！
（3）我算是服了小明了！开学一个月了，没有一天不迟到。

G

该 gāi

释义与用法提示 Paraphrase and Usage

参见"活该"。
See also "活该".

实例 Examples

（1）甲：今天又起晚了。
乙：该！让你不上闹钟。
（2）甲：看，那人因为酒驾被拘留了。
乙：该！到处都说不能酒驾，这些人就是不听！

该 A（就）A，该 B（就）B　gāi A (jiù) A, gāi B (jiù) B

释义 Paraphrase

表示不要受某特定事件的影响，应该按照正常的规律进行。

To mean that it should not to be affected by a specific event and should be carried out according to normal rules.

实例 Examples

（1）学生也不能一天到晚埋在书堆里，该学习就学习，该玩儿就玩儿。
（2）甲：快要考试了，我心里特别紧张。
乙：紧张有什么用？该吃吃，该睡睡。

该不会……吧 gāi bú huì…ba

释义 Paraphrase

表示对某人或某事的担心。
To express concern about someone or something.

用法提示 Usage

① 替换部分多是不好的结果。
The replacement is usually a bad result.
② 有猜测的语气。
It carries a tone of guess.

实例 Examples

（1）他到现在也没回家，该不会出什么意外了吧？
（2）桌子怎么有点儿晃，该不会是地震了吧？

该死 gāisǐ

释义 Paraphrase

表示对某人的言行或某种事物感到气愤或厌恶，或对自己的失误表示自责。

To mean to be angry or disgusted with someone's words and deeds or something, or to express self-reproach for his/her own mistakes.

用法提示 Usage

① 有时可以说成"该死的"，但一般不用于自责。
Sometimes it can be "该死的", which is generally not used for self-reproach.
② 有埋怨或咒骂的语气。
It carries a tone of complaint or curse.

实例 Examples

（1）真该死！你怎么又把我的车撞坏了！
（2）甲：我要的书你给我带来了吗？
　　乙：哎呀，我忘了。该死，该死。

该死的　gāisǐde

释义 Paraphrase

参见"该死"。
See also "该死".

用法提示 Usage

① 参见"该死"。
See also "该死".
② 女性使用时，有时用于关系亲密的人，带有娇嗔的语气。
When used by women, it's sometimes used for intimate people, with a coquettish tone.

实例 Examples

（1）该死的！没看见我这个大活人吗？愣往上撞！
（2）该死的！这破电脑又死机了！
（3）该死的！你怎么又不洗脚就上床了？

该着　gāizháo

释义 Paraphrase

表示注定，不可避免。
To indicate that someone is destined and something is inevitable.

实例 Examples

（1）甲：他酒驾被警察逮个正着。
　　　乙：该着！这不是一次两次了。
（2）你投资眼光这么好，该着你发财啊！
（3）别人都走了，我刚巧回公司取个材料，就被主任抓住加班了，该着我倒霉！

该着　gāizhe

释义 Paraphrase

表示没钱给对方，先欠着。

To indicate that someone doesn't have any money to give to the other party and can only owe by now.

实例 Examples

（1）我今天出门忘了带钱包，先该着吧。
（2）甲：对不起，我带的钱不够。
　　　乙：没关系，大家都是熟人，先该着。

赶紧的　gǎnjǐnde

释义 Paraphrase

让对方抓紧做某事。

To let the other party do something quickly.

用法提示 Usage

有催促的语气。

It carries a hasty tone.

实例 Examples

（1）炒菜等着用呢，你现在就去买！赶紧的！
（2）再不快吃上学就迟到了！赶紧的！

敢情　gǎnqing

释义 Paraphrase

表示情理明显，无可置疑，或者当然如此。
To mean that it's obvious and no doubt, or of course it is.

实例 Examples

（1）甲：我一会儿去超市，顺便帮你把酱油买回来吧？
　　　乙：那敢情好！
（2）甲：他跟他哥都没有跟你那么亲。
　　　乙：敢情！

干什么吃的　gàn shénme chī de

释义 Paraphrase

对某人的表现感到不满，对其个人学习或工作能力表示否定。
To be dissatisfied with someone's performance and to deny his/her personal ability of study or work.

用法提示 Usage

有辱骂的语气。
There is an abusive tone.

实例 Examples

（1）都一个星期了，连个报告都写不出来，你是干什么吃的！
（2）小区里一个星期连丢三辆自行车，小偷儿还没抓到，你们是干什么吃的！

搞什么（名堂） gǎo shénme (míngtang)

释义 Paraphrase

对某种现象或者某人的行为表示疑惑、不满或者指责。

To express doubt, dissatisfaction or blame on a phenomenon or one's behavior.

实例 Examples

（1）搞什么？怎么又停电了？
（2）你就这么不客气地把他赶走了？搞什么名堂？

告诉你 gàosu nǐ

释义 Paraphrase

插入语，提醒或告诫对方，注意自己后面所说的内容。

A parenthesis, which indicates reminding or warning the other party to pay attention to what is going to be said later.

用法提示 Usage

① 有时有炫耀的语气。

It carries a tone of showing off sometimes.

② 有时用于向对方进行威胁，有警告的语气。

Sometimes it's used to threaten the other party, carrying a tone of warning.

实例 Examples

（1）甲：你还会弹钢琴？

乙：没想到吧？告诉你，我从三岁起就开始学了。

（2）甲：真看不出来，他跑得那么快。

乙：告诉你，他可是我们学校的短跑冠军呢。

（3）你别以为你做的事别人都不知道，我告诉你，你要是再这样下去，迟早要进监狱！

（4）我告诉你，要是敢不按我说的做，马上开除！

……个不停 …ge bù tíng

释义 Paraphrase

表示一直在做某事，无暇顾及其他。

To mean that someone has been doing something all the time and has no time for anything else.

用法提示 Usage

替换部分一般是动词。

The replacement is usually a verb.

实例 Examples

（1）他简直就是个"麦霸"，一拿起话筒来就唱个不停。

（2）你整天忙个不停，连孩子的作业也顾不上检查了。

……个够 …ge gòu

释义 Paraphrase

表示尽情地做某事，让某一欲望得到充分满足。

To mean to do something with all one's heart and to satisfy one of his/her desires.

用法提示 Usage

替换部分是动词。

The replacement is a verb.

实例 Examples

（1）等我有了钱，带你去吃海鲜大餐，让你一次吃个够。
（2）今年暑假长，我可要玩儿个够。
（3）过生日那天，我和几个朋友到舞厅去跳了个够。

……个没够　…ge méi gòu

释义 Paraphrase

表示某一行为因为欲望得到充分的满足而不想停止。

To mean that someone doesn't want to stop an act because the desire is fully satisfied.

用法提示 Usage

替换部分一般是动词。

The replacement is usually a verb.

实例 Examples

（1）这孩子一看见巧克力就吃个没够。
（2）都8月底了，你们还玩儿个没够，不知道做做开学准备吗？

各 A 各的 gè A gè de

释义 Paraphrase

表示人们分别做不一样的事或者采用不同的方法，彼此不同或者互不影响。

To indicate that people do different things or adopt different methods separately and they are different from each other or don't affect each other.

用法提示 Usage

A 一般是动词。

A is usually a verb.

实例 Examples

（1）甲：你跟室友吃饭口味不一样吧？

乙：平时我们各吃各的，互相没什么影响。

（2）你们各写各的，不要交头接耳。

各有各的…… gè yǒu gè de…

释义 Paraphrase

表示每个人各有不同。

To mean that everyone is different.

用法提示 Usage

替换部分一般是名词。

The replacement is usually a noun.

实例 Examples

（1）甲：你说这几位厨师谁的手艺好？
乙：他们呀，各有各的绝招。
（2）他们几个孩子，各有各的毛病，没一个让我省心的。

给……戴高帽（子） gěi…dài gāomào(zi)

释义 Paraphrase

比喻对某人说恭维的话。

To indicate a metaphor for paying someone a compliment.

用法提示 Usage

替换部分多是人称代词或指人的名词。

The replacement is usually a personal pronoun or a noun referring to someone.

实例 Examples

（1）他是一个实事求是的领导，给他戴高帽子也没有用。
（2）你别给老王戴高帽，他是什么水平他自己心里清楚。

给……点儿颜色看看 gěi…diǎnr yánsè kànkan

释义 Paraphrase

表示要对某人进行严厉的惩戒。

To indicate punishing someone severely.

用法提示 Usage

① 替换部分多是人称代词。

The replacement is usually a personal pronoun.

② 有发狠的语气。

It carries a harsh tone.

实例 Examples

（1）他一点儿也不把我放在眼里，我非给他点儿颜色看看，让他知道我可不是好惹的！

（2）甲：为什么你扣发我们这个月的奖金？

乙：你们看看，这就是你们干的活儿！再不给你们点儿颜色看看，咱们公司就要毁在你们手上了！

给……脸了　gěi…liǎn le

释义 Paraphrase

斥责某人自以为受到纵容而作出过分的举动。

To blame someone for acting too much in the belief that he/she is being indulged.

用法提示 Usage

① 替换部分多是人称代词。

The replacement is usually a personal pronoun.

② 有不满或者斥责的语气。

There is a tone of dissatisfaction or reproach.

实例 Examples

（1）甲：你要是不给我解决房子的问题，我就住在你这儿了。

乙：给你脸了是吧？

（2）他得了个冠军就敢在大家面前顶撞领导，真给他脸了！

给……脸色看 gěi…liǎnsè kàn

释义 Paraphrase

对他人摆出一副爱搭不理或者冰冷的脸色。
To give others a look of indifference or coldness.

用法提示 Usage

替换部分多为人称代词或指人的名词。
The replacement is usually a personal pronoun or a noun referring to someone.

实例 Examples

(1) 做这份工作无论什么情况下都要笑容可掬地对待客人，不能因为自己心里不痛快就给人脸色看。
(2) 甲：她今天见谁都爱搭不理的，不知谁又招惹她了。
    乙：可不！一天到晚绷着脸，给谁脸色看呢？
(3) 他动不动就给下属脸色看，真把自己当领导了。

给……面子 gěi…miànzi

释义 Paraphrase

表示照顾情面，使人面子上过得去。
To indicate taking care of the feeling of the other party and making him/her gain face.

用法提示 Usage

替换部分多为人称代词或指人的名词。
The replacement is usually a personal pronoun or a noun referring to someone.

实例 Examples

（1）我和他是老熟人了，总得给他点儿面子。
（2）今天我特意来求你，你不会不给面子吧？
（3）要说咱们也是十几年的同事了，你就一点儿面子也不给？
（4）老王，给小李点儿面子，怎么说他也是快四十岁的人了。

给……添堵　gěi…tiān dǔ

释义 Paraphrase

表示言行让某人更烦心难过。
To indicate that the words and deeds make someone more upset.

用法提示 Usage

替换部分多为人称代词或指人的名词。
The replacement is usually a personal pronoun or a noun referring to someone.

实例 Examples

（1）我心里够不痛快的了，你别再说这些话给我添堵了，好不好？
（2）他正为了跟女朋友分手的事难过呢，你还给他看他们俩以前的照片，你这不是给他添堵吗？
（3）你向上级领导汇报工作光讲负面的，简直是给领导添堵。

给……添麻烦了　gěi…tiān máfan le

释义 Paraphrase

客套话，在求人帮忙时或者当别人帮忙后表示感谢的话。
A polite expression, which is used to show thanks when asking for help or after others' help.

用法提示 Usage

① 替换部分多是人称代词。
   The replacement is usually a personal pronoun.
② 有感谢的语气。
   There is a tone of gratitude.

实例 Examples

（1）这件事您一定帮我在领导面前求个情，给您添麻烦了。
（2）甲：家具我们都帮你搬楼上去了。
　　　乙：给大家添麻烦了，改天我请大家吃饭。

给……小鞋穿　gěi…xiǎoxié chuān

释义 Paraphrase

比喻暗中刁难人或者设置障碍使人难堪。
To describe making people difficult or setting obstacles in secret.

用法提示 Usage

替换部分多是人称代词。
The replacement is usually a personal pronoun.

实例 Examples

（1）其实事情不大，他这么整你，明摆着是给你小鞋穿。
（2）我做事光明磊落，不怕别人给我小鞋穿。

跟……过不去　gēn…guòbuqù

释义 Paraphrase

表示有意使某人为难。
To embarrass someone purposely.

用法提示 Usage

替换部分多是人称代词。

The replacement is usually a personal pronoun.

实例 Examples

（1）甲：你今天必须把这篇文章写完，否则你不能参加晚会。
　　乙：别跟我过不去呀。晚会以后我一夜不睡，一定把文章写出来还不行吗？
（2）甲：你的朋友打碎玻璃走了，我不让你赔让谁赔呀！
　　乙：你这不是跟我过不去吗？他打碎玻璃跟我有什么关系呀？

跟没事人似的　gēn méishìrén shìde

释义 Paraphrase

指某人与某件事情有关，可是他/她对此事毫不在意或做出与此事毫无关系的样子。

To indicate someone has some relation with something, but he/she doesn't pay any attention to it or pretends to have nothing to do with it.

实例 Examples

（1）他把我气得一天都没吃饭，他可好，跟没事人似的，跑出去跟人下棋去了。
（2）你的血压这么高，大夫让你多休息，你怎么跟没事人似的，干活儿还这么拼命？

跟……没完　gēn…méi wán

释义 Paraphrase

表示对纠纷的处理结果不满意，不想就此了结。

To mean that someone is dissatisfied with the settlement of the dispute and doesn't want to end the dispute.

用法提示 Usage

替换部分多是人称代词。

The replacement is usually a personal pronoun.

实例 Examples

（1）他说不赔就不赔了？不行！我跟他没完！
（2）你刚才骂了我，别想走！我跟你没完！

跟……说不清楚　gēn…shuō bu qīngchu

释义 Paraphrase

表示因对方不想听自己解释或听不懂自己的话，而无法与对方沟通。

To mean that the speaker cannot communicate with the other party because the other party doesn't want to listen to the speaker's explanation or cannot understand the words of the speaker.

用法提示 Usage

替换部分多是人称代词。

The replacement is usually a personal pronoun.

实例 Examples

（1）甲：我不管什么原因，反正是你撞了我。
　　乙：我跟你说不清楚，咱们还是叫警察来解决吧。
（2）甲：这种事情在我们国家就很正常。
　　乙：可这是在中国，你们不了解中国的国情，我跟你们说不清楚。

跟……说得来　gēn…shuōdelái

释义 Paraphrase

表示与某人有共同语言。

To mean to have something in common with someone.

用法提示 Usage

① 替换部分多为人称代词或指人的名词。

The replacement is usually a personal pronoun or a noun referring to someone.

② 有时用否定形式"跟……说不来"。

Sometimes the negative form "跟……说不来" is used.

实例 Examples

（1）在我们单位，我跟小王最说得来。

（2）甲：你跟老王谈谈，看看怎么办。

　　　乙：我跟他可说不来，你还是找别人吧。

更别说……　gèng biéshuō…

释义 Paraphrase

　　表示前面的事情能办到已经是不容易或不可能的，后面的事情更是不容易或不可能办到的。

To mean that it's not easy or impossible for the former to be done, and the latter is even more difficult or impossible.

实例 Examples

（1）我忙了一上午，连口水都没喝，更别说吃饭了。

（2）我连日常会话都翻译不好，更别说翻译小说了。

恭喜恭喜　gōngxǐ gōngxǐ

释义 Paraphrase

客套话，表示祝贺对方的喜事。

A polite expression, which means to show congratulations on the happy event of the other party.

实例 Examples

（1）甲：老板夸我工作做得不错，给我涨工资了。
　　　乙：恭喜恭喜！
（2）听说你当爸爸了？恭喜恭喜！

够 A……的　gòu A…de

释义 Paraphrase

因为数量多或压力大而很难应对。

To be difficult to deal with because of the large quantity or great pressure.

用法提示 Usage

A 是人称代词。

A is a personal pronoun.

实例 Examples

（1）考这么多内容？真够你记的！
（2）这么多活儿就我自己？可够我干的！
（3）这么些年她一个人是怎么过的？可够她受的！

够……（的）了　gòu…(de) le

释义 Paraphrase

表示已经达到某种程度或要求，不能太过分了。

To show that it has already reached a certain degree or met the demand, and it cannot be overdone.

实例 Examples

（1）这房子够便宜的了，就别挑三拣四了，买了吧。
（2）甲：你侄子说你对他结婚的事不上心。
　　　乙：我不上心？我钱也给了，东西也买了，够对得起他了。
（3）他已经够害怕的了，你怎么还吓唬他？
（4）我只是批评了他几句，没有开除他，够给他面子的了。

够可以的　gòu kěyǐ de

释义 Paraphrase

表示某人或某事物表现得足够好，达到了令人满意的程度。有时用作反语，表示某人的行为糟糕到极点。

To express that someone or something has performed well enough, reaching a satisfactory level, which sometimes is used as irony, meaning that someone's behavior is terrible to the extreme.

用法提示 Usage

① 表示赞赏时有惊奇的语气。

It carries a tone of surprise when used to show appreciation.

② 用作反语的时候，有埋怨和斥责的语气。

When used as irony, there is a tone of complaint and reproach.

实例 Examples

（1）甲：这是我的名片，上面有我的电话。

乙：哟，几年不见，都当局长了，够可以的呀！

（2）你这次考试成绩够可以的！

（3）甲：昨天事情实在太多，我把咱们一块儿吃饭的事给忘了，真抱歉。

乙：我昨天等了你一个多小时啊！你真够可以的！

（4）他们公司，真够可以的！这种不讲信用的事不是一次两次了！

够了 gòule

释义 Paraphrase

表示不能忍受对方的言行。

To show that the other party's words and deeds cannot be put up with.

用法提示 Usage

有不耐烦的语气。

It carries a tone of impatience.

实例 Examples

（1）甲：记着，爬山的时候注意安全，千万别一个人乱跑，别乱吃东西，别着凉……

乙：够了够了！这点儿事你已经嘱咐八遍了。

（2）够了，你们打算吵到什么时候！

够朋友　gòu péngyou

释义 Paraphrase

表示对他人能尽朋友的情分。
To mean to treat others as a friend.

用法提示 Usage

① 常用于关系非常亲密的朋友之间，多为男性使用。
It's often used between very close friends, mostly for men.
② 也说"够意思"。
It can also be "够意思".

实例 Examples

（1）别人都不理解我的时候，只有你肯帮助我，够朋友！
（2）上次碰上抢劫的，你撒腿就跑，把我一个人扔在那儿，太不够朋友了！

够呛　gòuqiàng

释义 Paraphrase

对某种行为能否实现、某件事情能否完成表示怀疑。
To show doubt about whether a certain behavior can be carried out or a certain matter can be accomplished.

实例 Examples

（1）甲：你这次考试总分应该能在六百分以上吧？
　　　乙：够呛！
（2）甲：你今天能不能把这些活儿干完？
　　　乙：够呛！我下午还有个会，估计六点才能开完。

够……受的　　gòu…shòu de

释义 Paraphrase

表示对某种情况难以承受。
To show that it's difficult to put up with a certain case.

用法提示 Usage

① 替换部分多为人称代词。
The replacement is usually a personal pronoun.
② 用于他人时，有同情的语气。
When used to describe others, it carries a tone of sympathy.

实例 Examples

（1）这么多箱水果，让我一个人搬进仓库，真够我受的！
（2）这一个月，爱人出差，你又要工作，又要照顾老人和孩子，够你受的。

够意思　　gòu yìsi

释义与用法提示 Paraphrase and Usage

参见"够朋友"。
See also "够朋友".

实例 Examples

（1）甲：咱们是朋友，缺钱你就到我这儿来拿。
　　　乙：行！够意思！
（2）别人给你敬酒，你都喝了，我敬你酒你不喝，太不够意思了吧！

姑奶奶　gūnǎinai

释义与用法提示 Paraphrase and Usage

参见"我的A"。
See also "我的A".

实例 Examples

（1）姑奶奶，打扮完了没有？咱们快迟到了！
（2）姑奶奶啊！你这穿的是什么啊！

顾不了那么多　gùbuliǎo nàme duō

释义 Paraphrase

表示只能考虑当前，无法考虑以后。
To mean that someone can only consider the current instead of the future.

实例 Examples

（1）甲：这得花多少钱哪？
　　　乙：顾不了那么多了，把病治好最要紧。
（2）甲：我看他们组这个月的任务指标完不成了，要不要支援他们一下？
　　　乙：顾不了那么多，咱们自己的能完成就不错了。

顾得过来　gù de guòlái

释义 Paraphrase

表示有时间、有精力，能都照顾到。
To mean that someone has time or energy to take care of everything.

用法提示 Usage

① 有时用否定形式"顾不过来"。
　　Sometimes the negative form "顾不过来" is used.
② 多用于反问句。
　　It's often used in rhetorical questions.

实例 Examples

（1）自从有了三胞胎，妈妈觉得每天要做的事情太多了，根本顾不过来。
（2）这么多事都交给我一个人做，我顾得过来吗？

顾得上　gùdeshàng

释义 Paraphrase

　　表示有时间或精力照顾他人或做某事。
　　To mean that someone has time or energy to look after someone else or to do something.

用法提示 Usage

① 有时用否定形式"顾不上"。
　　Sometimes the negative form "顾不上" is used.
② 多用于反问句。
　　It's often used in rhetorical questions.

实例 Examples

（1）他工作太忙了，哪儿顾得上我啊？
（2）这么多文件要打出来，我真顾不上和你聊天儿。
（3）孩子今天早上起晚了，顾不上吃早饭就去上学了。

怪不得 guàibude

释义 Paraphrase

表示明白了事情的原委,不再觉得奇怪。

To mean to understand the whole story of a case and don't feel surprised any more.

用法提示 Usage

有时也说"难怪"。

Sometimes it can also be "难怪".

实例 Examples

(1)甲:最近怎么看不见小黄了?
　　乙:他回老家看父母去了。
　　甲:怪不得。

(2)甲:这两天东东为什么不来打球了呢?他可是一天不打球,手就痒痒啊。
　　乙:你还不知道?他的腿骨折了。
　　甲:怪不得呢。

怪……的 guài…de

释义 Paraphrase

表示程度很高,相当于"挺""很""非常"。

To indicate that the degree is very high, which is equivalent to "挺""很""非常".

用法提示 Usage

① 替换部分多为心理活动动词。

The replacement is usually a verb of mental activity.

② 多用于口语,带有较强的感情色彩。

It's often used in spoken expression with strong emotional color.

实例 Examples

(1)刚配的眼镜就摔坏了?怪心疼的。

(2)几天没见,怪想他的。

(3)听了他的话,大家心里怪不舒服的。

关……什么事　guān…shénme shì

释义与用法提示 Paraphrase and Usage

参见"不关……的事"。

See also "不关……的事".

实例 Examples

(1)你为什么替她打抱不平?关你什么事?

(2)甲:听说你们两口子吵架了,小王想劝劝你。

乙:这是我们夫妻之间的矛盾,关小王什么事?

管 A 叫 B　guǎn A jiào B

释义 Paraphrase

表示用称谓或称号B来称呼A。

To address A with the appellation of B.

实例 Examples

（1）我们这里都管父亲叫爹。
（2）我们几个年轻的他都指导过，我们习惯管他叫师父。
（3）他认的汉字多，我们都管他叫"活字典"。

管得着　guǎndezháo

释义 Paraphrase

表示有权干涉某事。

To indicate that someone has authority to intervene something.

用法提示 Usage

① 有时用否定形式"管不着"。

Sometimes the negative form "管不着" is used.

② 多用于反问句。

It's often used in rhetorical questions.

实例 Examples

（1）这是我自己挣来的钱，我想怎么花就怎么花，你管不着！
（2）甲：你怎么能打孩子呢？
　　　乙：你管不着，这是我们家自己的事。
（3）甲：这是公共场所，请你不要吸烟。
　　　乙：你管得着吗？

管他呢　guǎn tā ne

释义 Paraphrase

表示对某事不必在意或听之任之。
To mean not to care about something or let it go.

用法提示 Usage

有不在乎的语气。
There is a tone of indifference.

实例 Examples

（1）甲：这件事要是让科长知道，他会不会生气啊？
　　 乙：管他呢！现在又不是工作时间。
（2）甲：你这么爱吃羊肉串儿，吃多了可容易发胖啊。
　　 乙：胖就胖，管他呢。

管他是谁呢　guǎn tā shì shéi ne

释义 Paraphrase

表示不追究或不在乎对方是谁。
To mean that the speaker doesn't pursue or care who the other party is.

实例 Examples

（1）甲：刚才好像有人给你打电话，没等我接就挂了，也不知道是谁。
　　 乙：管他是谁呢！他要是有事还会再打的。
（2）甲：这可是局长提的方案。
　　 乙：管他是谁呢！这个方案有问题，我就得说。

鬼知道　guǐ zhīdào

释义与用法提示 Paraphrase and Usage

参见"天知道"。
See also "天知道".

实例 Examples

（1）甲：他一会儿说要离婚，一会儿又说不离，他到底是怎么打算的？
　　　乙：鬼知道！你去问他吧。
（2）甲：最近老说检查团要来检查，他们到底要检查什么？
　　　乙：鬼知道！

过奖　guòjiǎng

释义 Paraphrase

客套话，过分地表扬或夸奖。
A polite expression, meaning to overly praise.

用法提示 Usage

别人赞扬自己时的答语。
It's used as a reply when the others praise the speaker.

实例 Examples

（1）甲：你的英语说得真好，这儿没人比得上你。
　　　乙：过奖，过奖。
（2）甲：你画的画儿真有大师的水平啊。
　　　乙：您过奖了。

过脑子　guò nǎozi

释义 Paraphrase

指用脑子认真思考事情的原因、结果等。
To refer to considering seriously about the reason, result, etc.

用法提示 Usage

多用于讥讽或者指责。
It's often used to ridicule or criticize.

实例 Examples

（1）他能这么轻易地答应你？你过过脑子好不好？
（2）她呀！做事从来不过脑子，想怎么做就怎么做。

过去了　guòqu le

释义 Paraphrase

表示对人死亡的一种婉转的说法。
To indicate a euphemism for human death.

用法提示 Usage

多用于关系紧密的亲人。
It's often used for close relatives.

实例 Examples

（1）甲：你爷爷的病好些了吗？
　　　乙：唉！他老人家昨晚过去了。
（2）我刚听说你奶奶过去了，你要节哀顺变哪。

过去了就过去了　guòqu le jiù guòqu le

释义 Paraphrase

事情已经结束了，不要再提起。

To mean that the thing is over and don't mention it again.

用法提示 Usage

有谅解或安慰的语气。

It carries a tone of understanding or consolation.

实例 Examples

（1）甲：你对我那么好，可我以前还老说你的坏话，现在想起来心里真是不好受。

乙：咳，过去了就过去了，还提这些干什么。

（2）甲：我犯了这么大的错误，以后可怎么见人哪！

乙：事情过去了就过去了，吸取教训，思想上不要有负担，工作该做还是要放手去做。

……过头了　…guò tóu le

释义 Paraphrase

表示某一行为或者状态超出正常的时间、范围、程度等。

To indicate that an action or state is beyond the normal time, scope, degree, etc.

用法提示 Usage

替换部分多为动词或者形容词。

The replacement is usually a verb or an adjective.

实例 Examples

（1）对不起，我今天睡过头了。
（2）你是不是有点儿高兴过头了？

……过多少遍了　…guo duōshǎo biàn le

释义 Paraphrase

强调某一行为重复次数多。

To emphasize that a behavior is repeated many times.

用法提示 Usage

① 替换部分是动词。

The replacement is a verb.

② 有夸张的语气。

There is an exaggerated tone.

实例 Examples

（1）我说过多少遍了，做完作业再玩儿游戏。
（2）这次出差还是你去吧，上海我去过多少遍了。

H

还别说 hái biéshuō

释义与用法提示 Paraphrase and Usage

参见"你还别说"。
See also "你还别说".

实例 Examples

（1）甲：新来的队员足球踢得不错吧？
　　乙：还别说，像个专业的。
（2）甲：这种戒烟糖效果怎么样？
　　乙：还别说，挺管用的。

还不错 hái búcuò

释义 Paraphrase

表示满意的评价。
To indicate a satisfactory evaluation.

实例 Examples

（1）甲：你儿子高考考得怎么样？
　　乙：还不错，达到重点大学的录取分数线了。
（2）甲：我做的菜味道还可以吧？
　　乙：还不错，够厨师水平了。

还不就是…… hái bú jiù shì…

释义 Paraphrase

表示行为或情况与以前没什么区别。

To mean that there is no difference between the present behavior or case and the previous one.

用法提示 Usage

① 替换部分多为所举的例子。
The replacement is usually the given example.
② 有时有不在乎的语气。
Sometimes there is a tone of indifference.
③ 也说"还不是……"。
It can also be "还不是……".

实例 Examples

(1) 甲：周末你一般都干什么？
乙：还不就是看看电视、洗洗衣服什么的。
(2) 甲：昨天你们开会，领导都说了些什么？
乙：还不就是不要迟到啦、工作时间不许聊天儿啦，没什么新鲜的。
(3) 甲：你见到小王了？他怎么样？
乙：还不就是老样子，整天乐呵呵的。

还不（就）是那么回事 hái bú (jiù) shì nàme huí shì

释义 Paraphrase

表示不过如此，没什么特别的。
To show that nothing is more than this and nothing is special.

用法提示 Usage

有不在乎或者轻蔑的语气。
There is a tone of indifference or contempt.

实例 Examples

（1）甲：这个项目我可怎么做啊？
乙：还不是那么回事嘛，这样的任务你以前做过不少了，有什么难的？

（2）甲：他这篇论文影响很大。
乙：听着挺唬人的，还不就是那么回事。

还不是…… hái bú shì…

释义与用法提示 Paraphrase and Usage

参见"还不就是……"。
See also "还不就是……".

实例 Examples

（1）甲：新来的老板对你们有什么新的要求吗？
乙：还不是和从前一样，让大家努力工作，多为公司付出什么的。

（2）甲：听说附近的饭馆儿增加了早餐，有什么主食？
乙：还不是包子、油条、馄饨这些常吃的东西。

还不算……呢 hái bú suàn…ne

释义 Paraphrase

强调程度没有那么高。
To emphasize that the degree is not that high.

用法提示 Usage

替换部分多为形容词。

The replacement is usually an adjective.

实例 Examples

（1）甲：从你家骑车到学校要四十分钟？
　　乙：这还不算远呢，小王每天骑车来要一个多小时。
（2）甲：这座山有点儿陡，我不敢爬。
　　乙：这还不算陡呢，上周我们爬的那座山比这座山陡多了。

……还不行吗　…hái bùxíng ma

释义 Paraphrase

反问句，表示应该足够了，相当于"应该可以了吧"。

A rhetorical question, which means it should be enough and is equal to "应该可以了吧".

实例 Examples

（1）甲：我帮你这么大的忙，你怎么感谢我？
　　乙：我请你吃饭还不行吗？
（2）甲：结婚以后你不能什么家务都不干。
　　乙：我每天负责刷碗扫地还不行吗？

还不一定呢　hái bù yídìng ne

释义 Paraphrase

表示对对方的话或某一结论表示怀疑或否定。

To express doubt or negation of the other party's words or some conclusion.

实例 Examples

（1）他们都怀疑是小王拿的，我看，是谁拿的还不一定呢。
（2）别以为你比别人都聪明，其实，谁是傻瓜还不一定呢！
（3）你觉得自己买了个古董，我看，这东西是真是假还不一定呢。

还过得去　hái guòdequ

释义 Paraphrase

表示情况尚好，还没有糟糕到不能应付的程度。

To show that the situation is going well and is not too bad to cope with.

实例 Examples

（1）甲：现在生活怎么样啊？
　　　乙：还过得去，吃喝是没问题的。
（2）甲：你跟他关系怎么样？
　　　乙：大面上还过得去，不过不是很熟。

还好　hái hǎo

释义与用法提示 Paraphrase and Usage

参见"还可以"。
See also "还可以".

实例 Examples

（1）甲：您最近身体怎么样？
　　　乙：还好，就是血压有时候高一点儿。
（2）甲：那里的饮食你习惯了吗？
　　　乙：还好，不过有的菜太辣了。

还可以 hái kěyǐ

释义 Paraphrase

不好也不坏，勉强说得过去，表示基本认可。

To indicate that it's neither good nor bad and it's just passable, which indicates basic approval.

用法提示 Usage

① 有时认可的语气比较强。

Sometimes there is a strong tone of approval.

② 用于自己时略带谦虚的语气。

When used for oneself, there is a tone of modesty.

③ 也说"还好""还行"。

It can also be "还好" "还行".

实例 Examples

（1）甲：你新租的房子怎么样？

乙：还可以，环境不错，交通也方便，就是房租贵了点儿。

（2）这种小吃我吃着还可以，你尝尝。

（3）甲：今天的面试怎么样？

乙：还可以。我觉得有希望录用。

还没……够 hái méi…gòu

释义 Paraphrase

表示做某事没有节制，或觉得不过瘾。

To mean to do something without restraint, or to feel that it's not enough.

用法提示 Usage

替换部分是动词。

The replacement is a verb.

实例 Examples

（1）甲：还没玩儿够啊？该吃饭了。
　　　乙：再等会儿，就一会儿。
（2）甲：时间到了，今天就到这儿吧？
　　　乙：再唱一小时吧，大家还没唱够呢。

……还难说（呢） ···hái nánshuō (ne)

释义 Paraphrase

表示事情可能会有正反两方面的结果，不能轻易下结论。

To indicate that things may have positive and negative results, so the conclusion cannot be drawn easily.

实例 Examples

（1）你先了解一下具体情况，这件事谁对谁错还难说（呢）。
（2）咱们还是再等等看吧，这份合同能不能签下来还难说（呢）。

还……呢 hái···ne

释义 Paraphrase

表示对方的言行与其称号不相符。

To mean that the other party's words and deeds don't match his/her title.

用法提示 Usage

① 替换部分一般是名词性的词语。
   The replacement is usually a nominal word.
② 常有轻视或不满的语气。
   It usually carries a tone of contempt or dissatisfaction.

实例 Examples

（1）甲：刚才做报告的听说是个专家。
   乙：还专家呢，基本概念都没搞清楚。
（2）这么点儿忙都不想帮，还朋友呢。

还……上了　hái…shàng le

释义 Paraphrase

对别人的言行表示不能接受。
To show that others' words and deeds cannot be acceptable.

用法提示 Usage

有出乎意料或者厌烦的语气。
It carries a tone of surprise or boredom.

实例 Examples

（1）让你说话小点儿声，你还唱上了，故意找事是吧？
（2）我只是劝了她几句，没说什么呀，她还哭上了。
（3）他们惹的麻烦，咱们都没怪他们呢，他们可好，还怪上咱们了！

还是的 hái shì de

释义 Paraphrase

表示事实证明自己之前所说的是正确的。
To indicate that the facts prove what the speaker said before is correct.

用法提示 Usage

有不满的语气。
There is a tone of dissatisfaction.

实例 Examples

（1）甲：我没说他干得不好。
　　　乙：还是的！那你为什么开除他？
（2）甲：你这个方法也不错。
　　　乙：还是的！那你怎么不用呢？

还是……来吧 háishi…lái ba

释义 Paraphrase

当某人做不好某事时，提出由其他人替换他/她。
To indicate when someone cannot do something well, it's suggested that someone else replace him/her.

用法提示 Usage

替换部分是人称代词或指人的名词。
The replacement is a personal pronoun or a noun referring to someone.

实例 Examples

（1）甲：这土豆丝我怎么切不好啊，有的粗，有的细。
　　　乙：还是我来吧。
（2）我找不出电视机的毛病在哪儿，还是小王来吧。

还是老样子　háishi lǎoyàngzi

释义 Paraphrase

表示情况和以前一样，没有变化。
To show that the case is the same as before and there is no change.

实例 Examples

（1）甲：咱们的老家变化很大吧？
　　　乙：咳，还是老样子，没什么变化。
（2）十几年没见了，她还是老样子，和以前一样爱说爱笑。

还是老一套　háishi lǎoyítào

释义 Paraphrase

表示内容、形式或方法等缺乏变化，没有新意。
To indicate that there is lack of change or no creativity in content, form, method, etc.

用法提示 Usage

有轻视或不满的语气。
There is a tone of contempt or dissatisfaction.

实例 Examples

（1）甲：今年的工作总结怎么样？
　　　乙：还是老一套，我听着都快睡着了。
（2）甲：你们的新年联欢会开得有意思吗？
　　　乙：没什么新意，还是老一套。

还是那句话 háishi nà jù huà

释义 Paraphrase

强调过去一再强调的事情。
To emphasize things that have been stressed many times in the past.

实例 Examples

（1）甲：对违反交通规则的明星怎么处理？
　　　乙：该罚就罚！还是那句话，规则面前人人平等。
（2）大家开始干吧！还是那句话，干这活儿一定要细心。

还是……（为）好 háishi…(wéi) hǎo

释义 Paraphrase

提出比现状更好的建议。
To put forward better proposals than the current situation.

实例 Examples

（1）他是个不讲理的人，咱们还是别惹他（为）好。
（2）那条小路晚上没路灯，我们还是走大路好。

还说呢 hái shuō ne

释义 Paraphrase

反问句，意思是"别说了"。
A rhetorical question, which means "don't mention it".

用法提示 Usage

① 常用于关系亲近的人之间。
It's often used among the people who have intimate relationship.
② 有懊恼或嗔怪的语气。
It carries a tone of annoy or coquettish anger.

实例 Examples

（1）甲：你身上怎么弄得这么脏啊？
乙：还说呢！今天下雨，我没带伞，往回跑的时候又被汽车溅了一身泥。
（2）甲：你怎么考得那么差？
乙：还说呢，都是因为你，昨天跟我聊得那么晚，我都没好好儿复习。

还行　hái xíng

释义与用法提示 Paraphrase and Usage

参见"还可以"。
See also "还可以".

实例 Examples

（1）甲：那双有点儿小？这双呢？合适吗？
乙：这双还行，穿着挺舒服的。
（2）甲：你的孩子在学校学习成绩怎么样？
乙：还行，在班里能排在前五名呢。
（3）甲：大学里比你强的学生很多，你学习跟得上吗？
乙：还行吧，期末考试都过了。

还用说　hái yòng shuō

释义与用法提示 Paraphrase and Usage

参见"不用说"。
See also "不用说".

实例 Examples

(1) 甲：他今天一来就满脸不高兴，出什么事了？
　　乙：还用说，准是昨晚两口子又吵架了。
(2) 甲：老师让你去学校？是不是你儿子出什么事了？
　　乙：这还用说，肯定是没好好儿上课被老师留下了。
(3) 甲：看数学老师抱着一大摞卷子过来了，是不是又要考试了？
　　乙：那还用说，十有八九是单元小测验。
(4) 甲：老王怎么又没在家呀？
　　乙：还用说，一定又去酒吧了。

还用问（吗）　hái yòng wèn (ma)

释义与用法提示 Paraphrase and Usage

参见"不用说"。
See also "不用说".

实例 Examples

(1) 甲：小张今天一脸不高兴，谁又惹她了？
　　乙：还用问（吗）？今天一早就收到顾客投诉，被经理批评了。

（2）甲：这次考试会不会很难？
乙：这还用问（吗）？王老师什么时候出过容易的题？
（3）甲：那边路口警察拦住了一辆汽车，出什么事了？
乙：这还用问（吗）？肯定是闯红灯了。

（还）早（着）呢　(hái) zǎo (zhe)ne

释义 Paraphrase

强调某一行为或活动还有一段时间才开始，不用现在去做或考虑。

To emphasize that there is still a period of time before an action or an activity begins, and there is no need to do or to think about it now.

实例 Examples

（1）甲：快走吧！
乙：急什么！电影八点才开始，还早着呢！
（2）甲：你们什么时候结婚哪？
乙：还早呢！等结婚的时候一定请你。
（3）甲：咱们是第几个上场啊？
乙：早着呢，别紧张。

还真没看出来　hái zhēn méi kàn chūlái

释义 Paraphrase

表示发现了过去没有注意到的事情。

To mean to discover what was ignored in the past.

用法提示 Usage

① 有时有怀疑或讽刺的语气。
　　Sometimes there is a tone of doubt or sarcasm.
② 也可以说"真没看出来"或"没看出来"。
　　It can also be "真没看出来" or "没看出来".

实例 Examples

（1）甲：我可会做中国菜了。
　　　乙：你？还真没看出来，我以为你只会煮方便面呢。
（2）甲：我这件衣服花了两千多块呢。
　　　乙：是吗？还真没看出来。

还真是　hái zhēn shì

释义 Paraphrase

　　赞同对方的说法或者表示自己本来没想到，经过事实验证，证明对方说得没错儿。

　　To agree with the other party's statement or indicate that some unexpected situation that the other party said is proved by the verification.

用法提示 Usage

有时有吃惊的语气。
There is a tone of surprise sometimes.

实例 Examples

（1）甲：其实咱们老人也不图什么，一家人平平安安的比什么都强。
　　乙：还真是，钱再多也不能带走。
（2）甲：你们看，他的耳朵会动。
　　乙：是吗？我看看。哎，还真是！

好不容易…… hǎobù róngyì…

释义 Paraphrase

很不容易（办成某事）。
To be uneasy (to achieve something).

用法提示 Usage

① 有时也说"好容易……"。
It can also be "好容易……" sometimes.
② "好不容易"和"好容易"都表示很不容易的意思，当用在状语位置时，用法相同，但"好容易"可以看作一个整体的副词，而"好不容易"则是"好不+容易"的短语。
Both "好不容易" and "好容易" mean to be very uneasy when used in adverbial position. But "好容易" can be regarded as an adverb, "好不容易" is a phrase of "好不+容易".

实例 Examples

（1）他连考了三年，好不容易考上了理想的大学。
（2）这道题太难了，做了一个多小时，好不容易才做出来。

(……) 好好儿的　(…) hǎohāor de

释义 Paraphrase

对某人本来很好的行为或状态突然发生的变化表示不理解。

To express disunderstanding of a sudden change in one's otherwise good behavior or state.

用法提示 Usage

有疑惑的语气。

There is a puzzled tone.

实例 Examples

（1）甲：听说了吗？隔壁老王家两口子昨天吵了一夜。
　　　乙：好好儿的，吵什么架呀？
（2）他在这儿干得好好儿的，怎么突然辞职了呢？

好好儿的 A，……　hǎohāor de A, …

释义 Paraphrase

表示本来很好的一个人或一件事出现不好的状态或者结局。

To indicate that a person or an event that was going well has a bad state or ending.

用法提示 Usage

① A是名词性词语。

A is a nominal word.

② 有时有惋惜的语气。

It carries a tone of regret sometimes.

③ 有时用于责备和质问的句子中。

It's used in sentences of reproach and questioning sometimes.

实例 Examples

（1）好好儿的一幅画儿，让孩子给撕坏了，真可惜！
（2）甲：你听说了吗？老王出了车祸，昨天去世了。
　　乙：唉，好好儿的一个人，怎么说没就没了。
（3）看你，好好儿的工作不做，非去唱什么歌！
（4）好好儿的青菜，让你炒成这个样子。

好几…… hǎojǐ…

释义 Paraphrase

表示数量多。

To indicate a large quantity.

用法提示 Usage

① 替换部分多为量词。

The replacement is usually a measure word.

② 有强调的语气。

There is a tone of emphasis.

实例 Examples

（1）甲：你们开学了吗？
　　乙：都开学好几天了。
（2）甲：你们大学的留学生多吗？
　　乙：多，有好几百人呢。

好家伙 hǎojiāhuo

释义 Paraphrase

表示赞叹或惊讶。

To indicate admiration or surprise.

实例 Examples

（1）好家伙！这儿可真热闹啊！
（2）好家伙！你做了这么多菜呀！

好久没……了　hǎojiǔ méi…le

释义 Paraphrase

表示很长时间没有做某事或者没有出现某种情况了。

To mean not to do something or not to have a certain situation for a long time.

用法提示 Usage

替换部分多为动词或形容词。

The replacement is usually a verb or an adjective.

实例 Examples

（1）甲：咱们好久没见了。
　　　乙：是啊，至少有五年了。
（2）甲：咱们今天出去吃吧？
　　　乙：行啊，好久没去饭馆儿吃饭了。
（3）好久没这么开心了。

好了　hǎo le

释义 1 Paraphrase 1

表示事情已经完成或解决。

To show that the thing has been finished or solved.

实例 Examples

（1）好了，文章写完了，你检查检查吧。
（2）好了，问题终于解决了。

释义 2 Paraphrase 2

用来制止别人的言行。
To be used to stop others' words and deeds.

用法提示 Usage

有不耐烦或者斥责的语气。
It carries a tone of impatience or reproach.

实例 Examples

（1）好了，这个问题你都向我反映好几回了，烦不烦啊？
（2）好了好了，你们别吵了，这么点儿小事，就不能心平气和地坐下来谈谈吗？

……好了　…hǎole

释义 Paraphrase

表示同意对方的意见或者向对方提出建议。
To mean to agree with the other party's opinions or to put forward suggestions to the other party.

用法提示 Usage

① 这里的"好了"多用于句尾。
Here "好了" is often used at the end of the sentence.
② 有商量的语气。
There is a tone of discussion.

实例 Examples

（1）我也没什么想法，听你的好了。
（2）既然双方都有诚意，那就签约好了。

好嘛 hǎo ma

释义 1 Paraphrase 1

表示惊讶或感到意外。

To show surprise or astonishment.

用法提示 Usage

① 后面一般要说出感到惊讶的内容。

The content of surprise usually follows this phrase.

② 有惊讶的语气。

There is a tone of surprise.

实例 Examples

（1）甲：他因为路上堵车没赶上那个航班，结果飞机出事了，逃过了一劫。
　　乙：好嘛！他真是福大命大。
（2）甲：你要的书我帮你买来了，九十五块钱。
　　乙：好嘛！这么薄的一本书就九十多块钱啊！

释义 2 Paraphrase 2

对对方所说的事情感到意外，后面点出对方没说透的话。

To be surprised by what the other party said and to reveal what the other party implied.

用法提示 Usage

有时有调侃的语气。

Sometimes there is a tone of scoff.

实例 Examples

（1）甲：听说了吗？咱们公司的两位经理打起来了。

　　乙：好嘛！这下有热闹看了。

（2）甲：我妻子听说骑马能减肥，就天天骑。骑了一个月，她的体重没减多少，马倒是瘦了十公斤。

　　乙：好嘛！变成马减肥了。

好你个……　hǎo nǐ ge…

释义 Paraphrase

对某人比较过分的言行感到意外。

To be surprised at someone's excessive words and deeds.

用法提示 Usage

① 替换部分指某人。

The replacement refers to someone.

② 有指责或者不满的语气。

There is a tone of censure or dissatisfaction.

实例 Examples

（1）好你个张三，敢跟经理顶嘴！

（2）好你个快递员，把我的包裹扔在门口就跑了。

好容易……　hǎoróngyì…

释义与用法提示 Paraphrase and Usage

参见"好不容易……"。

See also "好不容易……".

实例 Examples

（1）好容易爬上十二层楼，发现家门钥匙忘带了。
（2）好容易买来的，就这么丢了？

好说 hǎoshuō

释义 Paraphrase

当别人请求帮助时，表示"没问题""愿意帮忙"。

To be used to response when others ask for help, meaning "no problem" "being willing to offer help".

实例 Examples

（1）甲：我想请你帮我买一张明天去上海的飞机票。
　　　乙：好说。
（2）甲：我刚来，以后请多多关照。
　　　乙：行，那还不好说？

好说歹说 hǎoshuō-dǎishuō

释义 Paraphrase

表示不停地劝说，最终得到某种希望的结果。

To mean to keep persuading to get some desired result in the end.

实例 Examples

（1）我好说歹说才把他劝回来。
（2）大家好说歹说地一通劝，终于让她打消了离婚的念头。

好说话　hǎo shuōhuà

释义 Paraphrase

表示某人容易通融，能顾及他人的情面，容易答应别人的请求。

To mean that someone is easy-going and knows how to save others' face, who is willing to meet others' requirement.

实例 Examples

（1）甲：这件事你看我该求谁帮忙啊？
　　　乙：张经理比较好说话，你去找他吧。
（2）甲：关于缺勤太多影响成绩的事，咱们去找王老师求求情吧？
　　　乙：王老师可不好说话，找他也没用。

好哇　hǎo wa

释义 Paraphrase

反语，相当于"真坏"。

Irony, which is equal to "真坏".

用法提示 Usage

① 用于指责。如果指责的对象需要点明，一般放在后面，如"好哇你"。

It's used to blame. If the object of scolding is needed to be pointed out, it's usually placed after this phrase, such as "好哇你".

② 有不满的语气。

It carries a tone of dissatisfaction.

实例 Examples

（1）甲：我忘了告诉你，昨天我把你的课本借给我的女朋友了。
　　乙：好哇，原来是你拿走了，我说怎么找不着呢。
（2）好哇你，把冰箱里的东西都吃了，我吃什么呀！

好样儿的　hǎoyàngrde

释义 Paraphrase

对出色优秀的人表示赞许。
To praise the people who are excellent.

用法提示 Usage

有称赞的语气。
It carries a tone of praise.

实例 Examples

（1）甲：我毕业以后打算到边疆去工作。
　　乙：好样儿的！爸爸支持你。
（2）甲：我们战胜了二班的球队，进入了决赛。
　　乙：好样儿的！

好一个……　hǎo yí ge…

释义 Paraphrase

反语，将夸赞他人的语句用来反指某位名不副实的人。
Irony, using a complimentary statement to refer ironically to someone who is not worthy of the name.

用法提示 Usage

① 替换部分是某人名不副实的称谓。

The replacement is the address that is more in name than in reality.

② 有讽刺的语气。

There is a tone of sarcasm.

实例 Examples

（1）好一个"学霸"，原来论文都是抄的别人的。

（2）甲：我看他还算是一个老实人。

乙：好一个"老实人"，你都不知道他背着人做的那些坏事。

好意思吗　hǎoyìsi ma

释义 Paraphrase

反问句，表示对某人的言行不满，提出质问。

A rhetorical question, indicating being dissatisfied with someone's words and deeds and raising a query.

用法提示 Usage

有不满和讥讽的语气。

There is a tone of dissatisfaction and sarcasm.

实例 Examples

（1）你这当领导的，在公司大会上骂人，好意思吗？

（2）这么大人在孩子面前哭鼻子，好意思吗？

合着…… hézhe…

释义 Paraphrase

表示终于发现了真实情况。
To mean to discover the truth finally.

用法提示 Usage

有不满的语气。
There is a tone of dissatisfaction.

实例 Examples

（1）合着我说了半天，你一句没听进去。
（2）甲：领导对工程质量不满意，让咱们明天拆了重修。
　　　乙：合着我们今天白干了？

何必呢 hébì ne

释义 Paraphrase

表示没有必要这样。
To indicate that it's unnecessary to do so.

实例 Examples

（1）甲：男朋友和我分手了，我觉得生活真没有意思。
　　　乙：何必呢？生活这么丰富多彩，别因为一个人而失去所有的希望。
（2）甲：产品质量有问题，凭什么不给我退换？我非找他们的经理说清楚！
　　　乙：十几块钱的东西，何必呢？再买个新的不就完了？

何苦来呢　hékǔlái ne

释义与用法提示 Paraphrase and Usage

参见"何苦呢"。
See also "何苦呢".

实例 Examples

（1）为这么点儿小事吵架，何苦来呢？
（2）大热天的，跑这么远的路只为给儿子买根冰棍儿，这是何苦来呢？

何苦呢　hékǔ ne

释义 Paraphrase

表示没有必要受这个罪或者自寻苦恼，语义略重于"何必呢"。

To mean that it's unnecessary to suffer through this or to bring trouble on oneself, the tone of which is a little bit stronger than "何必呢".

用法提示 Usage

有时也说"何苦来呢"。
It can also be "何苦来呢" sometimes.

实例 Examples

（1）走了这么长时间，就为了省点儿车钱，何苦呢？
（2）甲：我为了家庭和孩子，从来没出去玩儿过。
　　乙：这是何苦呢？你也应该有属于自己的娱乐呀。

后会有期 hòuhuì-yǒuqī

释义 Paraphrase

表示将来有机会再见面。

To show that there must be opportunities to meet each other in the future.

用法提示 Usage

用于告别或送别。

It's used to say farewell or see someone off.

实例 Examples

（1）你们就送到这儿吧，后会有期。

（2）甲：我走了，大家多保重。

　　　乙：路上小心，咱们后会有期。

胡扯 húchě

释义与用法提示 Paraphrase and Usage

参见"胡说"。

See also "胡说".

实例 Examples

（1）甲：他说你写的作文是抄的他的。

　　　乙：胡扯！我敢保证我没有看过他的作文。

（2）他一会儿说这笔钱是小王给他的，一会儿又说是小李借给他的，全是胡扯！

胡说　húshuō

释义 Paraphrase

表示某人所说的完全不符合事实或者没有根据。
To indicate that what someone said is completely untrue or baseless.

用法提示 Usage

① 有斥责的语气。
　　There is a tone of rebuke.
② 也说"胡扯""胡说八道"。
　　It can also be"胡扯""胡说八道".

实例 Examples

（1）甲：他说昨天你和小丽去看电影了。
　　　乙：胡说！我昨天一天没出门，根本没见过小丽。
（2）甲：他们都说你们俩在谈恋爱。
　　　乙：别听他们胡说！

胡说八道　húshuō-bādào

释义与用法提示 Paraphrase and Usage

参见"胡说"。
See also"胡说".

实例 Examples

（1）甲：昨天是不是你把我说她太胖的话告诉她了？
　　　乙：胡说八道！昨天我根本没见到她。
（2）这几个人闲得没事，整天在一起胡说八道。

话不能这么说 huà bù néng zhème shuō

释义 Paraphrase

表示对方说的话不合适或没有道理。
To show that what the other party said is inappropriate or doesn't make sense.

用法提示 Usage

常用于反驳别人的说法或指责。
It's usually used to refute others' saying or scolding.

实例 Examples

（1）甲：现在有钱什么都可以买到。
　　　乙：话不能这么说，真正的爱情就不是能用钱买来的。
（2）甲：便宜没好货。
　　　乙：话可不能这么说呀，现在物美价廉的东西也不少。

话得说清楚 huà děi shuō qīngchu

释义 Paraphrase

指说话要明确，应该区分不同情况，不能一概而论。
To mean to speak clearly and to distinguish between different situations, not to treat things all the same.

用法提示 Usage

有时有辩解的语气。
There is a tone of justification sometimes.

实例 Examples

（1）甲：师傅，这个水龙头换一下吧。
　　乙：换是免费的，但是水龙头要您出钱买，咱话得说清楚。
（2）甲：你们商人都只想着赚钱。
　　乙：话得说清楚啊，我可不是那样的人。
（3）甲：很多男人一结婚就不管父母了。
　　乙：您话可得说清楚，我不是还和以前一样孝顺吗？

话里有话　huàli-yǒuhuà

释义 Paraphrase

指某人所说的话里面暗含着别的意思。
To mean that what someone said implies something else.

用法提示 Usage

多有不满的语气。
There is usually a tone of dissatisfaction.

实例 Examples

（1）你以为他是夸你啊？他话里有话。
（2）你听不出他什么意思吗？分明是话里有话呀！

话是这么说，……　huà shì zhème shuō, …

释义 Paraphrase

先确认对方所说的有一定道理，然后从另一角度反驳。
To confirm that what the other party said is reasonable firstly, and then to refute it from another angle.

用法提示 Usage

① 后半句用"可"或"但是"等进行转折。
"可" or "但是" is usually used in the latter part to express transition.
② 也说"说是这么说,……"。
It can also be "说是这么说,……".

实例 Examples

（1）甲：钱不是万能的。
　　乙：话是这么说，可没有钱是万万不能的。
（2）甲：你的课那么多，打工会影响学习的。
　　乙：话是这么说，可要是不打工，学费从哪儿来呀？

话说到这（个）份儿上　huà shuōdào zhè(ge) fènr shang

释义 Paraphrase

指别人已经把话说到决绝的地步，自己无法辩驳。
To mean now that others have made their idea very resolute, the speaker cannot refute it.

用法提示 Usage

有时有坚决或者无奈的语气。
There is a determined or helpless tone sometimes.

实例 Examples

（1）甲：你不用解释了！无论怎么样我也不会在这份合同上签字的！
　　乙：话说到这（个）份儿上，我们的合作也就只能终止了。
（2）甲：你说这是从我这儿买的假货，要有证据，要是没有，就出去！退款是不可能的！
　　乙：行，话说到这（个）份儿上了，那咱们就法庭上见吧。

（3）甲：就算世界上只剩下他一个男人，我也不会嫁给他的！
乙：好吧，话说到这（个）份儿上，你们也没有再见面的必要了。

话说得太满了　huà shuō de tài mǎn le

释义 Paraphrase

表示某人说话不留余地。

To indicate that someone leaves no room for others' negotiation.

实例 Examples

（1）甲：就这点儿事，用不了三天我就能搞定。
乙：话说得太满了吧？要是干不完怎么说？
（2）甲：让我来给他们指导一下，打进半决赛是没问题的。
乙：别把话说得太满了，他们已经连输几场了，你有那么大把握吗？

话说回来，……　huà shuō huílái, …

释义 Paraphrase

在强调某一方面之后，又从另一方面分析或说明，而后者往往是说话人真正想说的。

To analyze or explain from another aspect after emphasizing one aspect, and the latter part is usually what the speaker really wants to say.

实例 Examples

（1）他因为考试作弊被开除，这个处罚确实是太重了，可话说回来，学生考试作弊是非常不应该的。
（2）甲：他们是因为感情不好才离婚的。
乙：感情不好的夫妻在一起生活，的确很痛苦，话又说回来，离婚对双方的伤害也是很大的。

坏了 huài le

释义 Paraphrase

表示情况很糟糕。
To show that the case is terrible.

用法提示 Usage

有惊慌的语气。
It carries a tone of panic.

实例 Examples

（1）坏了，我的手机没电了，我正等着客户给我回电话呢。
（2）甲：明天的报告你准备好了吗？
　　乙：坏了，我把这件事给忘了。

……坏了 …huài le

释义 Paraphrase

表示程度深，多指身体或者精神受到某种影响而达到极端的程度。
To indicate the high degree, mainly referring that the body or mind is affected in some way to an extreme extent.

用法提示 Usage

① 替换部分为形容词或者心理活动动词。
The replacement is an adjective or a verb of mental activity.
② 受事有时可以放在"坏"和"了"之间。
The recipient can be put between "坏" and "了" sometimes.

实例 Examples

（1）买彩票得了大奖，可把他乐坏了。
（2）他不听妈妈的话，把妈妈气坏了。
（3）听说儿子出了车祸，妈妈急坏了。
（4）今天爬山，累坏我了。

换句话说　huàn jù huà shuō

释义 Paraphrase

为了更清楚地说明问题，换一种表述方式。

To use another way of expression in order to explain a case more clearly.

实例 Examples

（1）我的女朋友老说男人应该有远大的志向，要体现自己的价值，换句话说，她就是嫌我现在没钱没地位。
（2）甲：今天老师对我说不要一口吃成胖子，这是什么意思？
　　乙：换句话说，就是学习不能太心急，得一步一步来。

回见　huí jiàn

释义与用法提示 Paraphrase and Usage

参见"回头见"。
See also "回头见".

实例 Examples

（1）甲：今天咱们谈得很愉快，希望以后能继续合作。
　　乙：好，那我告辞了，回见。
（2）对不起，我还有个会，就不远送了，回见。

回头见 huítóu jiàn

释义 Paraphrase

客套话，表示过一段时间再见面。

A polite expression, which indicates seeing each other after a period of time.

用法提示 Usage

① 多用于短时间的分开，比较随意。

It's usually used when not seeing each other for a short time and is very casual.

② 也说"回见"。

It can also be"回见".

实例 Examples

（1）甲：晚上七点，我在楼下大厅等你们。

乙：好，回头见。

（2）我下课以后去找你，回头见。

会来事 huì láishì

释义 Paraphrase

表示很会处理人际关系，根据某人的喜好而做出迎合的事情。

To indicate that someone is good at handling interpersonal relationships and will cater someone according to his/her preferences.

实例 Examples

（1）这小伙子真会来事，送了先生一瓶酒，送了我一罐茶，都是我们最喜欢喝的那种。

（2）甲：你看人家小张，刚工作没两年，就当上科长了。

乙：我可比不了他，他这个人可会来事了，当领导的哪个不喜欢他呀！

会说话 huì shuōhuà

释义 Paraphrase

指善于言辞,能根据不同的场合、对象,把话说得恰如其分,让人听着舒服。

To refer that a person, who is good at speech, can speak appropriately according to different occasions and objects to make the listener feel comfortable.

实例 Examples

(1) 这孩子嘴甜甜的,可会说话了,人见人爱。
(2) 你那么会说话,怎么在公司里也没个朋友啊?
(3) 你真不会说话,她四十刚出头,你就叫人家奶奶!

豁出去 huō chuqu

释义 Paraphrase

表示下决心应付某种困难局面,不顾一切去做平时不敢做的可能使自己付出代价或者丢脸的事情。

To mean that someone determines to deal with a difficult situation, doing something desperately what he/she usually dare not do because it may make him/her pay the price or lose face.

实例 Examples

(1) 甲:他们一个个人高马大,你怎么打得过?
　　乙:我今天豁出去了,不能让他们就这么欺负咱们!
(2) 他真是豁出去了,敢去找领导评理。
(3) 甲:这件事情要是让大家知道了,会影响你的声誉。
　　乙:不管别人说什么,我今天豁出去了,一定要把事情的真相都说出来。

活该　huógāi

释义 Paraphrase

表示理应如此，不值得怜悯。

To show that it should be so, not deserving one's sympathy.

用法提示 Usage

① 有骂人的语气。

It carries a cursing tone.

② 有时可以省略成"该"。

Sometimes it can be omitted as "该".

实例 Examples

（1）甲：刚才我逗你家的猫，被猫抓了一把。

乙：活该！我警告你好几次了，这猫认生。

（2）甲：他离婚以后，家里又脏又乱，连饭都没有人做。

乙：他活该，谁让他老喝醉酒打妻子的！

活见鬼　huójiànguǐ

释义与用法提示 Paraphrase and Usage

参见"见鬼"。

See also "见鬼".

实例 Examples

（1）我的笔哪儿去了？刚才还在这儿呢。活见鬼了。

（2）真是活见鬼了，明明听到有人敲门，怎么连个人影都没有？

J

加把劲　jiā bǎ jìn

释义 Paraphrase

鼓励人进一步努力。

To encourage someone to make further efforts.

实例 Examples

（1）你们再加把劲，今天一定要把这活儿干完。
（2）你在学习上要加把劲，要不你会跟不上大家的。

见不得人　jiànbudé rén

释义 Paraphrase

表示事情或行为不光彩，怕被人看见、听到或知道。

To indicate disgrace of something or behavior, or fear of being seen, heard, or known.

实例 Examples

（1）别看他表面上挺正经，背地里净干见不得人的事。
（2）做这种事是见不得人的，你不怕别人知道吗？

见鬼　jiàn guǐ

释义 Paraphrase

表示对某人或某件事情感到无法忍受或者莫名其妙，有时也表示对自己的行为感到懊悔。

To mean to feel intolerable or inexplicable about someone or something, which sometimes also means to feel regretful about one's own behavior.

用法提示 Usage

① 有埋怨或咒骂的语气。
It carries a tone of complaint or curse.
② 有时也说"活见鬼"。
Sometimes it can also be "活见鬼".

实例 Examples

（1）真是见鬼了！他怎么一转眼就不见了？
（2）甲：他们说没收到咱们的报价单。
　　　乙：我昨天亲自给他们发的传真，怎么会没收到？真见鬼！
（3）见鬼！我怎么会把他这种人当作朋友！

见鬼去吧　jiàn guǐ qù ba

释义 Paraphrase

表示绝不会让某人的想法或企图实现。

To mean that the speaker will never get someone's idea or plan realized.

用法提示 Usage

常用于拒绝所讨厌的人。
It's usually used to refuse the disgusting people.

实例 Examples

（1）你想娶我的女儿？见鬼去吧！
（2）甲：他们不死心，还想收购我们的公司。
　　 乙：让他们见鬼去吧！

见过……的，没见过这么……的　jiànguo…de, méi jiànguo zhème…de

释义 Paraphrase

强调某人的行为卑劣到极点。
To emphasize that someone's behavior is despicable to the extreme.

用法提示 Usage

① 前后替换部分为同一词语。
Both of the previous and latter replacements are the same words.
② 有讽刺挖苦的语气。
There is an ironic tone.

实例 Examples

（1）甲：刚来的新同事工作太不认真了。
　　 乙：是啊，见过耍滑头的，没见过这么会耍滑头的，三天两头儿迟到早退。
（2）甲：他这是假摔！对方根本没碰到他，他就倒在地上了。
　　 乙：见过会演戏的，没见过这么会演戏的！

见笑 jiànxiào

释义 Paraphrase

客套话，为自己的失误而感到抱歉，或者为自己的水平低而表示自谦。

A polite expression, which means to feel sorry for one's own mistakes, or to show modesty for one's low level.

用法提示 Usage

① 用于抱歉时有不好意思的语气。

There is an embarrassed tone when used to express apology.

② 用于自谦时有谦虚的语气。

There is a modest tone when used to show modesty.

③ 有时也说"（让）您见笑了"。

Sometimes it can also be "（让）您见笑了".

实例 Examples

（1）甲：你把"网上聊天儿"说成"晚上聊天儿"了。
　　　乙：哦，是吗？见笑，见笑。

（2）甲：我看过你最近发表的小说了，写得真不错。
　　　乙：写得不好，让您见笑了。

叫……AA jiào…AA

释义与用法提示 Paraphrase and Usage

参见"让……AA"。

See also "让……AA".

实例 Examples

（1）打你怎么了？叫你清醒清醒！
（2）罚你奖金，叫你长长记性。
（3）我要叫你们知道知道我的厉害！

叫你…… jiào nǐ…

释义与用法提示 Paraphrase and Usage

参见"让你……"。
See also "让你……".

实例 Examples

（1）甲：妈妈，我今天上课玩儿玩具，被老师没收了。
　　　乙：活该！叫你上课不听讲！
（2）甲：今天税务局休息，我白跑一趟。
　　　乙：叫你不听我的！我不让你去你偏去！
（3）叫你不带伞，身上都湿了吧！

叫我说什么好 jiào wǒ shuō shénme hǎo

释义与用法提示 Paraphrase and Usage

参见"让我说什么好"。
See also "让我说什么好".

实例 Examples

（1）每次孩子的家长会你都迟到，叫我说什么好？
（2）这个问题在培训时专门强调过，可还是有很多人明知故犯，叫我说什么好啊？

叫我说……什么好　jiào wǒ shuō…shénme hǎo

释义与用法提示 Paraphrase and Usage

参见"让我说……什么好"。
See also "让我说……什么好".

实例 Examples

（1）这道题我给你讲过无数遍了，你怎么又做错了？叫我说你什么好！
（2）让他买瓶酱油他却把醋买回来了，叫我说他什么好啊！

叫我怎么说你　jiào wǒ zěnme shuō nǐ

释义与用法提示 Paraphrase and Usage

参见"让我怎么说你"。
See also "让我怎么说你".

实例 Examples

（1）你丢钥匙不是一回两回了，叫我怎么说你！
（2）姐姐又为一点儿小事跟邻居吵架了，叫我怎么说她！

借（……的）光　jiè (…de) guāng

释义 Paraphrase

客套话，表示别人给自己方便。
A polite expression, which indicates that others give some convenience to the speaker.

用法提示 Usage

请别人给自己让路。在商场里、剧场里、电梯里、马路或走廊上等常说"借光"。

It means to ask for others to make way for the speaker. "借光" is more often used in such places as the department stores, theatres, elevators, streets or the corridors.

实例 Examples

（1）甲：有段时间没见了，买卖怎么样啊？
　　乙：借您的光，生意还不错。
（2）借光，我过一下。
（3）借光喽！别碰着您。

揪……的（小）辫子　jiū…de (xiǎo)biànzi

释义 Paraphrase

表示抓住某人犯过的错误不放。

To mean to catch someone's mistakes.

用法提示 Usage

① 替换部分指某人。

The replacement refers to someone.

② 不一定是说女孩子。

It's not always used for girls.

实例 Examples

（1）谁没犯过错误呀？别老揪人家的小辫子。
（2）这都什么时候的事了？你还揪住他的辫子不放。

久仰　jiǔyǎng

释义 Paraphrase

客套话，表示早就听说过对方的名字，对他/她非常钦佩。

A polite expression, which means that the speaker has heard of the other party's name for a long time and admired him/her very much.

用法提示 Usage

常用于正式交际场合。

It's usually used for formal social occasions.

实例 Examples

（1）张先生！久仰久仰！五年前我就听说过您的大名了。
（2）您就是王总？久仰了！
（3）久仰大名，今天才见到您。

救命　jiù mìng

释义 Paraphrase

在发生危险时的呼救声，希望他人援助。

To indicate a cry for help in case of danger, hoping others to help the one in danger.

用法提示 Usage

用于危急时刻，如着火、落水、被人追杀、病重等。

It's used in emergencies, such as fires, drowning, being chased by someone, serious illness, etc.

实例 Examples

（1）救命啊！有人落水了！
（2）大夫，救命！我的孩子现在呼吸困难。
（3）大夫，我儿子被车撞了，快救救他的命吧！

就 A？…… jiù A？…

释义 Paraphrase

对某人或某事物表示轻视。
To look down upon someone or something.

用法提示 Usage

① A 一般为代词或者名词。
A is usually a pronoun or a noun.
② 有不满和训斥的语气。
There is a tone of dissatisfaction and reprimand.
③ 有时有看不起的语气。
Sometimes it carries a tone of contempt.

实例 Examples

（1）甲：你说她这次能考及格吗？
　　乙：就她？能考二三十分就不错了。
（2）甲：你怎么跑那么慢？还不如老王呢。
　　乙：就老王？跑800米我能落他半圈儿。
（3）就这车？白给我都不要！
（4）就这个？你自己吃吧，我可不吃！

……就那么一说　…jiù nàme yì shuō

释义 Paraphrase

指某人随意地说，并没有确切的根据或者特别的含义、特定的对象等，不必相信。

To mean that someone speaks casually without definite basis or special meaning, specific object, etc., which is no need to believe.

用法提示 Usage

① 替换部分一般是人称代词或指人的名词。

The replacement is usually a personal pronoun or a noun referring to someone.

② 有不在乎的语气。

There is a tone of indifference.

实例 Examples

（1）甲：老王凭什么说是我搞的恶作剧？

　　　乙：他就那么一说，你还当真啊。

（2）甲：领导说今天早干完早下班，是真的吗？

　　　乙：咳！领导就那么一说，你别信。

就是 A，也 B　jiùshì A, yě B

释义 Paraphrase

让步从句，前面提出夸张的假设，后面常用"也"呼应。

A concession clause, which puts an exaggerated assumption first, and is often echoed by "也".

用法提示 Usage

① A 是过分的假设，B 表示不变的意愿。

A is an exaggerated assumption, and B is a willing that will never change.

② 有夸张的语气。

There is an exaggerated tone.

实例 Examples

（1）甲：明天可能下雨。
　　　乙：就是下刀子，也得去。
（2）为了孩子，就是自己不吃不喝也心甘情愿。
（3）就是说出大天来，我也不答应。

就是了　jiùshì le

释义 Paraphrase

表示事情很简单，只要按照某种要求去做就可以了。

To indicate that it's very simple and it's all right as long as you just do as requested.

实例 Examples

（1）甲：我不想让你去，你这人话太多，容易伤人。
　　　乙：那到时候我不说话就是了。
（2）甲：婚礼那天我应该帮你做些什么？
　　　乙：什么都不用帮，你来就是了。

就是嘛　jiùshì ma

释义 Paraphrase

表示对方所说的正是自己所想的。

To mean that what the other party said is just what the listener wants.

用法提示 Usage

有完全赞同的语气。
There is a tone of complete agreement.

实例 Examples

（1）甲：我觉得应该先调查一下市场情况，然后再讨论我们的生产计划。

乙：就是嘛，不了解市场需求，计划也是瞎计划。

（2）甲：经理，我理解小张的意思，他不是有意反对您，实际上他提出的意见都是为您着想。

乙：就是嘛，经理，您真的误会我了。

丙：我考虑一下。

就（是）那么回事　jiù (shì) nàme huí shì

释义 Paraphrase

表示对某事或某人不看重，认为没有说的那种程度或意义。
To mean to pay no attention to something or someone, which indicates that the speaker thinks that it doesn't have the degree or significance as said.

用法提示 Usage

① 有满不在乎的语气。
It carries a tone of indifference.
② 有时用反问形式"不就（是）那么回事"。
Sometimes the rhetorical form "不就（是）那么回事" is used.

实例 Examples

（1）甲：大家都夸那部电影好，你看过，觉得怎么样？

乙：就（是）那么回事，也没什么特别的。

（2）甲：听说你被评为优秀员工了，是吗？

乙：咳，也就（是）那么回事，我们是优秀员工轮流当，只不过这次轮到我了。

就算是…… jiùsuàn shì…

释义 Paraphrase

表示权且把某种情况或对方所说的认作事实。

To mean to regard a certain case or what the other party said as a fact.

用法提示 Usage

① 替换部分多是小句。

The replacement is usually a clause.

② 有无奈或退让的语气。

It carries a tone of helplessness or concession.

实例 Examples

（1）甲：你哭也没用，被骗走的钱也要不回来了。

乙：唉，事到如今，就算是我把钱都花了吧。

（2）甲：你肯定听错了，老师不可能说这样的话。

乙：好，就算是我听错了，行了吧？我没时间跟你争论。

就这么定了 jiù zhème dìng le

释义 Paraphrase

表示事情决定下来，不再改变。

To mean that the case is settled and will not be changed.

用法提示 Usage

常用于计划或邀请、约会时。

It's often used in making a plan, invitation or appointment.

实例 Examples

（1）甲：咱们还是先开个会讨论一下吧？
乙：好，就这么定了，你通知大家，明天下午开会。
（2）甲：今天晚上我开车来接您，您六点钟在饭店门口等我吧。
乙：好，就这么定了，不见不散。

就这么个……啊 jiù zhème ge…a

释义 Paraphrase

认为某人或某事物不如自己所想象的那么好，表示看不上。
To think that someone or something is not as good as the speaker expects, which shows contempt.

用法提示 Usage

有不屑的语气。
There is a disdainful tone.

实例 Examples

（1）就这么个歌星啊？在我们那儿连三流都算不上。
（2）甲：来看看吧，这就是我们的工作室。
乙：就这么个工作室啊！也太小了。

就这么着吧 jiù zhèmezhāo ba

释义与用法提示 Paraphrase and Usage

参见"就这样吧"。
See also "就这样吧".

实例 Examples

（1）甲：离表演还有四个小时，我去准备服装，你们几个去布置场地。
　　乙：行，就这么着吧，咱们分头行动。
（2）这件事情就这么着吧，有变化你再通知我。
（3）甲：女方父母要求婚礼在五星级饭店举办，我已经同意了，你看呢？
　　乙：行，一辈子就这么一回，就这么着吧。

就这些　jiù zhèxiē

释义 Paraphrase

表示全部都在这里，没有别的了。
To indicate that's all and there is nothing else.

实例 Examples

（1）我要表达的意见都在这里了，就这些。
（2）能借给你钱的人我都找了，钱我也带来了，就这些。

就这样　jiù zhèyàng

释义 Paraphrase

表示某种令人不可理解或不能接受的状况是由某种特定因素决定的。
To show that a certain incomprehensible or unacceptable case is decided by a certain factor.

实例 Examples

（1）甲：我知道他说得都对，可你们看他说话的那个态度！
　　乙：他这个人，就这样，心直口快，你别介意。

（2）甲：你们学校怎么这么忙啊？连暑假都要上课。
　　　乙：我们这儿，就这样。听说过去连春节都不休息。
（3）甲：奶奶，您年轻的时候跟爷爷没见过面就订婚了？
　　　乙：可不是嘛，那时候，就这样，婚姻都是由父母做主的。

就这样吧　jiù zhèyàng ba

释义 Paraphrase

表示经过商量或考虑，决定按某种安排或计划去做。

To mean that it will be done according to an arrangement or a plan after negotiation or consideration.

用法提示 Usage

① 常用于同意或附和别人的意见。

It's often used to agree or echo others' opinions.

② 一般用于说话快结束时。

It's usually used at the end of dialogue.

③ 有时有听任或无奈的语气。

Sometimes it carries a tone of resignation or helplessness.

④ 也说"就这么着吧"。

It can also be "就这么着吧".

实例 Examples

（1）甲：我先拿出一个初稿，然后您再修改，您看可以吗？
　　　乙：行，就这样吧。
（2）甲：关于旅行的计划，有些人还有不同的意见，咱们还是再讨论一下吧。
　　　乙：那么多人，意见不可能统一。我看就这样吧，别再商量了。
（3）甲：对方律师提出赔付死者家属八十万块钱。
　　　乙：我看也没别的办法，那就这样吧。

就知道…… jiù zhīdào…

释义 1 Paraphrase 1

批评某人过分地专注于某事。
To criticize someone for paying too much attention to something.

用法提示 Usage

有抱怨或者无奈的语气。
It carries a tone of complaint or helplessness.

实例 Examples

（1）你整天就知道工作，家里的事一点儿都不管！
（2）这孩子，快考试了都不知道着急，就知道一天到晚玩儿游戏。

释义 2 Paraphrase 2

表示自己早有预见。
To indicate that the speaker has looked ahead.

实例 Examples

（1）甲：我又把钥匙丢了。
　　　乙：我就知道！
（2）我就知道他们会提这种无理的要求。

开什么玩笑 kāi shénme wánxiào

释义 Paraphrase

表示对方所说的完全不能答应或不可能实现。

To indicate that what the other party said is completely unacceptable or impossible to carry out.

用法提示 Usage

① 常用于拒绝。

It's often used to refuse.

② 有时有讥讽的语气。

Sometimes there is an ironic tone.

实例 Examples

（1）甲：对方要求和我们五五分成。

乙：开什么玩笑！咱们的付出比他们多多了，你跟他们说，最多三七开！

（2）甲：那个辅导学校说只要一年付十万块钱学费，保证你想上哪个大学就上哪个大学。

乙：开什么玩笑！要真是这样，给钱就行了，还学什么！

看…… kàn…

释义 Paraphrase

指出某人无法承担某种严重的后果。

To indicate that someone cannot bear a certain serious consequence.

用法提示 Usage

① 替换部分一般是某人加上带疑问词的小句。

The replacement is usually someone plus a clause with an interrogative word.

② 有时有警告的语气。

Sometimes there is a tone of warning.

实例 Examples

（1）甲：我想借单位的车用一晚上，行吗？
　　　乙：行是行，可要是把车弄坏了，看你拿什么赔！
（2）甲：这个月的活儿可真不少哇。
　　　乙：那你可得早点儿动手，要是到月底完不成，我看谁帮得了你！
（3）这回咱们有充分的证据，跟他当面谈，咱看他怎么说！
（4）比就比，看谁斗得过谁！

看A那（/这）……样儿　kàn A nà (/zhè) ···yàngr

释义 Paraphrase

表示看不上某人的样子或者表现。

To show looking down upon someone's appearance or performance.

用法提示 Usage

① A是人称代词。

A is a personal pronoun.

② 用于第二、第三人称时，有蔑视的语气；用于自己时，有自惭的语气。

It carries a tone of contempt when used for the second and third person, and a tone of feeling ashamed when used for the speaker.

③ 有时也说"瞧A那（/这）……样儿"。

Sometimes it can also be "瞧A那（/这）……样儿".

实例 Examples

（1）不敢去？看你那熊样儿！

（2）看他那窝囊样儿，哪儿像个男子汉？

（3）看我这穷酸样儿，去了也得让人家轰出来。

看A这（/那）……　kàn A zhè (/nà)···

释义 Paraphrase

强调并引起大家注意某人的特征、拥有的东西等。

To emphasize and let others pay attention to the characteristics of someone or things that he/she owns.

用法提示 Usage

① 替换部分是名词或者名词性短语。

The replacement is a noun or a nominal phrase.

② 有惊叹、羡慕的语气。

There is a tone of exclamation and admiration.

③ 有时有蔑视的语气。

Sometimes there is a tone of contempt.

④ 用于自责时有懊悔的语气。

There is a tone of regret when used for self-reproach.

⑤ 有时也说"瞧A这（/那）……"。

Sometimes it can also be "瞧A这（/那）……".

实例 Examples

（1）看他这一身肌肉！三个人也打不过他呀！
（2）看他那车！得值好几百万吧？
（3）看你这破电脑，慢得像乌龟爬，怎么不换一个呀？
（4）甲：你的手机呢？
　　　乙：看我这脑子！临出门放在桌子上了。

看把A……得　kàn bǎ A…de

释义 Paraphrase

　　说话人觉得对方的某种行为或情感过分外露，觉得用不着或不必到如此地步。

　　To indicate that the speaker thinks a certain behavior or feeling of the other party is too much exposed and it's not necessary to be so.

用法提示 Usage

① A 一般是人称代词或指人的名词。

A is usually a personal pronoun or a noun referring to someone.

② 替换部分一般是表达感受的形容词或心理活动动词。

The replacement is usually an adjective or a verb of mental activity which expresses feelings.

③ 有时有嗔怪或者嘲讽的语气。

Sometimes there is a tone of blame or sarcasm.

实例 Examples

（1）甲：我这次考试得了 100 分。

乙：看把你得意得！

（2）甲：小王买奖券中了个三等奖，得了二百块钱，正在那儿点呢。

乙：看把他乐得！

（3）看把这小伙儿累得！话都说不清楚了。

（4）甲：咱爸出差今天该回来了吧？

乙：是啊，看把咱妈激动得！

……看吧 …kàn ba

释义 Paraphrase

表示不能确定效果如何，先试着做。

To indicate that it's not certain what the effect will be, trying it first.

用法提示 Usage

① 多用在动词或动词性短语后面。动词多用重叠式。

It's usually used after a verb or a verbal phrase, and the verb is often used in the form of reduplication.

② 有商量的语气。

There is a tone of discussion.

实例 Examples

（1）我也不知道这个办法能不能行得通，试试看吧。
（2）他能不能胜任教师的工作我心里也没谱儿，先让他试讲一下看吧。

看不出来　kàn bu chūlái

释义 1 Paraphrase 1

不太认可别人对某人的评价，表示不觉得某人有什么特点或者过人之处。

To mean that the speaker doesn't agree with others' evaluation of someone and doesn't think he/she has any characteristics or advantages.

用法提示 Usage

有不以为然的语气。

There is a tone of disapproval.

实例 Examples

（1）他是你们班第一才子？看不出来。
（2）你这大老爷们儿还会绣花？真看不出来。

释义 2 Paraphrase 2

表示突然得知或者了解了某人的某一特点，感到出乎意料。

To mean to suddenly know or understand a certain characteristic of someone and feel unexpected.

用法提示 Usage

有吃惊的语气。

It carries a tone of surprise.

实例 Examples

（1）看不出来，你还是一个哲学家？

（2）看不出来，他竟然是咱们省的文科状元！

释义 3 Paraphrase 3

认为对方应该能了解某人或者某事物的特点，对其没能发觉感到不可思议。

To think that the other party should be able to understand the characteristics of someone or something, and it's unbelievable that he/she cannot find out.

用法提示 Usage

用于反问句。

It's used in rhetorical questions.

实例 Examples

（1）甲：为什么公司职员一见她都点头哈腰的？

乙：这你还看不出来？她是咱们公司老总眼前的红人啊！

（2）这么明显的错字看不出来？你这老师怎么当的？

看……的（了）　kàn…de (le)

释义 Paraphrase

指把做好某事的希望寄托在某人身上。

To place the hope of doing something well on someone.

用法提示 Usage

① 替换部分一般是人称代词或指人的名词。

The replacement is usually a personal pronoun or a noun referring to someone.

② 有期待的语气。

There is an expectant tone.

实例 Examples

（1）甲：你认识好多大学生，帮我们找一个辅导吧。

　　乙：行，看我的。

（2）甲：你们放心，他一上场，咱们的球队准赢。

　　乙：那就看他的了。

（3）资金、设备都已经到位，下面要看小王的了，希望一切顺利！

看……的脸色　kàn…de liǎnsè

释义 Paraphrase

根据某人的喜好厌恶去做事。

To do things according to one's likes and dislikes.

用法提示 Usage

替换部分一般是人称代词或指人的名词。

The replacement is usually a personal pronoun or a noun referring to someone.

实例 Examples

（1）我可不想嫁到大户人家，处处看人家的脸色。

（2）你以为当秘书有多少好处哇？想表个态还得看老板的脸色。

看……的笑话　kàn…de xiàohua

释义 Paraphrase

表示感觉某人的行为会有失败的结果而不去提醒或者帮助他/她，在一旁等着看某人出丑。

To mean to feel that someone's behavior will fail but not to remind or help him/her, just waiting on the sidelines to see him/her make a fool of himself/herself.

用法提示 Usage

替换部分一般是人称代词或指人的名词。

The replacement is usually a personal pronoun or a noun referring to someone.

实例 Examples

（1）他们都知道你这么做没用，却没人提醒你，就等着看你的笑话呢。

（2）你们这些人，光在一边看老李的笑话，就不能帮帮他吗？

看……的眼色　kàn…de yǎnsè

释义 Paraphrase

根据某人的目光提示去做事。

To do things according to someone's visual cues.

用法提示 Usage

替换部分一般是人称代词或指人的名词。

The replacement is usually a personal pronoun or a noun referring to someone.

实例 Examples

（1）你们先别动手，到时候看我的眼色行事。
（2）他从来没有自己的主张，做什么事都得看领导的眼色。

看得上（眼） kàndeshàng (yǎn)

释义 Paraphrase

看某人或者某物顺眼，觉得满意。
To be satisfied with someone or something.

用法提示 Usage

① 多用否定形式"看不上（眼）"。
The negative form "看不上（眼）" is often used.
② 多用于反问句。
It's often used in rhetorical questions.
③ 有时也说"瞧得上（眼）"。
Sometimes it can also be "瞧得上（眼）".

实例 Examples

（1）甲：在咱们公司，女员工升职的机会很少。
乙：咱们老板重男轻女，你干得再好，老板也看不上眼。
（2）他就是个富二代，这样的房子，他肯定看不上眼。
（3）这种小礼物他怎么看得上眼？

看开点儿 kànkāi diǎnr

释义与用法提示 Paraphrase and Usage

参见"想开点儿"。
See also "想开点儿".

实例 Examples

（1）人哪，要想健康长寿，就要什么事都看开点儿。

（2）甲：我们学院的人才竞争很激烈，大家的心理压力都很大。

乙：看开点儿吧，工作也不是生活的全部，尽力而为就是了。

看看　kànkan

释义与用法提示 1 Paraphrase and Usage 1

参见"看看再说"。

See also "看看再说".

实例 Examples

（1）甲：你在网上买的那个压面机好用吗？

乙：看看吧，反正已经买了，不好用也没办法。

（2）甲：我觉得来应聘的人水平都不低，可能你没什么机会了。

乙：先看看，已经来了，怎么也得试试。

释义与用法提示 2 Paraphrase and Usage 2

参见"你看看"。

See also "你看看".

实例 Examples

（1）看看！这里乱成什么样子了！还不快收拾收拾！

（2）看看这字写得，谁认得出来是什么！

看看再说　kànkan zàishuō

释义 Paraphrase

表示对事情如何发展摸不准，只能走一步算一步。

To indicate that someone is not sure how things will go and can only take one step at a time.

用法提示 Usage

① 有时有无可奈何的语气。

Sometimes there is a tone of having no choice.

② 有时也说"看看"。

Sometimes it can also be "看看".

实例 Examples

（1）甲：你觉得他们公司真能跟我们签这份合同吗？

乙：我现在也没把握，看看再说吧。

（2）这工作他能不能胜任不好下结论，先看看再说。

看你　kàn nǐ

释义 Paraphrase

表示对对方言行的不满。

To show dissatisfaction with the other party's words and deeds.

用法提示 Usage

① 有埋怨的语气。

It carries a tone of complaint.

② 有时也说"瞧你"。

Sometimes it can also be "瞧你".

③ "你"也可以换成其他人称代词。

"你" can also be other personal pronoun.

实例 Examples

（1）甲：等会儿见了他的面，我说什么呀？

乙：看你，平时不是挺能说的吗？现在怎么紧张成这样？

（2）甲：糟了，我拿错书了。

乙：看你，马马虎虎的。

（3）看你，把我的衣服蹭脏了！
（4）看他！没有一天不迟到的！老这样可怎么行！
（5）看我，光顾说话，都忘了给你们倒茶了。

看你说的　kàn nǐ shuō de

释义 Paraphrase

认为对方说的话不适当。

To think that what the other party said is inappropriate.

用法提示 Usage

① 用于熟人或朋友之间，有委婉或者轻微嗔怪的语气。

When used between acquaintances or friends, there is a euphemistic or slightly reproachful tone.

② 当对方说道歉、感谢的话时，表示客气。

It shows politeness when the other party expresses apology or thanks.

③ 有时也说"瞧你说的"。

Sometimes it can also be "瞧你说的".

实例 Examples

（1）甲：听说你特别爱吃羊肉串，一次能吃五十串。
　　乙：看你说的，我哪儿吃得了那么多啊？
（2）甲：给你们添这么多麻烦，真是过意不去。
　　乙：看你说的，咱们是邻居，互相帮忙不是应该的吗？

看你这（/那）……劲儿　kàn nǐ zhè (/nà)…jìnr

释义 Paraphrase

表示看不惯对方的神态或者行为。

To show disdain for the other party's manner or behavior.

用法提示 Usage

① 替换部分一般是形容词。
　　The replacement is usually an adjective.
② 有时有嘲讽的语气。
　　Sometimes it carries an ironic tone.

实例 Examples

（1）甲：我这次考了全班第一。
　　　乙：看你这得意劲儿，都不知道自己姓什么了吧？
（2）甲：我打算三天不洗手，因为我的手刚刚被我崇拜的偶像握过。好幸福哇！
　　　乙：看你那酸劲儿，我牙都要倒了。

看情况　kàn qíngkuàng

释义 Paraphrase

表示根据不同情况采取不同的对策。
To make different strategies according to different situations.

实例 Examples

（1）甲：听说今天有雨，咱们还比赛不比赛了？
　　　乙：看情况，雨小就比。
（2）甲：过两天去上海，咱们怎么去啊？听说火车票不好买。
　　　乙：看情况吧，如果火车票买不到，就坐飞机。

看我的　kàn wǒ de

释义 Paraphrase

表示自己有把握做好某件事。
To mean that someone is sure he/she can do something well.

用法提示 Usage

有自信的语气。

There is a tone of self-confidence.

实例 Examples

（1）甲：我们几个修了半天了，谁都修不好。
　　　乙：这还不容易？看我的！
（2）甲：该你上场了。加油！一定要进一个！
　　　乙：没问题！看我的！

看样子　kàn yàngzi

释义 Paraphrase

插入语，根据前面说到的或客观情况作出估计、判断。

A parenthesis, which indicates making estimates or judgments according to the previous or objective situations.

实例 Examples

（1）天阴得厉害，看样子，今天一定会下雨。
（2）甲：生鱼片他一口也没吃。
　　　乙：看样子，他不喜欢吃生的。
（3）最近一直没见他抽烟，看样子，他是真的把烟戒了。

看远点儿　kàn yuǎn diǎnr

释义 Paraphrase

劝人不要只看眼前，目光要长远。

To persuade someone not only to look at the present, but to be far-sighted.

实例 Examples

（1）你作为一个领导，应该看远点儿，不能只想到眼前的利益。

（2）甲：我的很多同学都已经下海经商了，赚了不少钱。我这研究生真是读不下去了。

乙：看远点儿，赚钱不在这一年两年，有了更多的知识，将来才能真正做一番大事业。

看在……的分儿上　kàn zài…de fènr shang

释义 Paraphrase

希望对方考虑双方之间的某种情分。

To hope that the other party takes the mutual affection into consideration.

用法提示 Usage

有请求某人的语气。

There is a tone of asking someone for help.

实例 Examples

（1）以前都是我做得不对，看在多年邻居的分儿上，你就别往心里去了。

（2）我现在是山穷水尽，看在老朋友的分儿上，你快帮我一把吧！

看在……的面子上　kàn zài…de miànzi shang

释义 Paraphrase

在作出处置和惩罚的行为前考虑某人的情面。

To consider someone's face before taking any action of disposal or punishment.

用法提示 Usage

替换部分是人称代词或指人的名词。

The replacement is a personal pronoun or a noun referring to someone.

实例 Examples

（1）我和你们经理是老同学，看在他的面子上，这批货的价格我就再让1%吧。

（2）这次，我看在你爸爸的面子上就饶你一回，下次你再这样，我可不客气了！

看怎么说了　kàn zěnme shuō le

释义 Paraphrase

表示从不同的角度看会有不同的情况。

To indicate that there will be different situations from different angles.

实例 Examples

（1）甲：这么难的题你儿子都能做出来，简直是神童啊！
　　　乙：看怎么说了，有时候脑子也转不过弯儿来。

（2）甲：吃这种药对高血压患者都会有作用吗？
　　　乙：这看怎么说了，有些人吃了就没什么效果。

（3）甲：最近天天下雨，多烦哪！
　　　乙：那看怎么说了，咱们这儿这么干燥，多下点儿雨也是好的。

看着……（吧）　kànzhe…(ba)

释义 Paraphrase

表示对方可以根据自己的经验或意愿作出决定。

To show that the other party can make decision according to his/her own experience or will.

用法提示 Usage

替换部分一般是动词。

The replacement is usually a verb.

实例 Examples

（1）甲：今天晚上做什么菜呢？
乙：你看着做（吧），什么都行。
（2）甲：这冰箱我该给你多少钱？
乙：一台旧冰箱，值不了多少钱，你看着给（吧）。

看着办　kànzhe bàn

释义 Paraphrase

表示自己不管这件事，由对方看情况自行解决。

To show that the speaker doesn't care about this matter, and the other party can solve it according to the situation.

用法提示 Usage

有时用于暗示或者威胁。

Sometimes it's used as a hint or threat.

实例 Examples

（1）你们把人得罪了，让我怎么解决？你们自己看着办吧。
（2）这件事情你今天不给我解决，我就告到老总那里去，你看着办！

看走眼　kàn zǒu yǎn

释义 Paraphrase

表示一时判断错误。

To indicate that there is a mistake in judgment temporarily.

实例 Examples

（1）甲：这是专家鉴定过的，肯定是真的。

乙：专家说是真的？看走眼了吧？

（2）没想到他是这么一个人！他是我招进来的，唉！看走眼了。

可别这么说　kě bié zhème shuō

释义 Paraphrase

当对方说夸奖或感谢的话语时，表示不敢当。

To indicate that the speaker doesn't deserve it when the other party says words of praise or thanks.

用法提示 Usage

有谦逊的语气。

It carries a modest tone.

实例 Examples

（1）甲：你对我真好，比我妈妈还关心我。

乙：可别这么说，最疼你的人还是你的妈妈。

（2）甲：世上的人都像您这样就好了。

乙：您可别这么说，世界上比我好的人多着呢。

可不是　kěbúshi

释义 Paraphrase

用反问的形式表示很赞同对方的话。

To agree with what the other party said by using a rhetorical form.

用法提示 Usage

可以省略为"可不"。
It can be omitted as "可不".

实例 Examples

（1）甲：现在小学的数学题也这么难，连我这大学毕业生都做不出来。
　　　乙：可不是，我现在根本就没法儿指导我儿子的数学。
（2）甲：这里的冬天实在是太冷了。
　　　乙：可不是嘛，穿厚厚的羽绒服出门都感觉透心凉。
（3）甲：已经4月了，天还是这么冷。
　　　乙：可不！现在的天气叫"倒春寒"。
（4）甲：别赶着节假日去旅游，哪个景点都是人山人海。
　　　乙：可不嘛，不如在家休息。

……可好　…kě hǎo

释义 Paraphrase

表示相比之下，情况不如过去或他人。
To mean that the case is not as good as the past or others by comparison.

用法提示 Usage

①"好"在这里只是表示对比，并没有"好"的意思。
　Here "好" only means contrast and doesn't mean "good".
②有批评或抱怨的语气。
　It carries a tone of criticism or complaint.

实例 Examples

（1）以前他的身体可棒了，现在可好，常常生病。
（2）别人都安安静静地看书，他可好，老走来走去的。

（3）甲：哎呀！前边堵车了。
乙：这下可好，肯定要迟到了！

可……了 kě…le

释义 1 Paraphrase 1

表示程度很高。

To indicate that the degree is high.

用法提示 Usage

① 替换部分多为形容词。

The replacement is usually an adjective.

② 有强调的语气。

It carries an emphatic tone.

实例 Examples

（1）我今天可倒霉了！刚下车就赶上雨了，还没带伞。

（2）那个景区的面条儿可贵了，一百多块钱一碗。

释义 2 Paraphrase 2

表示事情终于完成或者过程终于结束。

To indicate that the matter is finally completed or the process has finally come to an end.

用法提示 Usage

① 替换部分多为动词或动词性短语。

The replacement is usually a verb or a verbal phrase.

② 有感叹的语气。

There is an exclamatory tone.

实例 Examples

（1）今天的作业多，做了两个小时，可做完了。
（2）我们期末考了八门，今天是最后一门，可"解放"了。

释义 3 Paraphrase 3

表示情况将会发生变化或者事情有可能产生不好的结果。

To mean that the situation is likely to change or there is a possibility of undesirable outcomes.

用法提示 Usage

有提醒的语气。

There is a tone of reminding.

实例 Examples

（1）这一下雪天气可要冷了。
（2）这件事要是让领导知道可就坏了。

可说（的）呢 kě shuō (de) ne

释义 Paraphrase

表示非常同意对方所说的。

To agree with what the other party said strongly.

实例 Examples

（1）甲：你买了那么多彩票，怎么一次奖也没中过？
    乙：可说的呢，我的手气太臭了。
（2）甲：要是她在我们班当班主任就太好了。
    乙：可说的呢。
（3）甲：要是孩子的妈妈早回来一步，孩子也许还有救。
    乙：可说呢。

可惜了儿的　kěxīliǎorde

释义 Paraphrase

表示对某人的不幸遭遇或者某事物的毁坏感到惋惜和遗憾。

To mean to feel sorry and regretful for the misfortune of someone or the destruction of something.

用法提示 Usage

有怜悯的语气。

There is a pitiful tone.

实例 Examples

（1）可惜了儿的，这么年轻的姑娘就这么走了。

（2）这么好的花瓶碎了，怪可惜了儿的。

可也是　kě yě shì

释义与用法提示 Paraphrase and Usage

参见"这倒（也）是"。

See also "这倒（也）是".

实例 Examples

（1）甲：他要是没骂人家，人家也不会打他。
　　　乙：可也是。这件事情双方都有错儿。

（2）甲：这家自助餐厅提供的食品种类太少了，一上大虾，大家能不抢着拿吗？
　　　乙：可也是。

苦了……了 kǔle…le

释义 Paraphrase

表示某人做某事使自己受苦。

To mean that someone did something to make himself/herself suffer.

用法提示 Usage

替换部分是人称代词或指人的名词。

The replacement is a personal pronoun or a noun referring to someone.

实例 Examples

（1）甲：去之前想得挺好，没想到那里交通不便，网络不通，连用电都很困难。

乙：怪不得这一年都没有你的消息，真是苦了你了。

（2）我们带着大家去调研，去沙漠的路上汽车抛了锚，前不着村，后不着店，连吃饭的地方都没有，可苦了这些学生了。

亏 A…… kuī A…

释义 Paraphrase

表示某人的言行与他/她的身份或其他相关情况不相配。

To indicate that someone's words and deeds don't match his/her status or other relevant circumstances.

用法提示 Usage

① A是人称代词。

A is a personal pronoun.

② 多用于责备或质问。

It's usually used to blame or question.

③ 有时有讥讽的语气。

Sometimes there is a tone of sarcasm.

实例 Examples

（1）亏你读过四年大学，连封求职信都写不好！
（2）她根本没生病，她是怀孕了，亏你还是个医生！
（3）他出国了你不知道？亏你们还是好朋友！

L

拉倒吧　lādǎo ba

释义 Paraphrase

相当于"算了吧",表示不相信对方说的话。

To be equal to "算了吧", which indicates not believing what the other party said.

实例 Examples

(1) 甲:咱们班的足球队这次比赛一定能打败二班。
乙:拉倒吧,就咱们班那几位,不惨败就不错了。
(2) 甲:他可以把钱拿走,只要把我钱包里的证件还给我就行。
乙:拉倒吧,他不怕暴露自己啊?

来……　lái…

释义 Paraphrase

表示提出要求或建议。

To mean to put forward a request or suggestion.

用法提示 Usage

"来"后面一般跟数量词(表示单一数量时数词可省略)。

"来" is usually followed by a quantifier (the number can be omitted when there is only one).

实例 Examples

（1）甲：您来点儿什么？

乙：来三瓶啤酒，再来（一）只烤鸭。

（2）你来段单口相声吧。

（3）咱们来个智力游戏，好不好？

来劲　lái jìn

释义 Paraphrase

有劲头，或者使人兴奋，愉快。有时也指过于兴奋。

To indicate that someone has a lot of energy or something makes people excited and happy, which sometimes also means that someone is too excited.

用法提示 Usage

有时有警告或提醒的语气。

Sometimes it carries a tone of warning or reminding.

实例 Examples

（1）一玩儿起游戏来他就来劲。

（2）这件事跟你没关系！你别来劲！

（3）来劲了你？没完没了的！

来就来吧，……　lái jiù lái ba, …

释义 Paraphrase

用于对方拜访时所说的客气话，后面一般是"用不着带礼物"等语句。

A polite expression used for the other party's visit, which is usually followed by words such as "用不着带礼物", etc.

实例 Examples

（1）甲：这是我的一点儿小意思，不成敬意。
　　乙：哎呀！来就来吧，还带礼物干什么？
（2）甲：我第一次去你家，买点儿什么礼物好呢？
　　乙：你来就来吧，什么礼物也不要带。

来人哪　lái rén na

释义 Paraphrase

紧急情况下大声呼叫，求别人快来帮助。
To shout for help in emergency to ask others to come quickly to help.

用法提示 Usage

常用于危急的时候。
It's usually used in emergency.

实例 Examples

（1）来人哪！有人晕倒了！
（2）车陷进泥里了，快来人哪！

来这一手　lái zhè yì shǒu

释义 Paraphrase

出于某种目的而做出的让人意想不到的事情，有贬义。
To do something unexpected for a purpose, which has a derogatory meaning.

用法提示 Usage

有不满的语气。
There is a tone of dissatisfaction.

实例 Examples

（1）对他你可要提防着点儿，他就会在领导面前来这一手。
（2）你别来这一手！你的那些诡计别以为我不知道！

……来着 …láizhe

释义 Paraphrase

用于陈述句时表示提醒对方曾经发生过某事；用于问句时则表示对曾经了解的事情一时想不起来，希望对方提醒一下，或者是没有听清楚对方的话，希望对方再说一遍。

To indicate reminding the other party that something has happened when used in a declarative sentence; to express that the speaker cannot remember something he/she once knew and wants the other party to remind him/her, or that the speaker didn't hear the other party clearly and wants him/her to say it again when used in a interrogative question.

用法提示 Usage

① 当对方用"来着"询问时，回答如不是特别强调的话，可省略"来着"。

When the other party uses the question with "来着", "来着" can be omitted in the response if unnecessary to emphasize.

② 不能用于否定句，句中不带"了、过"。

It cannot be used in a negative sentence, and "了、过" cannot be used in the sentence.

实例 Examples

（1）刚才有人找你来着。
（2）他叫什么来着？
（3）甲：他刚才说我什么来着？
　　乙：他骂你来着。

（4）甲：这几天你都在忙什么来着？
乙：一直在工地干活儿。

劳（您）驾　láo (nín) jià

释义 Paraphrase

请对方帮助自己之前或在对方帮助自己之后，向其表示感谢。

To show gratitude to the other party before asking him/her to help the speaker or after getting the help from him/her.

实例 Examples

（1）劳（您）驾，请问地铁站怎么走？
（2）甲：你要的书，我一定帮你借来。
　　乙：劳（您）驾了。

老实讲　lǎoshi jiǎng

释义与用法提示 Paraphrase and Usage

参见"老实说"。
See also "老实说".

实例 Examples

（1）甲：你说他不懂，你来！
　　乙：老实讲，我也不太会做。
（2）甲：我这个人不善于表达，但老实讲，我心里很喜欢她。
　　乙：那你就应该勇敢地告诉她。

老实说　lǎoshi shuō

释义 Paraphrase

插入语，表示自己所说的是完全真实的，相当于"说实话""说真的"。

A parenthesis, which shows that what the speaker said is totally true and is equal to "说实话""说真的".

用法提示 Usage

① 多用于引出对信任的、比较亲近的人说一些不敢、不好意思或不想在大家面前说的话。

It's usually used to elicit the words that the speaker dare not speak, feels embarrassed to speak or doesn't want to speak in public and only speaks to the trustworthy or intimate people.

② 也可以说"老实讲"。

It can also be "老实讲".

实例 Examples

（1）你应该好好儿反省一下自己的工作了，老实说，最近你的业务额令人很不满意。

（2）老实说，我不喜欢这种在领导面前溜须拍马的人。

老天爷　lǎotiānyé

释义与用法提示 Paraphrase and Usage

参见"我的A"。

See also "我的A".

实例 Examples

（1）老天爷！你怎么把米撒了一地！
（2）老天爷呀！救救我吧！

……了不是　…le bú shì

释义 Paraphrase

表示事情像自己预想的那样。
To indicate that things are as the speaker expected.

用法提示 Usage

① 有得意的语气。
There is a proud tone.
② 发生不如意的事情时，有痛惜或者解气的语气。
When something unpleasant happens, there is a tone of regret or venting the speaker's spleen.

实例 Examples

（1）甲：我看它们就是同一种花嘛，怎么会是两种不同的呢？
　　　乙：不知道了不是？听我来跟你说说吧。
（2）让你别爬你非要爬，看看！摔伤了不是？
（3）上当了不是？该！我早就跟你说了别听他的。

……了个遍　…le ge biàn

释义 Paraphrase

表示某事做得很彻底。
To mean to do something thoroughly.

用法提示 Usage

有时有夸张的语气。
Sometimes there is an exaggerated tone.

实例 Examples

（1）我在房间里找了个遍，也没找到。
（2）我把这里的人问了个遍，也没问出个结果来。

……了去了　…le qù le

释义 Paraphrase

强调数量多或者程度高。
To emphasize the large quantity or high degree.

用法提示 Usage

替换部分一般是形容词。
The replacement is usually an adjective.

实例 Examples

（1）甲：你就不怕她跟你分手吗？
　　　乙：我怕什么？喜欢我的人多了去了。
（2）你真是井底之蛙！我们种的西瓜比你们那儿的大了去了。

……了（一）点儿　…le (yì)diǎnr

释义 Paraphrase

用于比较句，表示事物稍有不如意的地方。
To be used in comparative sentences, which means that something is slightly disappointing.

用法提示 Usage

① "（一）点儿"也可以换成"（一）些"。

"（一）点儿" can also be "（一）些".

② 替换部分一般是形容词。

The replacement is usually an adjective.

实例 Examples

（1）这双鞋是贵了一点儿，可是穿起来真的很舒服。

（2）房子虽说小了点儿，一个人住也够了。

（3）这件衣服还不错，就是袖子短了（一）些。

脸往哪儿搁　liǎn wǎng nǎr gē

释义 Paraphrase

表示没脸面对大家。

To be ashamed to face everyone.

用法提示 Usage

有反问的语气。

There is a rhetorical tone.

实例 Examples

（1）这种不光彩的事情传出去，让她脸往哪儿搁？

（2）要是大家都知道是我做的，叫我脸往哪儿搁？

（3）明天我就把他做的这件丑事说出去，看他脸往哪儿搁！

两回事 liǎnghuíshì

释义 Paraphrase

指彼此无关的两件事情，不能混为一谈。
To mean that two unrelated things should not be confused.

用法提示 Usage

也说"两码事"。
It can also be "两码事".

实例 Examples

（1）甲：你说学生不能去校外当临时工赚钱，可你在图书馆做的也是有偿服务你怎么说？
　　乙：两回事。学校允许学生在校内的图书馆、食堂做服务性工作。
（2）甲：他们为什么叫你"大刘"？你的岁数并不大呀。
　　乙：这是两回事，"大"是指个子高，不是指岁数。
（3）甲：你那么喜欢他，你们怎么没成一对儿呢？
　　乙：喜欢一个人也不一定非得成为恋人哪，那是两回事是吧？

两码事 liǎngmǎshì

释义 Paraphrase

参见"两回事"。
See also "两回事".

实例 Examples

（1）甲：你在学校学生会的时候不是也能领导几十个人吗？在公司怎么就不行？
　　乙：两码事。工作岗位和学生会能一样吗？

（2）甲：这菜明明是白的，怎么说是"绿色食品"呢？
　　乙：这是两码事，"绿色食品"指的不是颜色，而是指这种菜没有受到污染。
（3）买彩票怎么是赌博呢？那是两码事啊！

两说着　liǎng shuō zhe

释义 Paraphrase

表示是和现在所说的不同的另外一个问题，尚且不能确定。

To mean that what is being said is another problem, which is not the same as the present one and is not certain yet.

实例 Examples

（1）你先写个检讨，至于会不会给你处分，还两说着。
（2）咱们先拟个合作协议吧，具体赚钱了怎么分成，还得两说着。
（3）甲：小美让男朋友买个手机送给她，男朋友没答应，你说他小气不小气？
　　乙：这话得两说着，要是说节俭的话可以接受，要是舍不得给她花钱，就是个态度问题了。

了不得　liǎobudé

释义 Paraphrase

表示发生的情况很严重，也表示某人或某事大大超过寻常，很突出。

To show that the case is very serious, which also means someone or something is extraordinary or outstanding.

用法提示 Usage

有惊叹的语气。

There is a tone of exclamation.

实例 Examples

（1）了不得了，你妈妈被汽车撞了。

（2）可了不得了，半个城市都停电了！

（3）你们把他们打败了？真了不得！

留步 liúbù

释义 Paraphrase

送别时客人说的客气话，意思是"别送了""回去吧"。

A polite expression spoken by guests at a farewell, which means "don't bother to see me off" or "please go back".

用法提示 Usage

用于与人告别时。

It's used when saying goodbye.

实例 Examples

（1）甲：别送了，您留步。

乙：好，那我就不远送了。

（2）甲：我送你到车站吧。

乙：不用，就送到这儿吧，请留步。

论理（说）　lùn lǐ (shuō)

释义与用法提示 Paraphrase and Usage

参见"按（理）说"。
See also "按（理）说".

实例 Examples

（1）论理（说），咱们是同学，我应该帮你，可是这件事情的风险太大，出了事我负不了责任哪。
（2）论理（说），你们干活儿拿钱，这是理所应当的，可是厂里暂时资金周转不开。请大家再耐心等几天吧，问题一定会解决的。
（3）论理（说），我是您的晚辈，没资格对您指手画脚，可是您的工作做得太不到位了。

论起来……　lùn qilai…

释义 Paraphrase

表示从某一角度来说。
To mean to speak from a certain point of view.

实例 Examples

（1）我和你爸爸是哥们儿，论起来你还得叫我叔叔呢。
（2）你别看他年轻，论起来他跟你妈妈还是同一辈分呢。

M

妈呀 mā ya

释义与用法提示 Paraphrase and Usage

参见"我的A"。
See also "我的A".

实例 Examples

（1）妈呀！蟑螂！吓死我了！
（2）妈呀！这么多钱可怎么花呀！

麻烦……了 máfan…le

释义 Paraphrase

请别人帮助自己或在别人帮助自己之后表示感谢。
To show gratitude to others before asking them to help the speaker or after getting the help from them.

用法提示 Usage

替换部分一般是第二或第三人称代词。
The replacement is usually the second or third personal pronoun.

实例 Examples

（1）这封信请你一定带给张教授，麻烦你了。

（2）甲：最近我爱人要去美国，我可以让他帮你买。
　　　乙：那就麻烦他了。
（3）甲：这是工会给退休老职工的慰问品，我们给您送来了。
　　　乙：麻烦你们了，让你们跑了一趟。

麻烦您…… máfan nín…

释义 Paraphrase

请对方或他人帮助自己做某事。
To ask the other party or others to help the speaker to do something.

用法提示 Usage

"您"可以替换成他人。
"您" can also be other people.

实例 Examples

（1）张经理不在，我就先回去了，明天再来，麻烦您跟他说一声。
（2）您爱人在图书馆工作，我想麻烦他帮我办个临时图书证，行吗？
（3）麻烦老李回家的时候帮我把信捎回来。

慢慢儿来 mànmānr lái

释义 Paraphrase

劝人做事不要着急，要一步一步地做。
To persuade people not to do things in a hurry but step by step.

实例 Examples

（1）甲：我这病什么时候能好哇？
　　　乙：你这是慢性病，得慢慢儿来，着急可不行啊。

（2）甲：这个动作我怎么老做不好？

乙：慢慢儿来，多体会体会动作的要领再练。

慢用　mànyòng

释义 Paraphrase

客气地请对方用餐。

To invite the other party to have meal politely.

用法提示 Usage

① 一般用于正式场合。

It's usually used in formal occasions.

② 有非常尊敬的语气。

There is a very respectful tone.

实例 Examples

（1）这些菜都是我亲手做的，请慢用。

（2）菜上齐了，您慢用。

慢走　mànzǒu

释义 Paraphrase

客套话，意思是路上小心。

A polite expression, which means to be careful on the way.

用法提示 Usage

常用于送别人离开时。

It's usually used to see someone off.

实例 Examples

（1）甲：我告辞了。
　　乙：那我就不留你了，慢走。
（2）甲：慢走啊，有空儿常来。
　　乙：好，请留步。

忙得过来　máng de guòlái

释义 Paraphrase

表示事情不太多，能够都照顾到，不需要别人帮助。

To indicate that there are not too many things, and the speaker can take care of them all and doesn't need help from others.

用法提示 Usage

① 多用否定形式"忙不过来"。
　The negative form "忙不过来" is usually used.
② 多用于反问句。
　It's often used in rhetorical questions.

实例 Examples

（1）你去干别的事吧，这儿的活儿我一个人忙得过来。
（2）他一个人忙不过来，咱们都去帮帮他吧。
（3）这么多工作，我一个人哪儿忙得过来呀？还不快来帮忙！
（4）我当然得帮他了，他一个人忙得过来吗？

忙得四脚儿朝天　máng de sì jiǎor cháo tiān

释义 Paraphrase

形容非常忙。

To describe that someone is very busy.

用法提示 Usage

① 有时候嵌入第一或第三人称代词，如"忙得（我/他/我们）四脚儿朝天"。

Sometimes the first or third personal pronoun can be embedded as "忙得（我/他/我们）四脚儿朝天".

② 有夸张的语气。

There is an exaggerated tone.

实例 Examples

（1）我都忙得四脚儿朝天了，哪儿有工夫跟你看电影！

（2）最近单位和家里事情特别多，忙得我四脚儿朝天的。

（3）快到年底了，公司的许多事情都赶到一块儿了，忙得他们四脚儿朝天。

忙得转不开身　máng de zhuànbùkāi shēn

释义 Paraphrase

形容非常忙，没有精力顾到其他。

To describe that someone is too busy to have energy for anything else.

用法提示 Usage

有时嵌入第一或第三人称代词，如"忙得（我/他/我们）转不开身"。

Sometimes the first or third personal pronoun can be embedded as "忙得（我/他/我们）转不开身".

实例 Examples

（1）这里就我一个人，忙得都转不开身，你还要这要那的！

（2）你明天再来吧，还有半个小时表演就开始了，王导有一大堆事情要处理，忙得他都转不开身了。

忙着…… mángzhe…

释义 Paraphrase

表示正全力做某事，无暇其他。

To indicate that someone is focused on doing something and has no energy for anything else.

用法提示 Usage

替换部分是动词性短语。

The replacement is a verbal phrase.

实例 Examples

（1）他忙着布置会场呢，没空儿接待你。
（2）我这些天忙着准备考试，哪儿有时间陪你去旅游？

毛病 máobing

释义与用法提示 Paraphrase and Usage

参见"有毛病"。
See also "有毛病".

实例 Examples

（1）看书就好好儿看，东张西望的，毛病！
（2）他一发言就东拉西扯地不谈正题，毛病！

没把……放在眼里 méi bǎ…fàng zài yǎn li

释义与用法提示 Paraphrase and Usage

参见"不把……放在眼里"。
See also "不把……放在眼里".

实例 Examples

（1）他们从来没把我放在眼里，有什么好事都不想着我。

（2）他刚从学校毕业，就想跟我竞争？我还真没把他放在眼里。

没办法 méi bànfǎ

释义 Paraphrase

表示无能为力，没有更好的选择。

To indicate that there is no way to deal with something and there is no better choice.

用法提示 Usage

有时用反问形式"有什么办法"。

Sometimes the rhetorical form "有什么办法" is used.

实例 Examples

（1）孩子有什么要求我们也得满足他呀，没办法，家里只有这么一个宝贝。

（2）报名只剩最后一天了，不交费就不能报名。有什么办法，我只能找您先借点儿钱救救急。

没错儿 méicuòr

释义 Paraphrase

肯定对方所说的属实。

To affirm that what the other party said is true.

实例 Examples

（1）甲：你想要这种电脑？
　　乙：没错儿！姐姐买的电脑就是这种，我也想要。
（2）甲：你说明天下雪？
　　乙：没错儿，我刚看了天气预报。

没大没小　méidà-méixiǎo

释义 Paraphrase

形容某人的言行不顾及他人的年龄或者地位。
To describe that someone's words and deeds are regardless of age or status of others.

用法提示 Usage

常用于责怪或者警示。
It's usually used to blame or warn.

实例 Examples

（1）小美，怎么能这样跟爷爷说话呢？没大没小的！
（2）他虽然比你们大不了几岁，可他毕竟是你们的老师，你们在课堂上回答问题要有礼貌，不能没大没小的。

没……的份儿　méi…de fènr

释义 Paraphrase

表示没有某人的好处、机会、资格、权力等。
To show that there is not someone's benefit, chance, qualification, right, etc.

用法提示 Usage

① 有时用反问形式"哪儿有……的份儿"。
  Sometimes the rhetorical form "哪儿有……的份儿" is used.
② 替换部分多为人称代词或指人的名词。
  The replacement is usually a personal pronoun or a noun referring to someone.
③ 有揶揄或者不满的语气。
  It carries a tone of teasing or dissatisfaction.

实例 Examples

（1）我也出了不少力呢，怎么好处没我的份儿？
（2）这都是家里的长辈，他一个孙子辈的人，哪儿有他说话的份儿？
（3）这是给孩子准备的礼物，没大人的份儿。

没……的事 méi…de shì

释义 Paraphrase

表示某人不该参与或者没有某人的责任。
To indicate that someone should not be involved or is not responsible for something.

用法提示 Usage

① 替换部分是人称代词或指人的名词。
  The replacement is a personal pronoun or a noun referring to someone.
② 有时用反问形式"哪儿有……的事"。
  Sometimes the rhetorical form "哪儿有……的事" is used.
③ 有时也说"没……什么事"。
  Sometimes it can also be "没……什么事".

实例 Examples

（1）你别管，这儿没你的事。
（2）这里可没我的事啊，都是他们几个干的。
（3）这都是小张他们干的，没老王的事。

没的说　méideshuō

释义 Paraphrase

表示无可置疑，或无可挑剔。
To indicate that there is no doubt or it's impeccable.

用法提示 Usage

① 有肯定的语气。
There is a positive tone.
② 有时也说"没说的"。
Sometimes it can also be "没说的".

实例 Examples

（1）甲：你真的能帮我买到吗？
　　　乙：你放心吧，咱俩什么关系？没的说。明天到我这儿取货。
（2）甲：给你找的这个辅导，你满意吗？
　　　乙：没的说，态度亲切，讲得清楚，我觉得他帮了我大忙了。

没多少　méi duōshǎo

释义 Paraphrase

表示数量不多，多用于不方便把数量告诉对方。
To mean that the quantity is not large, which is often used when it's inconvenient to tell the other party the quantity.

用法提示 Usage

有委婉的语气。
There is a euphemistic tone.

实例 Examples

（1）甲：说！你今天到底输了多少钱？
　　乙：没多少，还不到一百块。
（2）甲：你这笔买卖挣了不少钱吧？
　　乙：没多少。

没二话　méi èrhuà

释义 Paraphrase

表示做事很痛快，不计较，不拖延。
To mean to do something quickly, not caring and without delay.

实例 Examples

（1）您让我做什么您说就是了，我保证完成，没二话。
（2）李大妈为人非常热心，遇上有难处的人，能帮什么帮什么，从来没二话。

没个（……）样儿　méi ge (…) yàngr

释义 Paraphrase

表示某人在某种特定场合的言行不符合应有的身份或者样子。
To indicate that someone's words and deeds on a particular occasion don't conform to his/her proper status or appearance.

用法提示 Usage

① 中间可以嵌入人物的具体身份。
　　The specific identity of the character can be embedded in the middle.
② 有时使用反问形式"哪儿有个……样儿"。
　　Sometimes the rhetorical form "哪儿有个……样儿" is used.

实例 Examples

（1）你看你，在客人面前也没个样儿，还像在自己家人面前似的。
（2）你现在是个负责人了，说话办事也没个领导样儿，别人怎么能服你呢？
（3）五十几岁的人了，还跟孩子打打闹闹的，哪儿有个爸爸样儿啊！

没（个）准儿　méi (ge) zhǔnr

释义 Paraphrase

表示情况或者某人言行不确定，让人难以预料。

To indicate that the situation or someone's words and deeds are uncertain and unpredictable.

用法提示 Usage

有时用反问形式"哪儿有（个）准儿"。
Sometimes the rhetorical form "哪儿有（个）准儿" is used.

实例 Examples

（1）春天天气变化大，冷热都没个准儿。
（2）小张总是想起一出是一出，干什么都没个准儿，真拿他没办法。

没关系　méi guānxi

释义 Paraphrase

表示事情不严重，让对方不要在意。

To indicate that the case is not serious and let the other party not care about it.

用法提示 Usage

① 有时用反问形式"有什么关系"。

Sometimes the rhetorical form "有什么关系" is used.

② 有安慰劝解的语气。

There is a tone of consolation and persuasion.

实例 Examples

（1）甲：对不起，我把您的车碰了。
　　　乙：没关系，不影响开。
（2）甲：我这次没考好。
　　　乙：没关系，下次努力。

没话说　méi huà shuō

释义 Paraphrase

表示对他人的意见或看法虽不赞成却无法反驳。

To mean to disagree with others' suggestion or view, but cannot refute.

用法提示 Usage

常用于放弃某种意见或者停止争论。

It's usually used to give up an opinion or to stop arguing.

实例 Examples

（1）这件事不是你想的那样，如果你一定要么认为，那我没话说。
（2）你要好好儿利用这个机会展示你的能力，让怀疑你的人没话说。

没话找话　méihuà-zhǎohuà

释义 Paraphrase

表示努力找话题让自己和别人有联系或者交流。
To mean to try to find topics to connect or communicate with others.

实例 Examples

（1）她才比你大一岁，你怎么叫她阿姨？真是没话找话。
（2）人家根本不想理你，别在这儿没话找话了。

没劲　méi jìn

释义 Paraphrase

表示人或者事情没有意思，让人没有精神。
To mean that someone or something is boring and brings others down.

用法提示 Usage

有不满的语气。
It carries a tone of dissatisfaction.

实例 Examples

（1）别人一开玩笑，他就不高兴，真没劲。
（2）一到周末就出去吃饭多没劲啊，咱们报个班学学做西餐吧。

没看出来　méi kàn chūlái

释义与用法提示 Paraphrase and Usage

参见"还真没看出来"。
See also "还真没看出来".

实例 Examples

（1）你做饭够得上一级厨师水平了！我过去真没看出来。
（2）甲：你别不信，我要是参加这场比赛能拿冠军。
　　　乙：你？没看出来。
（3）你说你会武术？我可没看出来！

没门儿　méi ménr

释义 Paraphrase

表示绝对没有可能。
To indicate that it's absolutely impossible.

用法提示 Usage

① 常表示拒绝别人。
It's usually used to refuse others.
② 有时用肯定形式"有门儿"。
Sometimes the positive form "有门儿" is used.

实例 Examples

（1）你想占我的房子？没门儿！
（2）甲：你就看在一家人的分儿上，原谅他吧。
　　　乙：没门儿！我没有他这样的弟弟！

没皮没脸 méipí-méiliǎn

释义 Paraphrase

表示某人明知做的是坏事却知错不改，一点儿脸面也不要。

To indicate that someone knows what he/she has done is a bad thing, but he/she doesn't correct it and doesn't have a face at all.

用法提示 Usage

有厌恶或者斥责的语气。

There is a tone of disgust or reproach.

实例 Examples

（1）你这个人怎么这么没皮没脸的！说了你多少次了，老是不改！
（2）人家姑娘没一个理他的，可他呢，没皮没脸，硬往人家跟前凑。

没谱儿 méi pǔr

释义 Paraphrase

表示某人的言行没有一定的计划和安排，常常随意改变。

To indicate that someone's words and deeds often change casually without any plan or arrangement.

实例 Examples

（1）甲：你儿子大学毕业以后想工作还是考研究生啊？
　　乙：他呀，没谱儿，一会儿想这样，一会儿又想那样。
（2）刚答应的事情又反悔，你这个人做事怎么这么没谱儿啊？

没轻没重　méiqīng-méizhòng

释义 Paraphrase

表示某人的言行不顾及分寸或者后果。

To indicate that someone's words and deeds are regardless of propriety or consequence.

用法提示 Usage

常用于责怪或者警示。

It's usually used to blame or warn.

实例 Examples

（1）你说话也不看看对象，人家是年轻姑娘，你可倒好，上来就一顿批评，没轻没重的，人家受得了吗？

（2）他也是三十多岁的人了，干起活儿来还这么没轻没重的，现在把东西摔坏了，怎么赔啊？

没商量　méi shāngliang

释义 Paraphrase

表示事情没有协商或讲条件的余地。

To mean that there is no possibility for negotiation or argument.

用法提示 Usage

有一口回绝的语气。

It carries a tone of rebuff.

实例 Examples

（1）甲：能不能再便宜一点儿？

乙：就这个价！没商量。

（2）甲：在刊物上公开道歉实在有损我们的名声，您看能不能在经济上给你们一些补偿？

乙：必须公开道歉，这件事情没商量！

没少…… méi shǎo…

释义 Paraphrase

强调次数很多。

To emphasize that there are many times.

实例 Examples

（1）甲：儿子想要换个手机。

乙：我知道，他为这件事没少跟我唠叨。

（2）他这个人不可靠，我可没少警告过你。

没深没浅 méishēn-méiqiǎn

释义 Paraphrase

形容说话不注意分寸。

To indicate that someone doesn't pay attention to the propriety of his/her words.

实例 Examples

（1）等一会儿和亲家见面的时候，你注意点儿自己的言行，别没深没浅的，让人觉得咱们不懂礼数。

（2）明天的谈判主要由你来谈，我怕我说话没深没浅，万一说错了就没法儿收场了。

没什么 méi shénme

释义 Paraphrase

表示没关系，不是什么大事。
To mean that it doesn't matter and it's not a big deal.

用法提示 Usage

有时也说"没事"。
Sometimes it can also be "没事".

实例 Examples

（1）甲：您辛苦了！
　　　乙：没什么。
（2）甲：哎呀，伤着你了吧？
　　　乙：没什么，只是擦破一点儿皮。

没……什么事 méi…shénme shì

释义 Paraphrase

参见"没……的事"。
See also "没……的事".

用法提示 Usage

① 参见"没……的事"。
See also "没……的事".
② 有时用反问形式"有……什么事"。
Sometimes the rhetorical form "有……什么事" is used.

实例 Examples

（1）这件事情是我的错儿，没小李什么事。
（2）公司初建的时候是我白天黑夜撑下来的，没你什么事！

没什么……头　méi shénme…tou

释义 Paraphrase

形容没有特点，不值得做某事。
To show that there is no characteristic and it's not worth doing something.

用法提示 Usage

① 替换部分是动词。
The replacement is a verb.
② 有时用反问形式"有什么……头"。
Sometimes the rhetorical form "有什么……头" is used.

实例 Examples

（1）这酒度数不高，没什么喝头。
（2）这里只有几座旧房子，没什么看头。

没事　méi shì

释义与用法提示 Paraphrase and Usage

参见"没什么"。
See also "没什么".

实例 Examples

（1）甲：昨天跑了一天，累坏了吧？
　　　乙：没事。
（2）甲：听说你爸爸要做手术，你要不要请假去医院？
　　　乙：没事，就是一般的小手术。

没事找事　méishì-zhǎoshì

释义 Paraphrase

表示本来没有麻烦却自己找麻烦。
To indicate that there is no trouble originally but someone is looking for trouble.

用法提示 Usage

有责怪或者警示的语气。
It carries a tone of blame or warning.

实例 Examples

（1）本来他不知道这件事情，你却去问他，没事找事！
（2）今天大家都挺高兴的，你别没事找事，把十几年前的误会翻出来！

没说的　méishuōde

释义与用法提示 Paraphrase and Usage

参见"没的说"。
See also "没的说".

实例 Examples

（1）甲：你跟小李的关系怎么样？他会听你的吗？

乙：你问我俩的关系？没说的，我让他干什么他就干什么。

（2）房屋租赁合同上写得清清楚楚："租期一年。"所以你们应该搬出去，没说的！

（3）甲：你儿子的女朋友怎么样？

乙：没说的，长得漂亮，还是一个大公司的业务经理呢。

没完 méi wán

释义 Paraphrase

表示不会让事情就这样结束。

To mean that the speaker will not let the case end in this way.

用法提示 Usage

有警告或提醒的语气。

It carries a tone of warning or reminding.

实例 Examples

（1）你以为道个歉就没事了？我告诉你，没完！

（2）甲：我们已经分手了，我把他送给我的东西全都还给他了，他还会再来找我吗？

乙：我看这件事啊，没完！你得有个思想准备。

没完没了　méiwán-méiliǎo

释义 Paraphrase

表示说话或做事拖沓纠缠，总是没有结束的时候。

To mean that there is procrastination and entanglement in speaking or doing things, and there is always no end.

实例 Examples

（1）我们不是都赔偿了吗？你怎么还来闹啊？没完没了！
（2）小姨一说起家里的事就没完没了，我可怕跟她聊天儿了。

没问题　méi wèntí

释义 Paraphrase

表示完全可以做到，没有阻碍或麻烦。

To mean that it's certain to be done without any barry or trouble.

用法提示 Usage

① 常用于同意或向别人保证。

It's often used to show agreement or to promise someone.

② 有肯定的语气。

There is a positive tone.

实例 Examples

（1）甲：你有时间的时候给他辅导辅导英语，行吗？
　　　乙：没问题。
（2）没问题，这件事包在我身上，你就放心吧。

没戏　méi xì

释义 Paraphrase

表示没有希望，不可能办到。
To mean that there is no hope and it's impossible to be done.

用法提示 Usage

有时用肯定形式"有戏"。
Sometimes the positive form "有戏" is used.

实例 Examples

（1）甲：我挺想和她交个朋友，可不知她喜欢不喜欢我。
　　　乙：你呀，没戏！
（2）甲：学校说没有博士学位的教师不能提升教授。
　　　乙：唉，看来当教授是没戏了。

没心没肺　méixīn-méifèi

释义 Paraphrase

形容不动脑筋，没有心计，或者性格上大大咧咧，说话做事不顾及别人的感受。有时也指没有良心。
To describe that someone has no brain or is careless in character, speaking and doing things regardless of others' feelings, which sometimes also means no conscience.

用法提示 Usage

有时有轻视或者贬斥的语气。
Sometimes it carries a contemptuous or derogatory tone.

实例 Examples

（1）这姑娘没心没肺，别人说什么都不放在心上，你别在意啊。
（2）他就是这样的人，没心没肺，跟这种人生气不值得。
（3）你这人可真是！没心没肺，这种话也能在亲家面前说出口？

没羞　méixiū

释义 Paraphrase

指责某人不知羞耻。
To blame someone on not feeling embarrassed.

用法提示 Usage

用于亲近的人时，有亲昵的语气。
It carries a tone of being intimate when used among the intimate people.

实例 Examples

（1）甲：那个歌星长得真帅！也不知道他有没有女朋友。
　　乙：没羞！你想男朋友想疯了？
（2）这样的话也说得出口，他可真没羞。
（3）甲：亲爱的，抱抱。
　　乙：没羞！大庭广众的，多不好意思啊。

没意思　méi yìsi

释义 Paraphrase

表示对方不必有某种言行或姿态。
To indicate that the other party doesn't have to have some words and deeds or gestures.

用法提示 Usage

有劝阻的语气。

It carries a dissuasive tone.

实例 Examples

（1）甲：这些东西是你的，那些才是我的。
　　　乙：何必分那么清楚呢？没意思！
（2）甲：上次你请的我，今天一定得我请客。
　　　乙：咳，朋友之间还在乎这个？没意思啊！

没影儿的事　méi yǐngr de shì

释义 Paraphrase

表示某种说法没有根据。

To mean that there is no basis for a certain statement.

实例 Examples

（1）甲：听说从下个月开始，汽油要涨价。
　　　乙：你听谁说的？没影儿的事。
（2）他们都说我挣了多少多少钱、买了多少多少辆汽车，这都是没影儿的事。

没（有）别的意思　méi(yǒu) bié de yìsi

释义 Paraphrase

表示自己的目的不是别人可能想象的那样。

To indicate that the speaker's purpose is not what others may think.

用法提示 Usage

有解释或者辩白的语气。

There is a tone of explanation or defense.

实例 Examples

（1）甲：你送我这么多礼物干什么？

　　乙：没（有）别的意思，真的只是表达一下感谢。

（2）甲：我是说来这儿吃饭的主要是年轻人，没（有）别的意思啊。

　　乙：我就不能来吗？你是嫌我老了？

没（有）什么大不了的 méi(yǒu) shénme dàbuliǎo de

释义 Paraphrase

表示事情不严重，不必紧张或担心。

To mean that the thing is not serious and it's not necessary to be nervous or worried.

用法提示 Usage

① 有满不在乎或安慰、开导的语气。

There is a tone of indifference or comfort and enlightenment.

② 有时用反问形式"有什么大不了的"。

Sometimes the rhetorical form "有什么大不了的" is used.

实例 Examples

（1）不就是摔了个花瓶吗？没什么大不了的，赔他就是了。

（2）甲：你看这孩子非要自己下楼梯，摔着了可怎么办？

　　乙：没什么大不了的，这么大的孩子了，该让他独立了。

（3）甲：你再磨蹭，就赶不上班车了。

　　乙：没有什么大不了的，不是还有公共汽车呢吗？

没（有）什么……的 méi(yǒu) shénme…de

释义 Paraphrase

表示不值得或没有必要做某事。

To mean that it's not worth or necessary to do something.

用法提示 Usage

① 有时用反问形式"有什么……的"。

Sometimes the rhetorical form "有什么……的" is used.

② 替换部分是动词或者动词性短语。

The replacement is a verb or a verbal phrase.

实例 Examples

（1）那个公园没什么玩儿的，别去了。

（2）甲：我的事您是不是再考虑考虑?

乙：没什么可考虑的，不行就是不行。

（3）你不就是考了个第一名吗? 有什么值得骄傲的?

没（有）什么好说的 méi(yǒu) shénme hǎo shuō de

释义 Paraphrase

指没有值得说的或表示没有商量的余地，有时表示自谦。

To mean that there is nothing worthy to talk about or no possibility for negotiation, which sometimes indicates being self-modest.

用法提示 Usage

有时用反问形式"有什么好说的"。

Sometimes the rhetorical form "有什么好说的" is used.

实例 Examples

（1）甲：关于赔偿的数额，对方希望和我们再谈一谈。
　　　乙：没什么好说的，该多少就多少，一分也不能少！
（2）甲：恭喜你获得了年度优秀员工奖，请你介绍一下个人经验吧。
　　　乙：其实没什么好说的，都是大家的帮助和支持。
（3）甲：你对我们商场有什么意见，可以跟我说说吗？
　　　乙：我跟你没有什么好说的，叫你们老板来！

没（有）什么可……的　méi(yǒu) shénme kě…de

释义与用法提示 Paraphrase and Usage

参见"有什么可……的"。
See also "有什么可……的".

实例 Examples

（1）成功了，可是也失去了朋友，没（有）什么可高兴的。
（2）女朋友的父母早晚得见，没（有）什么可紧张的。

没（有）什么了不起（的）　méi(yǒu) shénme liǎobuqǐ (de)

释义 Paraphrase

表示事情不特别，不突出。
To mean that something is not particularly noteworthy or outstanding.

用法提示 Usage

有时用反问形式"有什么了不起（的）"。
Sometimes the rhetorical form "有什么了不起（的）" is used.

实例 Examples

（1）这个程序计算机专业的学生都能写出来，没（有）什么了不起（的）。

（2）这次摄影比赛，只要参加就有奖品，三等奖没（有）什么了不起（的）。

没（有）这么……的 méi(yǒu) zhème…de

释义与用法提示 Paraphrase and Usage

参见"哪儿有这么……的"。
See also "哪儿有这么……的".

实例 Examples

（1）别人都让进，偏拦着我，没（有）这么欺负人的！

（2）甲：他只是批评这种现象，不是针对您。
乙：没（有）这么说话的，一口一个"有些老年人"，年轻人就没有这个问题吗？

没有……这（么）一说 méiyǒu…zhè(me) yì shuō

释义 Paraphrase

表示某种说法或者做法没有根据，或没有这样的传统。

To mean that there is no basis for a certain statement or practice, or there is no such tradition.

用法提示 Usage

① 有时用反问形式"哪儿有……这（么）一说"。
Sometimes the rhetorical form "哪儿有……这（么）一说" is used.

② "这（么）"也可以说"那（么）"。

"这（么）" can also be "那（么）".

实例 Examples

（1）从我来到这个公司，就没有不干活儿白拿钱这（么）一说。

（2）甲：今天咱们谁岁数大谁请客。

乙：没有那（么）一说。还是AA制吧。

没有……这样的　méiyǒu…zhèyàng de

释义 Paraphrase

表示某人的言行不合情理，难以接受。

To indicate that someone's words and deeds are too insensible to be accepted.

用法提示 Usage

① 有时用反问形式"哪儿有……这样的"。

Sometimes the rhetorical form "哪儿有……这样的" is used.

② 替换部分多为第二或第三人称代词。

The replacement is usually the second or third personal pronoun.

③ 有责备或质问的语气。

It carries a tone of blame or questioning.

实例 Examples

（1）甲：他们现在也不用，我拿来用一下有什么不可以？

乙：没有你这样的！研究室的设备都是经过报备的，不能随便挪用，你赶紧给人家还回去！

（2）小区的卫生和安全都弄得一团糟，物业公司没有你们这样的！

没怎么 méi zěnme

释义 Paraphrase

表示没有发生什么不好的事情或者问题不严重。

To mean that nothing bad has happened or the problem is not serious.

实例 Examples

（1）甲：你怎么了？脸色不太好。
　　　乙：没怎么，就是有点儿累。
（2）甲：刚才我听到一声响，怎么了？
　　　乙：没怎么，风把窗户吹开了。
（3）甲：你哭了？你男朋友怎么你了？
　　　乙：没怎么，拌了几句嘴。

没怎么的 méi zěnme dì

释义与用法提示 Paraphrase and Usage

参见"没怎么着"。
See also "没怎么着".

实例 Examples

（1）小孩子嘛，打个架是难免的，一会儿就好了。你们可好，孩子还没怎么的呢，做家长的倒打起来了。
（2）我刚才找小丽，想说说她上班迟到的问题，我这儿还没怎么的呢，她就哭上了。

没怎么着 méi zěnmezhāo

释义 Paraphrase

表示没有严重的后果，或者并没有做过分的事情。

To mean that there is no serious consequences, or someone didn't do too much.

用法提示 Usage

有时也说"没怎么的"。

Sometimes it can also be "没怎么的".

实例 Examples

（1）甲：咱家孩子怎么哭得这么伤心哪？你怎么着她了？
　　　乙：没怎么着啊！我就是看她没考好说了她几句。
（2）甲：任务没完成，老板跟你们发脾气了？
　　　乙：也没怎么着，就是让周末加个班，把活儿干完。

没辙 méi zhé

释义 Paraphrase

表示没办法。

To mean that there is no choice.

实例 Examples

（1）甲：他们都说忙，谁也不想去。
　　　乙：没辙，看来只好我自己去了。
（2）按道理应该赔偿你五万元，可是他家庭情况不好，拿不出那么多钱来，我也没辙。

没这（/那）个意思　méi zhè(/nà)ge yìsi

释义 Paraphrase

表示没有对方所说的情况。

To show that the situation mentioned by the other party doesn't exist.

用法提示 Usage

常用来解释或者请求对方不要误会自己或他人。

It's usually used to explain or to ask the other party not to misunderstand the speaker or others.

实例 Examples

（1）甲：说好了咱们俩一起做，你却找了小李来帮忙，看来你是不相信我了？

乙：我没这个意思，小李学的是这个专业，有他帮忙不是对咱们大家都有好处吗？

（2）甲：你常关照小美，是不是对她特别有好感啊？

乙：我没那个意思，她是新来的，多关照一下不是应该的嘛？

（3）他没那个意思，你别误会。

没这么（/那么）便宜　méi zhème (/nàme) piányi

释义 Paraphrase

指事情不像当事人想得那么简单，不能简单处置。

To mean that the thing is not as simple as the doer thinks and cannot be handled simply.

实例 Examples

（1）把人撞成那样，赔这么点儿钱就完了？没这么便宜！

（2）甲：不就是骂了你几句吗？我向你道个歉还不行吗？

乙：说几句道歉的话就打算让我原谅你呀？没那么便宜！你必须在全体职工面前承认错误。

没准儿　méi zhǔnr

释义 Paraphrase

不一定，说不定。

To mean that it's not certain.

用法提示 Usage

有时肯定的语气比较强，表示很有可能。

Sometimes the affirmative tone is stronger, meaning that there is a high possibility.

实例 Examples

（1）甲：你晚上能来参加我们的晚会吗？

乙：没准儿，最近工作比较忙，常加班。

（2）甲：周末早上我还想多睡会儿呢，你可别那么早来找我爬山哪。

乙：那可没准儿，要是早上天气好，咱们得一早就出发。

（3）甲：上午我离开他家的时候，他还发着高烧呢，现在不会病得更严重了吧？

乙：这真没准儿，咱们还是再去看看吧。

美得你 měi de nǐ

释义 Paraphrase

表示对方或某人想得过于理想，不可能实现。

To mean that what the other party or someone thinks is too ideal to be realized.

用法提示 Usage

① "你"有时可以换成第三人称代词。

　　Sometimes "你" can be the third personal pronoun.

② 有讽刺的语气，多用于熟人之间。

　　It carries an ironic tone, which is more often used among acquaintances.

实例 Examples

（1）甲：你这个花瓶真漂亮，送给我得了。
　　　乙：美得你！这是个古董，可值钱了。
（2）甲：我就想找个活儿少钱多的工作。
　　　乙：美得你！这种工作哪儿找去呀？
（3）甲：她说她想和那位明星交朋友。
　　　乙：美得她！人家知道她是谁呀？

免不了…… miǎnbuliǎo…

释义 Paraphrase

表示某事当然会引起某种结果，很正常。

To mean that it's normal that something will cause certain results.

实例 Examples

（1）做生意嘛，免不了有赔有赚。
（2）一家人在一块儿，拌嘴吵架是免不了的。

免了 miǎn le

释义 Paraphrase

表示对方没有必要做某种努力或尝试。
To mean that there is no necessity for the other party to make a certain effort or attempt.

实例 Examples

（1）甲：为了工作方便，公司给您配辆车。
　　乙：免了免了，我坐公共汽车很方便，把车留给更需要的人吧。
（2）甲：这笔生意要是谈成了，您可以有2%的提成。
　　乙：免了，别跟我谈什么提成，你把质量抓好就行了。
（3）甲：开业那天咱们请个乐队来热闹热闹。
　　乙：免了吧，咱们现在是创业阶段，还是节俭一点儿吧。

免谈 miǎn tán

释义 Paraphrase

表示不需要就某事商量讨论。
To indicate that there is no need to discuss something.

用法提示 Usage

有拒绝的语气。
It carries a tone of refusal.

实例 Examples

（1）想进咱们公司，一上来就在待遇上讨价还价的，免谈！
（2）以前我们困难时求他们帮忙，他们袖手旁观，现在来找我们合作？免谈！

面子上下不来　miànzi shang xiàbulái

释义 Paraphrase

表示某人很尴尬，觉得丢脸。
To mean that someone is embarrassed and ashamed.

实例 Examples

（1）我妈去世早，我爸这辈子真不容易，明天我带我爸去相亲，可我怕他面子上下不来。
（2）你事先也不说一声，就在会上对我一通批评，真让我面子上下不来。

明摆着　míngbǎizhe

释义 Paraphrase

表示事情非常明显，很容易看清楚。
To mean that the thing is obvious and is very easy to see clearly.

实例 Examples

（1）老给你送这送那的，他的意思是明摆着的，就是想让你帮他的忙嘛。
（2）甲：你是说他想让我教他英语？
　　乙：这不是明摆着吗？不然他老来找你干吗？

摸不着头脑　mōbuzháo tóunǎo

释义 Paraphrase

表示事情太突然或者太奇怪，让人不明白。

To indicate that the thing is too sudden or strange to make others understand.

实例 Examples

（1）他冲进来就又叫又喊，让大家都摸不着头脑。

（2）甲：刚才他跟我又是握手又是感谢的，真让我摸不着头脑。
　　　乙：是不是认错人了？

摸着门儿　mōzháo ménr

释义 Paraphrase

表示知道从哪儿下手，或者找到规律。

To indicate that someone knows where to start, or finds the rules.

用法提示 Usage

否定形式是"摸不着门儿"。

The negative form is "摸不着门儿".

实例 Examples

（1）现在是不是比刚才熟练多了？摸着门儿就好了。

（2）刚进公司的时候，人多事杂，我真是摸不着门儿，干什么都不对，老挨老板骂。

N

拿不定主意　nábudìng zhúyi

释义 Paraphrase

表示左右为难，不知道怎么办才好。

To mean to be in a dilemma, not knowing how to do.

实例 Examples

（1）报历史系还是中文系，他总是拿不定主意。
（2）甲：你到底去还是不去？
　　　乙：我真拿不定主意，不知道该不该去。

拿……当猴耍　ná…dàng hóu shuǎ

释义 Paraphrase

对方已经答应的事情却又反悔不认账，让人觉得受到侮辱。

To indicate that people feel insulted when the other party has promised something but didn't admit it.

用法提示 Usage

① 替换部分是人称代词或指人的名词。

The replacement is a personal pronoun or a noun referring to someone.

② 有怨愤的语气。

There is a tone of resentment.

实例 Examples

（1）说好了放假三天却又临时变卦，你这不是拿大家当猴耍呢吗？
（2）一会儿说今天就给客户方案，一会儿又说让客户再等几天，你这是拿客户当猴耍呢？

拿得出手　ná de chū shǒu

释义 Paraphrase

表示技艺或者礼物等够水平，够档次。
To mean that the skill or gift is good enough.

用法提示 Usage

否定形式"拿不出手"常用于谦虚客套。
The negative form "拿不出手" is often used for modesty.

实例 Examples

（1）甲：你看我的舞跳得还可以吗？
　　　乙：行，拿得出手。
（2）我会的那几首曲子都是最基本的，去比赛可拿不出手啊。
（3）小小礼物不成敬意，实在拿不出手。

拿得起来　ná de qǐlái

释义 Paraphrase

表示某人的能力足以完成某项工作。
To mean that someone is capable enough to fulfill a certain task.

用法提示 Usage

有时使用否定形式"拿不起来"。
Sometimes the negative form "拿不起来" is used.

实例 Examples

（1）这个小张是个能干的人，采、编、播，样样拿得起来。
（2）他这个人，只会说，一让他干，他就拿不起来了。
（3）甲：你为什么把他解雇了呢？
　　乙：你说他能干什么？哪样也拿不起来。

拿……开心　ná…kāixīn

释义 Paraphrase

表示取笑某人。

To mean to make fun of someone.

用法提示 Usage

① 替换部分是人称代词或指人的名词。
　The replacement is a personal pronoun or a noun referring to someone.
② 多用于熟人之间。
　It's often used among acquaintances.

实例 Examples

（1）甲：今天来找你的那位漂亮姑娘是你的女朋友吧？
　　乙：又拿我开心！人家早就名花有主了。
（2）你们别拿小张开心了。
（3）他们这些人，总爱拿老李开心。

拿……来说　ná…láishuō

释义 Paraphrase

表示以某人或某事物举例。

To mean to take someone or something as an example.

用法提示 Usage

替换部分指某人或某事。

The replacement refers to someone or something.

实例 Examples

（1）不是每个人都喜欢流行歌曲的，拿我的同屋来说，就从来不听。

（2）有些事说起来容易，做起来难，拿戒烟来说，很多人老说"戒烟戒烟"，可就是戒不掉。

拿……没办法 ná…méi bànfǎ

释义 Paraphrase

表示对某人拿不出好的应付办法来。

To mean that there is no good solution to deal with someone.

用法提示 Usage

① 替换部分是人称代词或指人的名词。

The replacement is a personal pronoun or a noun referring to someone.

② 有无奈的语气。

It carries a tone of having no choice but to accept it.

实例 Examples

（1）甲：对不起，请你再说一遍。

乙：我都说了两遍了，你还没听清？真拿你没办法！

（2）真拿这个学生没办法，总是不做作业。

拿……是问 ná…shì wèn

释义 Paraphrase

表示如果出现某种不好的结果将追究某人的责任。

To indicate if there is a bad consequence, someone will be held accountable.

用法提示 Usage

替换部分是人称代词或指人的名词。

The replacement is a personal pronoun or a noun referring to someone.

实例 Examples

（1）都别走！加班！今天的任务完不成，我拿你们是问。
（2）要是打不赢这场比赛，我拿你们队长是问。

哪点都好，就是…… nǎ diǎn dōu hǎo, jiùshì…

释义 Paraphrase

表示人或事物基本上不错，但是突出强调某一方面有问题。

To mean that the people or things are basically good, but a problem in one aspect is highlighted.

用法提示 Usage

有时也说"哪儿都好，就是……"。

Sometimes it can also be "哪儿都好，就是……".

实例 Examples

（1）这个人哪点都好，就是不爱说话。
（2）那家公司哪点都好，就是离家远了点儿。

哪里 nǎli

释义 Paraphrase

反问句，否定对方所说，有时也表示客气，指出自己没有对方所说的那么好。

A rhetorical question that negates what the other party said, which sometimes is used to show politeness, pointing out that the speaker is not as good as what the other party said.

用法提示 Usage

① 有时有否定的语气，也说"哪儿啊"。
Sometimes there is a negative tone, and it can also be "哪儿啊".

② 有时有客气的语气，也说"哪里哪里"。
Sometimes there is a polite tone, and it can also be "哪里哪里".

实例 Examples

（1）甲：刚才出去的那个人是你们老板吗？
　　　乙：哪里，他是我的大学同学，找我有点儿事。
（2）甲：听说你会弹吉他？
　　　乙：哪里，我连五线谱都不认识。
（3）甲：你是你们学校的学霸吧？
　　　乙：哪里，比我学习好的同学多着呢。

哪里话 nǎli huà

释义与用法提示 Paraphrase and Usage

参见"这话说到哪儿去了"。
See also "这话说到哪儿去了".

实例 Examples

（1）甲：这些损失应该我来赔。
　　乙：哪里话！我们大家都有责任，一起赔吧！
（2）甲：谢谢，让你破费了。
　　乙：哪里话，跟朋友一起吃饭高兴还来不及呢！

哪里哪里　nǎli nǎli

释义 Paraphrase

表示客气，指出自己没有那么好。

To show politeness, pointing out that the speaker is not as good as what the other party said.

用法提示 Usage

参见"哪里"用法提示②。
See also "哪里" usage ②.

实例 Examples

（1）甲：你的发音可真好。
　　乙：哪里哪里。
（2）甲：您到底是专家呀，写出的文章就是不一样。
　　乙：哪里哪里，只是一家之言。

哪儿啊　nǎr a

释义 Paraphrase

反问句，表示事实与对方所说的不符。

A rhetorical question, indicating that the fact doesn't conform to what the other party said.

用法提示 Usage

① 多在和认识的人对话时使用。
　　It's usually used in dialogues with the acquaintances.
② 参见"哪里"用法提示①。
　　See also "哪里" usage ①.

实例 Examples

（1）甲：小张，你怎么又迟到了？睡懒觉了吧？
　　　乙：哪儿啊，半路车坏了。
（2）甲：我帮你买的那种减肥霜，给你爱人用了没有？效果不错吧？
　　　乙：哪儿啊，她抹了一个月也没见瘦，反倒胖了两公斤。

……哪儿成啊　…nǎr chéng a

释义 Paraphrase

反问句，表示不认可或者不允许某种言行或者情况发生，相当于"不行""不可以"。

A rhetorical question, indicating that one doesn't approve of or allow certain words and deeds or situations to happen, which is the same as "不行""不可以".

用法提示 Usage

替换部分多用"这"或"那"。
The replacement is usually "这" or "那".

实例 Examples

（1）你是老师，天天光带着学生玩儿，这哪儿成啊！
（2）你帮了我这么大的忙，连茶都不喝一口，那哪儿成啊？今天一定要在我家吃饭！

哪儿的话　nǎr de huà

释义 Paraphrase

表示不必这样客气，别这么说。

To indicate that it's not necessary to be so polite, which means not to say like this.

用法提示 Usage

① 常用于对方向自己表示道歉或感谢时。

It's often used when replying to the other party's apology or gratitude.

② 有否定的语气。

There is a negative tone.

实例 Examples

（1）甲：耽误您这么长时间，真过意不去。
　　　乙：哪儿的话，你们能来，我很高兴。
（2）甲：你救了我的孩子，我真不知道该怎么感谢你。
　　　乙：哪儿的话，谁遇到这种事情都会帮忙的。

哪儿都好，就是……　nǎr dōu hǎo, jiùshì…

释义与用法提示 Paraphrase and Usage

参见"哪点都好，就是……"。

See also "哪点都好，就是……".

实例 Examples

（1）这房子哪儿都好，就是小了一些。
（2）你介绍的那位姑娘哪儿都好，就是岁数比我儿子大了一点儿。

哪儿跟哪儿啊　nǎr gēn nǎr a

释义 Paraphrase

表示对方所说的完全不着边际。
To mean that what the other party said is nonsense.

实例 Examples

（1）甲：你不是说要去看一个"发烧友"吗？他住在哪个医院？
　　　乙：咳，哪儿跟哪儿啊，"发烧友"可不是"发烧的朋友"！
（2）甲：你喜欢足球，你老公不一起看吗？
　　　乙：咳，他就知道看书。有一次我说中国的男足还不行，他说姚明不是挺厉害的吗？你说这都是哪儿跟哪儿啊！

哪儿来的回哪儿去　nǎr lái de huí nǎr qù

释义 Paraphrase

表示嫌某人不会办事或者与此事无关，让其离开这里。
To mean to dislike that someone cannot do something well or has nothing to do with it, asking him/her to leave here.

实例 Examples

（1）我们在这儿谈事情，你来掺和什么？哪儿来的回哪儿去吧！
（2）两个月了，他办成过一件事没有？别在我这儿白拿钱了，让他哪儿来的回哪儿去吧！

哪儿（来）那么多……　nǎr (lái) nàme duō…

释义与用法提示 Paraphrase and Usage

参见"哪儿（有）那么多……"。
See also "哪儿（有）那么多……".

实例 Examples

（1）你哪儿（来）那么多废话？到底想干什么直接说！
（2）我们是婚事新办，哪儿（来）那么多讲究？

哪儿说哪儿了　nǎr shuō nǎr liǎo

释义 Paraphrase

表示事情到此结束，不要再往下纠缠。
To mean that it's the end of the matter and don't keep pestering.

实例 Examples

（1）今天的事情，哪儿说哪儿了，大家都不许再提了。
（2）这件事再纠缠下去没什么意思，咱们哪儿说哪儿了吧。

哪儿有的事　nǎr yǒu de shì

释义 Paraphrase

反问句，表示完全没有这回事。
A rhetorical question, indicating that there is no such a thing at all.

实例 Examples

（1）甲：咱们班的小强最近老来找你，是不是对你有意思呀？
　　　乙：哪儿有的事？他是来跟我讨论学生会近期的活动安排。
（2）甲：听说咱们公司明年要大裁员。
　　　乙：哪儿有的事？昨天老板还说要扩大业务范围呢。

哪儿有……的事　nǎr yǒu…de shì

释义与用法提示 Paraphrase and Usage

参见"没……的事"。
See also "没……的事".

实例 Examples

(1) 甲：这次观礼我能参加吗？
　　乙：哪儿有你的事？参加的都是劳动模范。
(2) 哪儿有他的事？他昨天根本没去过学校。

哪儿有（个）准儿　nǎr yǒu (ge) zhǔnr

释义与用法提示 Paraphrase and Usage

参见"没（个）准儿"。
See also "没（个）准儿".

实例 Examples

(1) 甲：今天到底下不下雨啊？
　　乙：这哪儿有（个）准儿！天气预报也说不准。
(2) 甲：他六点到得了吗？
　　乙：现在正是晚高峰，哪儿有（个）准儿！

哪儿（有）那么多……　nǎr (yǒu) nàme duō…

释义 Paraphrase

反问句，表示对别人的安排或者言行等不满，认为这些不能成为理由。

A rhetorical question, meaning that the speaker is not satisfied with others' arrangements, words and deeds, etc., which should not be taken as reasons.

用法提示 Usage

① 替换部分为名词。

The replacement is a noun.

② 有时也说"哪儿（来）那么多……"。

Sometimes it can also be "哪儿（来）那么多……".

实例 Examples

（1）哪儿那么多规定啊？我们是来谈事的，凭什么不让我们进去？

（2）咱们好朋友聚会哪儿有那么多规矩？有什么就说什么。

哪儿（有）那么容易　nǎr (yǒu) nàme róngyì

释义 Paraphrase

反问句，表示事情比较难办或者复杂，没有想的那么简单。

A rhetorical question, which means that things are more difficult or complicated than they are supposed to be.

实例 Examples

（1）在大城市找工作哪儿（有）那么容易啊？

（2）爸爸多年的老脑筋了，这件事想让他同意哪儿（有）那么容易啊？

哪儿有这么……的　nǎr yǒu zhème…de

释义 Paraphrase

反问句，对某人的言行表示极度不满。

A rhetorical question, which expresses extreme dissatisfaction with someone's words and deeds.

用法提示 Usage

① 有时也说"没（有）这么……的"。
　　Sometimes it can also be "没（有）这么……的".
② 有委屈或者埋怨的语气。
　　There is a tone of grievance or resentment.

实例 Examples

（1）我工作做得好他不表扬，做错了一点儿小事他就当众批评，你说，哪儿有这么对待公司新人的？
（2）你就知道整天喝酒打牌，孩子的功课一点儿都不管，哪儿有这么当爸爸的？

哪儿有……这（么）一说　nǎr yǒu…zhè(me) yì shuō

释义与用法提示 Paraphrase and Usage

参见"没有……这（么）一说"。
See also "没有……这（么）一说".

实例 Examples

（1）从来都是父母管教孩子，哪儿有孩子管教父母这（么）一说？
（2）甲：听说假期取消了。
　　乙：哪儿有这么一说？没发通知呀。

哪儿有……这样的　nǎr yǒu…zhèyàng de

释义与用法提示 Paraphrase and Usage

参见"没有……这样的"。
See also "没有……这样的".

实例 Examples

（1）说好保修一年的，出了质量问题又不承认，哪儿有你们这样的！
（2）她和别人有矛盾，老公不帮她，反倒替别人说话，哪儿有他这样的！

哪儿至于呀　nǎr zhìyú ya

释义 Paraphrase

参见"不至于"。
See also "不至于".

用法提示 Usage

① 参见"不至于"。
See also "不至于".
② 有时有惊讶的语气。
It carries a tone of surprise sometimes.
③ 有时用于安慰或劝说。
It's used to comfort or persuade sometimes.

实例 Examples

（1）孩子就因为你没给买手机离家出走了？哪儿至于呀！
（2）为这么点儿事情就哭鼻子？哪儿至于呀？快别哭了。
（3）一家人为住房打起来了？哪儿至于呀？有事好好儿商量解决呀。

哪止　nǎ zhǐ

释义与用法提示 Paraphrase and Usage

参见"不止"。
See also "不止".

实例 Examples

（1）甲：你们大学的教职工有两千多人吧？
　　　乙：哪止，算上附属医院的有三千人呢。
（2）甲：他家的房子真大，得有一百多平方米吧？
　　　乙：哪止，至少有二百平方米，这还不算后面的小花园呢。

那不是（嘛） nà bú shì (ma)

释义与用法提示 Paraphrase and Usage

参见"这不是（嘛）"。
See also "这不是（嘛）".

实例 Examples

（1）甲：哪儿有苹果树？
　　　乙：那不是（嘛）！山上那片林子都是苹果树。
（2）甲：小王在哪儿？
　　　乙：那不是！从远处走过来的那位就是。
（3）甲：他们公司的张总来了吗？
　　　乙：那不是嘛，就在王总身边坐着呢，你还不认识吧，我给你们介绍介绍。

那才……呢 nà cái…ne

释义 Paraphrase

用于比较句，表示说话人所说的在程度上更高。

To be used for comparison, meaning what the speaker said is in a higher degree.

实例 Examples

（1）甲：这个饭馆儿的麻婆豆腐做得不错。
　　乙：这不算什么，有机会你尝尝我做的，那才好吃呢。
（2）甲：隔壁的邻居常常大声放音乐，真吵。
　　乙：这还算吵啊？我家旁边就是工地，白天晚上都干活儿，那才吵呢！

那倒（也）是　nà dào (yě) shì

释义与用法提示 Paraphrase and Usage

参见"这倒（也）是"。
See also "这倒（也）是".

实例 Examples

（1）甲：光少吃饭可达不到减肥的目的。
　　乙：那倒也是，还应该多运动。
（2）甲：你找女朋友不能光看长相。
　　乙：那倒也是，性格也很重要。
（3）甲：他要是不挑衅人家能揍他吗？
　　乙：那倒是，他这个人嘴上就没个把门儿的。

那得看……　nà děi kàn…

释义 Paraphrase

表示要根据具体情况来决定。
To mean that it will be decided according to specific case.

用法提示 Usage

① 替换部分常为带疑问词的句子或是非问句。

The replacement is usually a sentence with question word or a yes-no question.

② 有时也说"那要看……"。

Sometimes it can also be "那要看……".

实例 Examples

（1）甲：儿子想买个手机，你说需要多少钱？

乙：那得看他想买什么样的。

（2）甲：你说咱们买辆什么样的车好呢？

乙：那得看你想买什么牌子的了，有钱就买辆好的吧。

那个　nàge

释义与用法提示 1 Paraphrase and Usage 1

参见"这个"。

See also "这个".

实例 Examples

（1）甲：有什么事你就直说吧。

乙：那个，你能借给我一点儿钱吗？

（2）甲：昨天跟你在一起的女孩儿是谁呀？挺漂亮啊！你们……

乙：那个那个，我们只是同事，碰巧见到了一起吃个饭。

释义 2 Paraphrase 2

表示说话者对某种情况不太满意，但不想直接说出负面的评判。

To indicate that the speaker is not satisfied with some situation, but doesn't want to come out with a negative judgment.

用法提示 Usage

有不好意思、气愤等语气。

There is a tone of embarrassment, anger, etc.

实例 Examples

（1）大庭广众之下让我们谈恋爱经过，是不是有点儿太那个了？
（2）早不说，现在才来挑错儿，你们也太那个了吧！

那个……啊　nàge…a

释义 Paraphrase

表示程度极高，某种情况或者感受难以用言语来描述或者表达。

To show that the degree is extremely high and it's hard to describe the situation or express the feeling in words.

用法提示 Usage

① 替换部分多为形容词或动词。
　　The replacement is usually an adjective or a verb.
② 有时也可以说"这个……啊"。
　　Sometimes it can also be "这个……啊".

实例 Examples

（1）这只猫大眼睛湛蓝湛蓝的，雪白雪白的，那个可爱啊！
（2）那时候整个天都黑了下来，一个闪电接着一个闪电，雷打得那个响啊！
（3）毕业论文还没完成，工作也没着落，房东又来告诉我这个月底他的房子不能续租了，我心里那个烦哪！

那（个）谁　nà(ge) shéi

释义 Paraphrase

表示一时想不起来或者根本不在乎某人的姓名、身份等。

To mean that the speaker cannot remember at the moment or doesn't care about someone's name, identity, etc.

实例 Examples

（1）甲：王老师，好久不见，您还记得我吗？
　　　乙：你不是那（个）谁？哦！张小北，对吧？
（2）哎，那（个）谁，你过来一下。

那（个）什么　nà(ge) shénme

释义 Paraphrase

表示某人想让别人注意自己要说的话，或者一时想不起来某件事情。

To mean that someone wants to draw others' attention to what he/she is saying, or cannot remember something at the moment.

实例 Examples

（1）那（个）什么，中午你想吃什么来着？
（2）我看就是那个人最合适，叫那（个）什么……李言，对。

那还得了　nà hái déliǎo

释义与用法提示 Paraphrase and Usage

参见"这还得了"。
See also "这还得了".

实例 Examples

（1）五岁的孩子就学会偷东西了，那还得了。
（2）甲：孩子已经发烧到39度了。
　　　乙：那还得了，赶紧带她去医院！

那还……得了　nà hái…deliǎo

释义 Paraphrase

表示不可能。
To mean that it's impossible.

用法提示 Usage

① 替换部分一般是形容词或动词。
The replacement is usually an adjective or a verb.
②"那"也可以换成"这"。
"那" can also be "这".
③ 有肯定的语气。
There is a positive tone.

实例 Examples

（1）他打人的事情报纸上都登出照片来了，那还假得了？
（2）甲：他撞了人想跑，现在各个交通路口都在查那个肇事者。
　　　乙：那还跑得了？

那还了得　nà hái liǎodé

释义与用法提示 Paraphrase and Usage

参见"这还得了"。
See also "这还得了".

实例 Examples

（1）好好儿把数据再查一遍啊，出了错儿那还了得！
（2）一个九岁的孩子你怎么就让他一个人出去了？连手机都没带，那还了得！还不快去把他找回来！

那叫一个……啊　nà jiào yí ge…a

释义 Paraphrase

表示程度极高，相当于"太……了"。
To show that the degree is extremely high, which is equal to "太……了".

用法提示 Usage

替换部分多为形容词或者动词。
The replacement is usually an adjective or a verb.

实例 Examples

（1）前年我去过那儿，冬天那叫一个冷啊，最低零下40摄氏度！
（2）回家洗完澡，在空调房里一躺，再喝一杯冰可乐，嘿！那叫一个美啊。
（3）他说以前学过六年街舞，有一次参加比赛，结果一上台就没跟上音乐，那叫一个丢脸啊！

那就不客气了　nà jiù bú kèqi le

释义 Paraphrase

接受礼物或主人的招待时说的客气话。
A polite expression, which is used for accepting a present or the host's service.

实例 Examples

（1）甲：这是我从国外给你带回来的小工艺品。
　　乙：谢谢！那（我）就不客气了。
（2）甲：来，尝尝我做的家乡菜。
　　乙：好，那就不客气了。

那就更别提了　nà jiù gèng bié tí le

释义 Paraphrase

表示某方面比另一方面程度更高。

To indicate that the degree of some aspect is higher than another aspect.

用法提示 Usage

"那"有时可以省略。
"那" can be omitted sometimes.

实例 Examples

（1）那时候连饭都不够吃，上学那就更别提了。
（2）还要爬山？我走都不想走，爬山就更别提了。
（3）她跳舞跳得很好，唱歌就更别提了。

那（可）不是一天半天就……的　nà (kě) bú shì yìtiān-bàntiān jiù…de

释义 Paraphrase

表示某事做起来很难，强调不可能在短时间内就学会或完成。

To show that it's difficult to do something, emphasizing that it's impossible to learn or finish it in a short time.

用法提示 Usage

① "一天半天"有时也可以用表示时间短的其他词语代替,像"一天两天""三两天""十天半个月"等。
Sometimes "一天半天" can also be some other phrases meaning short time such as "一天两天" "三两天" "十天半个月", etc.
② "那"也可以换成"这"。
"那" can also be "这".

实例 Examples

(1) 甲：我都来这儿一个多月了,可我还是听不懂这儿的人说的地方话。
乙：学语言要花很多时间和功夫,那(可)不是一天半天就能学会的。
(2) 甲：我已经到健身房练了半个月了,体重还是没减多少。
乙：靠运动减肥贵在坚持,那(可)不是一天两天就能减下来的。

那（可）不一定　nà (kě) bù yídìng

释义 Paraphrase

表示事情不止有一种结果。
To indicate that there is more than one result.

用法提示 Usage

① 多用于否定对方。
It's usually used to deny the other party.
② "那"也可以换成"这"。
"那" can also be "这".

实例 Examples

（1）甲：一分钱，一分货。
　　乙：那（可）不一定，你要看货是真的还是假的。
（2）甲：咱们普通老百姓，还能成专家啊？做梦吧。
　　乙：那（可）不一定，专家也不是天生的，学嘛。

那可没准儿　nà kě méi zhǔnr

释义 Paraphrase

表示事情不确定。

To indicate that something is uncertain.

用法提示 Usage

① 用于否定对方。

It's used to deny the other party.

② "那"也可以换成"这"。

"那" can also be "这".

实例 Examples

（1）甲：我认识他很久了，他能骗我？
　　乙：那可没准儿，你了解他多少？
（2）甲：今天阳光这么充足，不会下雨吧？
　　乙：那可没准儿，还是把伞带上吧。

那是　nàshì

释义 Paraphrase

表示赞同对方的话。

To mean to agree with the other party's speech.

用法提示 Usage

有时在回答对方称赞的话语时表露出得意或炫耀的语气。

Sometimes it carries a tone of pride or ostentation when replying to the compliments of the other party.

实例 Examples

（1）甲：钱不是万能的，可是没有钱也不行。
    乙：那是，现在干什么不得要钱哪。
（2）甲：做生意要讲究诚信，像你这样老靠耍小聪明怎么行呢？
    乙：那是那是。
（3）甲：你球打得真不错啊。
    乙：那是！我在专业队打过好几年呢！

那要看……　nà yào kàn…

释义与用法提示 Paraphrase and Usage

参见"那得看……"。
See also "那得看……".

实例 Examples

（1）甲：明天咱们还去不去划船了？
    乙：那要看天气好坏了。
（2）甲：你这件瓷器能卖给我吗？
    乙：那要看你能出多少钱了。

那（要）看怎么说　nà (yào) kàn zěnme shuō

释义 Paraphrase

表示从不同角度来说有其他的解释或者理解。

To mean that there are other explanations or understandings from different angles.

用法提示 Usage

① 多用于否定对方的话。
　　It's usually used to negate the other party's speech.
② 也说"这（要）看怎么说"。
　　It can also be "这（要）看怎么说".

实例 Examples

（1）甲：我就是想让自己过得好点儿，这有错儿吗？
　　　乙：那（要）看怎么说，要是只想自己，损害别人，那就是有错儿啊。
（2）甲：我辛辛苦苦干了半天，你们还抱怨我什么都没干！
　　　乙：那（要）看怎么说，你整天忙来忙去，一点儿成效都没看到。

那有什么　nà yǒu shénme

释义与用法提示 Paraphrase and Usage

　　参见"这有什么"。
　　See also "这有什么".

实例 Examples

（1）甲：你老说你游戏打得好，咱俩玩儿一把？
　　　乙：那有什么？来就来。
（2）甲：这个小区里的花你都认识呀？
　　　乙：那有什么？我从小就对花感兴趣，家里有好多本《植物大全》。

那又怎么样 nà yòu zěnmeyàng

释义 Paraphrase

表示不在乎自己的行为被人发现或造成不良的后果。

To show that the speaker doesn't care his/her actions being discovered or the bad consequences caused by his/her actions.

实例 Examples

（1）甲：这件事要是让你爸爸知道了就麻烦了。
　　　乙：那又怎么样？他还能把我吃了？
（2）甲：你这么跟顾客吵架，给咱们商场造成了很坏的影响。
　　　乙：那又怎么样？他骂我，我还不能跟他讲理吗？

难得 nándé

释义 Paraphrase

表示出现某种情况非常不容易。

To mean that it's very rare for a certain situation to happen.

用法提示 Usage

① 有赞许或者感激的语气。
　　It carries a tone of approval or gratitude.
② 有时用作反语，带有讽刺的语气。
　　Sometimes it's used as irony with a sarcastic tone.

实例 Examples

（1）这么大的雨你还准时来上班，难得！
（2）甲：她离婚以后没再婚，一个人把三个孩子养大了。
　　　乙：这样的人，真难得！
（3）哟，今天来得这么早，真难得啊！

难怪　nánguài

释义与用法提示 Paraphrase and Usage

参见"怪不得"。
See also "怪不得".

实例 Examples

（1）甲：丽丽不是特别爱唱歌吗？怎么最近听不到她的歌声了？
　　　乙：她跟男朋友分手了。
　　　甲：难怪。
（2）甲：他的自行车被人偷了。
　　　乙：难怪！我说他怎么今天走着来上班呢。

难说　nánshuō

释义与用法提示 Paraphrase and Usage

参见"不好说"。
See also "不好说".

实例 Examples

（1）甲：你儿子学习不错，考大学应该没问题！
　　　乙：难说，现在高考竞争多厉害呀。
（2）甲：你放假要去海南旅行？
　　　乙：现在还难说，看到时候能不能走开吧。

闹了半天　nàole bàntiān

释义 Paraphrase

表示终于知道了某一事实或明白了某一原因。
To show that the speaker has got to know a fact or a reason at last.

实例 Examples

（1）我一直以为他是日本人，闹了半天是韩国人。

（2）我说他最近怎么不来上课了，闹了半天是住院了。

能 A 就 A　néng A jiù A

释义 Paraphrase

表示尽可能地做某事。

To mean to try one's best to do something.

用法提示 Usage

A一般为动词性短语。

A is usually a verbal phrase.

实例 Examples

（1）甲：我感冒了，不想吃东西。

　　乙：可是一点儿不吃也不行啊，能吃点儿就吃点儿吧。

（2）甲：这次作文的题目太大了，真不知道写什么。

　　乙：能写多少就写多少吧。

能……到哪儿去　néng…dào nǎr qù

释义与用法提示 Paraphrase and Usage

参见"……不到哪儿去"。

See also "……不到哪儿去".

实例 Examples

（1）甲：我觉得这个房间比那个大。

　　乙：能大到哪儿去？看起来差不多啊。

（2）甲：你做的这个菜太辣了！
　　　乙：家常菜能辣到哪儿去？

你 A 你的，我 B 我的　nǐ A nǐ de, wǒ B wǒ de

释义 Paraphrase

表示各做各的事情，互不干涉。

To mean to do one's own business and not interrupt each other.

用法提示 Usage

① "你""我"可以是其他代词，有时是虚指。

"你""我" can be other pronouns, and sometimes they are virtual reference.

② A 和 B 可以是不同的动词，也可以是同一个动词。

A and B can be different verbs or the same verb.

③ 两个"的"字后面可加名词。

Nouns can be used after the both "的".

实例 Examples

（1）甲：你别看足球了，跟我一起打游戏吧。
　　　乙：你玩儿你的，我看我的，咱们互不干扰，好不好？
（2）我一再嘱咐他工作时间不要上网聊天儿，可他就是你说你的，他聊他的。
（3）甲：别老喝饮料了，今天过节，你也喝点儿酒吧。
　　　乙：我不喜欢喝酒，咱们还是你喝你的酒，我喝我的饮料吧。
（4）甲：我们想去喝杯咖啡，就不陪你们了。
　　　乙：你们去你们的，我们逛我们的。

你A我我B你的 nǐ A wǒ wǒ B nǐ de

释义 Paraphrase

表示双方相互之间共同做某些事情。

To mean that the two parties do something together.

用法提示 Usage

① A和B是相互的，并非特指某一行为。

A and B are mutual, not specifically referring to a certain action.

② "你"和"我"是虚指。

"你" and "我" are virtual reference.

③ A和B可以是不同的动词，也可以是同一个动词。

A and B can be different verbs or the same verb.

实例 Examples

（1）楼上那对夫妻最近关系不太好，一天到晚你打我我骂你的，没有安静的时候。

（2）早高峰坐地铁简直太可怕了，你挤我我挤你的。

你猜怎么着 nǐ cāi zěnmezhāo

释义 Paraphrase

插入语，让对方注意自己接下来要说的话。

A parenthesis, which indicates drawing the other party's attention to what the speaker is going to say next.

用法提示 Usage

有神秘或者炫耀的语气。

It carries a tone of mystery or ostentation.

实例 Examples

（1）他躺在床上睡得正香，外面一声巨响把他惊醒了，他走到门口一看，你猜怎么着？火山爆发了。

（2）我早就说过这件事肯定是老王干的，昨天我问了他同事，你猜怎么着？老王已经被警察带走了！

你才……呢 nǐ cái…ne

释义 Paraphrase

否定或驳斥某人的说法。

To negate or refute someone's speech.

用法提示 Usage

① "你"可以替换成其他代词。

"你" can be other pronouns.

② 有不满的语气。

It carries a tone of dissatisfaction.

实例 Examples

（1）甲：这么简单的问题都不会，你可真笨！

乙：你才笨呢！这么简单你也没解释清楚啊。

（2）甲：他们说咱们队比赛的时候太野蛮。

乙：什么？他们才野蛮呢！踢伤了咱们好几个人呢！

（3）甲：我帮你干了半天，一分钱没拿着，真倒霉！

乙：你倒霉？我才倒霉呢！这笔生意我不但没拿着钱，还赔了三十万！

你（给我）等着　nǐ (gěi wǒ) děngzhe

释义 Paraphrase

对别人发出报复的威胁。
To give a threat of revenge on others.

实例 Examples

（1）我打不过你，你给我等着，我叫我哥哥来！
（2）你干的那些缺德事不能就这么算了！你等着！早晚跟你算总账！

你还别说　nǐ hái biéshuō

释义 Paraphrase

插入语，表示确认某种说法或事实，提醒人们注意，有时所确认的说法或事实是不能从表面或常理来推断而出人意料的。

A parenthesis, which indicates confirming a certain saying or fact and drawing people's attention, and sometimes the confirmed saying or fact cannot be judged superficially or by common sense, which is out of expectation.

用法提示 Usage

有时也说"还别说""也别说"或"别说"。
Sometimes it can also be "还别说""也别说"or"别说".

实例 Examples

（1）甲：你看我们班新来的那个同学长得像不像我？
　　　乙：你还别说，真挺像的。
（2）这家饭馆儿不大，可你还别说，厨师的手艺就是不一般。

你看　nǐ kàn

释义 1 Paraphrase 1

表示事实正如自己所预料的那样糟糕。
To show that the fact is just as terrible as the speaker predicts.

用法提示 Usage

有埋怨责怪的语气。
There is a tone of complaint and blame.

实例 Examples

（1）让你多穿衣服你不听，你看，着凉了吧？
（2）甲：银行关门怎么那么早？
　　　乙：你看你看，白跑一趟吧？我告诉你明天再来，你偏不听！

释义 2 Paraphrase 2

耐心地给别人摆事实，讲道理。
To set facts and reasons for others patiently.

实例 Examples

（1）咱们得帮他呀，你看，他工作忙，又没成家，他爸爸一个人在家，没人照顾怎么能行呢？
（2）我觉得咱们买这家公司的股票还是要慎重点儿，你看，公司现在效益不好，股票下跌是早晚的事。

（你）看…… (nǐ) kàn…

释义 Paraphrase

指出某人不当的言行，有时也表示自责。

To censure someone for his/her improper words and deeds, which is also used to self-reproach sometimes.

用法提示 Usage

① 替换部分是人称代词或指人的名词。
The replacement is a personal pronoun or a noun referring to someone.
② 有不满和指责的语气。
There is a tone of dissatisfaction and scolding.
③ 也说"（你）瞧……"。
It can also be "（你）瞧……".

实例 Examples

（1）你看你，又忘了我怎么跟你说的了吧？
（2）爸！你看弟弟！又把我的书撕了！
（3）（你）看他！说的什么话呀！太无礼了！
（4）（你）看我！年纪大了脑子就是糊涂，这么重要的事都忘了！

你看看 nǐ kànkan

释义 Paraphrase

因对某种情况表示不满而指责。

To censure someone for some situation that he/she is dissatisfied.

用法提示 Usage

① 后面可以加上宾语。
An object can be added after it.

② 有时也说"看看"。
It can also be "看看" sometimes.

实例 Examples

（1）你看看，又把房间弄这么乱。
（2）你看看你，早上起床连脸都不洗就来学校了。
（3）你看看，你们的宿舍多少天没收拾了？
（4）你看看这里的天气，一天到晚都是雾霾。

你拿主意　nǐ ná zhúyi

释义 Paraphrase

表示让对方作出决定。
To mean to ask the other party to make a decision.

用法提示 Usage

① 有时语气比较诚恳，表示顺从对方。
Sometimes it carries a tone of honesty, meaning to obey the other party.

② 有时表示自己做不了主，把责任推给对方。
Sometimes it means that the speaker cannot make a decision, letting the other party take the responsibility.

实例 Examples

（1）甲：咱们到底买哪个牌子的车啊？
　　　乙：买哪个都行，你拿主意。
（2）甲：经理说了，不管用什么办法，月底之前必须把那个公司欠咱们的货款要回来。你说咱们怎么要哇？
　　　乙：这种事情我也不知道怎么办，你拿主意吧。

（你）瞧…… (nǐ) qiáo…

释义与用法提示 Paraphrase and Usage

参见"（你）看……"。
See also "（你）看……".

实例 Examples

（1）你瞧他，夸他两句他就不知道自己是谁了！
（2）瞧我，丢三落四的，又忘了钥匙放哪儿了。

你说 A 不 A nǐ shuō A bu A

释义 Paraphrase

表示程度较高，相当于"真……啊"，希望听话人赞同。
To show that the degree is high, which is equal to "真……啊", expecting the listeners to agree.

实例 Examples

（1）这一个星期我丢了两个钱包，你说我倒霉不倒霉呀？
（2）你说巧不巧啊？我正想买这本书呢，朋友就送了一本给我。

你说呢 nǐ shuō ne

释义 Paraphrase

表示想听听对方的意见。
To show that the speaker wants to listen to the other party's opinions.

用法提示 Usage

① 有时有商量的语气。

　　Sometimes it carries a tone of negotiation.

② 有时用于让对方同意自己的说法。

　　Sometimes it's used for expecting the other party's agreement.

③ 有时用于指出事情是显而易见的。

　　Sometimes it's used to point out that the thing is very evident.

④ 有时有不满的语气。

　　Sometimes it carries a tone of dissatisfaction.

实例 Examples

（1）咱们还是多跑几个地方，比较一下价格，再决定买哪个吧。你说呢？

（2）甲：对这种不守信用的人，就该让他们吃点儿苦头。你说呢？

　　　乙：没错儿，对他们就不能客气。

（3）甲：你的意思是我应该给你们一些补偿？

　　　乙：你说呢？把人撞成这样，总不能甩手就走吧！

你算是……着了　nǐ suànshì…zháo le

释义 Paraphrase

表示某人说的话非常准确。

To mean that what someone said is very precise.

用法提示 Usage

有时"你"也可以用其他人称代词。

Sometimes "你" can also be other personal pronouns.

实例 Examples

（1）甲：你们的老板是不是很厉害？

乙：你算是说着了，天天骂我们懒。

（2）甲：老王觉得我干的这个活儿又脏又累，不是人干的！

乙：老王算是说着了，没有几个人能干长了的。

你太抬举我了　nǐ tài táiju wǒ le

释义 Paraphrase

表示对方对自己的评价过高，自己承受不起。

To mean that the other party overrates the speaker and the speaker cannot accept it.

用法提示 Usage

① 有自谦的语气。

There is a tone of self-modesty.

② 有时用作反语。

Sometimes it's used as irony.

实例 Examples

（1）甲：你的业务水平不低，我觉得你应该当经理。

乙：您太抬举我了！

（2）甲：穿这么破的衣服就来学校？我看你能入选邋遢大王了。

乙：你太抬举我了！

你听着，…… nǐ tīngzhe, …

释义 Paraphrase

表示让对方老老实实地听自己要说的话。

To ask the other party to listen to what the speaker is going to say conscientiously.

用法提示 Usage

有命令、警告或威胁的语气。

It carries a tone of command, warning or threat.

实例 Examples

（1）你听着，今天必须把所有的地方打扫干净，明天一早我来检查。
（2）你听着，这些都是火灾隐患，要是不赶快清除，出了事你可要负责。
（3）你们听着，要是再敢来捣乱，我就打断你们的腿！

你呀，…… nǐ ya, …

释义 Paraphrase

对某人的做法表示不满。

To express dissatisfaction with someone's deeds.

用法提示 Usage

① "你"可以是其他名词或人称代词。

"你" can be other nouns or personal pronouns.

② 有无奈或责怪的语气。

There is a tone of helplessness or blame.

实例 Examples

（1）你呀，就是爱操心，什么都要管。

（2）你们呀！有话不能好好儿说吗？干吗老吵啊？

（3）这群孩子呀，平时缺乏锻炼，才走了这么一会儿就喊累了。

你以为呢 nǐ yǐwéi ne

释义 Paraphrase

表示让对方不要以为自己的说法有问题，肯定自己的说法当然没错儿。

To mean that the speaker asks the other party not to think that there is a problem with his/her statement, and affirms that it's of course correct.

用法提示 Usage

有理所当然的语气。

There is a tone of taking it for granted.

实例 Examples

（1）甲：原来他是这么个坏东西！

乙：哼！你以为呢？

（2）甲：我今天才知道老板这么做是为了提拔他当自己的副手。

乙：你以为呢？我早就感觉到了。

你以为你是谁 nǐ yǐwéi nǐ shì shéi

释义 Paraphrase

讽刺某人有过高的愿望，表示这个愿望不可能实现。

To satirize someone for excessively high desire, which cannot be realized.

用法提示 Usage

① "你"有时也可以说成"他"。

"你" can also be "他" sometimes.

② 有讽刺或者蔑视的语气。

There is a sarcastic or contemptuous tone.

实例 Examples

（1）甲：我想向她表白，让她做我的女朋友。

乙：你以为你是谁？人家不可能看上你。

（2）甲：听说咱们班长要参加学校学生会主席的竞选。

乙：他以为他是谁？连一个班的工作都做不好，还想当主席？

你这个…… nǐ zhège…

释义 Paraphrase

指出某人某一方面的特点，多为负面的。

To point out one's characteristic in a certain aspect, which is mostly negative.

用法提示 Usage

① "你"有时也可以是其他人称代词。

"你" can also be other personal pronouns sometimes.

② 有亲昵、疼爱或者责怪、咒骂的语气。

There is a tone of intimacy, affection or blame, curse accordingly.

实例 Examples

（1）你这个马大哈！又把什么丢了？
（2）他这个家伙，给他打电话为什么老不接？
（3）唉，我这个脑子啊！这么简单的事怎么没明白呢？
（4）你这个黑心的人！把我骗得好惨！

你这个人　nǐ zhège rén

释义 Paraphrase

感叹语，对某人不适当的言行感到无奈。

Interjection, which means that the speaker has no choice about someone's inappropriate words and deeds.

用法提示 Usage

① "你"有时也可以换成第三人称代词或指人的名词。

"你" can also be the third personal pronoun or a noun referring to someone sometimes.

② "这"有时也可以换成"那"。

"这" can also be "那" sometimes.

③ 有责备的语气。

It carries a tone of scolding.

实例 Examples

（1）你这个人，老把别人的劝告当耳旁风。
（2）甲：昨天唱歌比赛我太紧张了，好不容易把调儿找着了，词儿又忘了。
　　　乙：咳，你这个人哪！
（3）他这个人，做事就是这么马虎。
（4）老张那个人，总是不长记性。

你真行　nǐ zhēn xíng

释义 Paraphrase

表示某人的做法不合适或不应该。

To indicate that someone is not doing the right thing or should not do something.

用法提示 Usage

① "你"有时也可以换成第三人称代词或指人的名词。

"你" can also be the third personal pronoun or a noun referring to someone sometimes.

② 有讽刺的语气。

It carries an ironic tone.

实例 Examples

（1）你真行！昨天跟你说了好几遍，今天你还是忘了。
（2）我都等了他一个多小时了，他可真行！
（3）老张可真行！我说了三遍他都没记住。

P

碰瓷儿 pèng cír

释义 Paraphrase

故意让人伤到自己或弄坏自己的东西来讹诈别人。

To blackmail others by deliberately causing oneself to be injured or having one's own belongings damaged.

实例 Examples

（1）甲：是你把我撞倒的，今天你不赔钱就别想走！
　　　乙：碰瓷儿是吧？我这儿有录像，是你自己撞过来的。
（2）今天遇到一个碰瓷儿的，非说我打坏了他的花瓶，让我赔钱。

碰运气 pèng yùnqi

释义 Paraphrase

表示让运气决定。

To mean to let luck decide.

用法提示 Usage

有勉强或者自谦等语气。

There is a tone of reluctance or self-modesty.

实例 Examples

（1）这件事能不能成我也没有把握，碰碰运气吧。
（2）甲：你的业绩真棒！
　　　乙：没有，碰运气而已。

（3）甲：这种彩票中奖率很低，你也敢买？
乙：碰运气吧！

便宜……了　piányi…le

释义 Paraphrase

表示由于某种特殊原因，使某人占到了便宜。
To indicate that someone has gained extra advantage due to some special reason.

用法提示 Usage

替换部分是名词或者人称代词。
The replacement is a noun or a personal pronoun.

实例 Examples

（1）才罚这么少？便宜你了。
（2）就这么让他走了？真是便宜他了。
（3）要不是我们班的主力受了伤，哪儿轮得上三班拿冠军？真是便宜三班了。

凭良心说　píng liángxīn shuō

释义 Paraphrase

实事求是地说出真心话。
To speak the truth from facts.

实例 Examples

（1）你凭良心说，我有没有做过对不起你的事情？
（2）凭良心说，我也觉得这么做不太光彩。

凭什么 píng shénme

释义 Paraphrase

质问这么做的原因或某种说法的根据。

To question the reason of doing something in this way or the basis of a certain saying.

用法提示 Usage

有不满或气愤的语气。

It carries a tone of dissatisfaction or indignation.

实例 Examples

（1）甲：听说下一批裁员的名单里有你。
　　乙：凭什么？我是公司的老职员了，裁谁也不该裁我呀！
（2）甲：我看你们卖的东西是假的。
　　乙：你不想买就别买，凭什么说我们的东西是假的？

Q

岂有此理　qǐyǒucǐlǐ

释义 Paraphrase

表示毫无道理。
To mean that it's unreasonable at all.

用法提示 Usage

有训斥或不满的语气。
It carries a tone of scolding or dissatisfaction.

实例 Examples

（1）甲：老师，这种随堂测验也不是很重要，您随便给个分数得了。
　　　乙：岂有此理！这么做不是害你们吗？
（2）这样的花花公子也弄到公司里来了，真是岂有此理！

岂止　qǐzhǐ

释义与用法提示 Paraphrase and Usage

参见"不止"。
See also "不止".

实例 Examples

（1）甲：这一耽误，公司大厦建起来恐怕要等到秋天了吧？
　　　乙：岂止啊，年底能完成就不错了。
（2）甲：他这么一闹，连我也倒霉了。
　　　乙：岂止是你，咱们都得跟着倒霉，一个也跑不了。

……起来没（个）够　…qǐlai méi (ge) gòu

释义 Paraphrase

表示某种行为一旦开始就不想停止。

To mean that someone doesn't want to stop an action once he/she starts it.

用法提示 Usage

替换部分是动词。

The replacement is a verb.

实例 Examples

（1）别看他上中学了，可还是个大男孩儿，玩儿起来没（个）够。

（2）他就是个酒鬼，喝起来没（个）够。

瞧 A 那（/这）……样儿　qiáo A nà (/zhè)…yàngr

释义与用法提示 Paraphrase and Usage

参见"看A那（/这）……样儿"。

See also "看A那（/这）……样儿".

实例 Examples

（1）瞧你那书呆子样儿！整天就知道看书，饭都不会做。

（2）瞧他那傻样儿，一紧张连话都不会说了。

瞧 A 这（/那）…… qiáo A zhè (/nà)…

释义与用法提示 Paraphrase and Usage

参见"看A这（/那）……"。
See also "看A这（/那）……".

实例 Examples

（1）瞧你这链子，什么颜色啊？还是换一条吧。
（2）瞧他那发型，多帅！
（3）哎呀！瞧我这记性，忘了拿车钥匙了。

瞧……的（了） qiáo…de (le)

释义与用法提示 Paraphrase and Usage

参见"看……的（了）"。
See also "看……的（了）".

实例 Examples

（1）甲：这种问题我是第一次碰到，这可怎么办啊？
　　乙：瞧我的。
（2）甲：他俩吵了半天了，你们没劝劝吗？
　　乙：劝了，劝不住啊！这回瞧你的了。

瞧得上（眼） qiáodeshàng (yǎn)

释义与用法提示 Paraphrase and Usage

参见"看得上（眼）"。
See also "看得上（眼）".

实例 Examples

（1）这么多新式家具，你怎么一件都瞧不上眼？
（2）无论我多努力，她妈妈就是瞧不上（眼），我有什么办法！
（3）你选的家具，他瞧得上（眼）吗？

瞧你　qiáo nǐ

释义与用法提示 Paraphrase and Usage

参见"看你"。
See also "看你".

实例 Examples

（1）瞧你，走路也不看着点儿，踩到我的脚了！
（2）瞧你，那么大的人了，连饭都不会做。
（3）瞧我，出门又忘带钥匙了。

瞧你说的　qiáo nǐ shuō de

释义与用法提示 Paraphrase and Usage

参见"看你说的"。
See also "看你说的".

实例 Examples

（1）甲：听说你们这儿的人什么动物都吃。
　　乙：瞧你说的，那都是他们瞎说的。
（2）甲：真不知道怎么感谢你才好，要不是你捡到我的护照，我连家都回不去了。
　　乙：瞧你说的，这么点儿小事，别提它了。

且不说　qiě bù shuō

释义 Paraphrase

表示对人或事情的某一方面暂时不去评论，就从表面上看已经很能说明问题了。

To mean that a certain aspect of a person or thing is not necessary to be commented for the time being and it can explain the problem on the surface.

实例 Examples

（1）且不说她的人品如何，光她的打扮我就看不顺眼。
（2）且不说你们乱定价，就是这里的卫生条件也该让你们停业整顿。
（3）这小伙子真的很不错，年轻有为且不说，光颜值、身高就让很多姑娘心动了。

请便　qǐngbiàn

释义 Paraphrase

表示请对方随意。

To mean to ask the other party to feel free.

用法提示 Usage

有时有冷淡的语气。

Sometimes there is a cold tone.

实例 Examples

（1）甲：抱歉，我接个电话。
　　乙：哦，您请便。
（2）甲：如果这次还是升不了职，我就考虑换个工作。
　　乙：那就请便吧。

请多包涵　qǐng duō bāohán

释义 Paraphrase

客套话，表示请人原谅或给予照应。

A polite expression, which means to ask for forgiveness or care.

用法提示 Usage

句中可加人称代词或指人的名词。

A personal pronoun or a noun referring to someone can be embedded.

实例 Examples

（1）孩子不懂事，闹了一中午，吵了您的午觉，请多包涵。
（2）我们初来乍到，很多规矩还不懂，请您多包涵。

去你的　qù nǐ de

释义 Paraphrase

因对某人的言行反感而让其住嘴或者采取别的办法。

To order someone to shut up or to take other measures because the speaker feels disgusted at his/her words and deeds.

用法提示 Usage

① 有时"你"可以换成第三人称代词。

Sometimes "你" can be the third personal pronoun.

② 多为女性使用。用于关系亲密的人时，带有娇嗔的语气。

It's more often used by the female. It carries a coquettish tone when used between intimate people.

实例 Examples

（1）甲：你那么喜欢他，就让他做你的男朋友吧。
　　乙：去你的！别开这种玩笑！
（2）甲：房子已经买好了，就等你这个新娘来住了。
　　乙：去你的，我什么时候答应和你结婚了？
（3）甲：他说明天再不交费，他就要收房了。
　　乙：去他的吧！爱收不收，这么晚了让我到哪儿找钱去？

缺德　quē dé

释义 Paraphrase

指责某人说话做事不讲道德。
To scold someone for being immoral in speech or action.

用法提示 Usage

有骂人的语气。
It carries a tone of curse.

实例 Examples

（1）甲：不知道是谁，把咱们放在冰箱里的东西都偷吃了。
　　乙：缺德！
（2）谁家的狗哇？在人家门口撒尿，真缺德！

R

让……AA　ràng…AA

释义 Paraphrase

表示要让某人对某事物有新的理解、认识或者让环境发生变化等。

To mean to give someone a new understanding of something or to change the environment, etc.

用法提示 Usage

① A为重复的动词或者形容词。

A is a verb or an adjective which is repeated.

② 替换部分为名词或人称代词。

The replacement is a noun or a personal pronoun.

③ 有时有炫耀或者威胁的语气。

It carries a tone of ostentation or threat sometimes.

④ 有时也可以说"叫……AA"。

Sometimes it can also be "叫……AA".

实例 Examples

（1）让他了解了解什么是中国功夫！
（2）让这些年轻人体会体会种粮食的辛苦。
（3）我做一个意大利比萨，让你们见识见识。
（4）你就不能让你的房间干净干净？

让……赶上了 ràng…gǎnshang le

释义 Paraphrase

表示正巧遇到某种情况。

To show that it's a coincidence to meet something.

用法提示 Usage

① 替换部分多为人称代词或指人的名词。

The replacement is usually a personal pronoun or a noun referring to someone.

② 有懊恼或者羡慕的语气。

It carries an annoying or envious tone.

实例 Examples

（1）今天起晚了，车开到半路就坏了，偏又下起大雨，倒霉事都让我赶上了！

（2）很多年没下过这么大的雪了，今天偏偏让我赶上了。

（3）最近结婚又升职，怎么好事都让你赶上了？

（4）甲：老王今天怎么买这么多衣服？

乙：今天商场季节性大减价，让老王赶上了。

（让）……久等了 (ràng)…jiǔ děng le

释义与用法提示 Paraphrase and Usage

参见"（让）您……了"。

See also "（让）您……了".

实例 Examples

（1）对不起，我来晚了，让您久等了。

（2）这么长时间才把报告做出来，实在让大家久等了。

让你…… ràng nǐ…

释义 Paraphrase

指责某人因为做了不该做的事而产生某种后果。

To blame someone for doing something that he/she should not have done and some consequences have been brought.

用法提示 Usage

① "你"可以换成第三人称代词。

"你" can be the third personal pronoun.

② 有责怪或者称心如意的语气。

It carries a tone of blame or satisfaction.

③ 有时也说"叫你……"。

Sometimes it can also be "叫你……".

实例 Examples

（1）挨骂了吧？让你淘气！

（2）让他骗人！现在被人告了。

让你说着了 ràng nǐ shuōzháo le

释义 Paraphrase

表示某人的猜测很对。

To mean that someone's guess is quite right.

用法提示 Usage

① 也说"算你说着了""算是说着了"。

It can also be "算你说着了" "算是说着了".

② "你"可以换成第三人称代词。

"你" can be the third personal pronoun.

实例 Examples

（1）甲：看来你不喜欢旅游。
　　　乙：真让你说着了，我就喜欢待在家里看书。
（2）甲：你不喜欢上早上的课，是吧？
　　　乙：真让你说着了。早起对我来说太痛苦了。
（3）甲：教练说你现在一定很紧张。
　　　乙：让他说着了，我现在都想退赛了！

（让）您费心了　(ràng) nín fèi xīn le

释义与用法提示 Paraphrase and Usage

参见"费心了""（让）您……了"。
See also "费心了" "（让）您……了".

实例 Examples

（1）甲：这件事情你放心吧，我会帮你向校长反映的。
　　　乙：让您费心了。
（2）王老师，我的孩子上课不太专心，（让）您费心了。

（让）您……了　(ràng) nín…le

释义 Paraphrase

客套话，多用于在请求别人帮助时，也可用于得到别人帮助后表示感谢。

A polite expression, which is often used for asking for others' help or expressing gratitude after getting others' help.

用法提示 Usage

① "您"在对待一般的朋友时也可以用"你"。
"您" can also be "你" when used for ordinary friends.

② "您"也可以换成指人的名词。

"您" can also be a noun referring to someone.

③ 常见的句子是：

The common expressions are:

(1) 让您费心了。（因麻烦别人惦记自己托付的事情而表示感谢 to express gratitude to others because they remember what the speaker has entrusted）

(2) 让您受累了。（因麻烦别人为自己消耗了精神或力气而表示感谢 to express gratitude to others because they have spent a lot of energy on the speaker）

(3) 让您破费了。（因别人为自己花钱而表示感谢 to express gratitude because others spent some money for the speaker）

(4) 让您久等了。（因让别人等候时间过长而表示歉意 to express apology for keeping others waiting too long）

实例 Examples

(1) 孩子的学习让您费心了。

(2) 甲：老板，活儿都干完了。
　　乙：让大家受累了。

(3) 甲：今天我请大家吃饭，吃完去打保龄球。
　　乙：让您破费了。

(4) 对不起，路上堵车，（让）各位久等了。

让我说什么好　ràng wǒ shuō shénme hǎo

释义 Paraphrase

表示难以用语言来表达自己的心情或感受。

To show that it's very difficult to express the speaker's mood or feeling with proper words.

用法提示 Usage

① 常用于感谢、道歉等，有感激或愧疚语气。
It carries a tone of gratitude when used to thank someone, or a tone of apology when used to apologize.
② 有时也说"叫我说什么好"。
Sometimes it can also be "叫我说什么好".

实例 Examples

（1）甲：你帮了我们全家这么大的忙，让我说什么好！
　　乙：别客气，谁见了都会出一把力的。
（2）甲：都是因为我的疏忽才给你带来这么多麻烦，让我说什么好啊！
　　乙：行了，别太自责了，以后注意吧。

让我说……什么好　ràng wǒ shuō…shénme hǎo

释义 Paraphrase

表示自己对某人做的事不满意，却又无可奈何。
To indicate that the speaker is dissatisfied with what someone has done, but has no choice.

用法提示 Usage

① 替换部分多为人称代词。
The replacement is usually a personal pronoun.
② 有时也可以说"叫我说……什么好""说……什么好"。
Sometimes it can also be "叫我说……什么好""说……什么好".

实例 Examples

（1）这么简单的事情也做不了？让我说你什么好！
（2）提醒了多少次他还是忘了，让我说他什么好啊！

让我怎么说你　ràng wǒ zěnme shuō nǐ

释义 Paraphrase

表示对对方的过错无可奈何。
To mean to have no choice about the other party's fault.

用法提示 Usage

① "你"有时可以换成"您"。
"你" can sometimes be "您".
② 有埋怨的语气。
It carries a tone of complaint.
③ 也说"叫我怎么说你"。
It can also be "叫我怎么说你".

实例 Examples

（1）甲：我又把钥匙丢了。
　　　乙：你都丢了三次了，让我怎么说你！
（2）妈，您怎么又跟那些人去议论邻居？让我怎么说您呢！

饶了我吧　ráole wǒ ba

释义 Paraphrase

请求别人不要让自己做某事。
To ask others not to let the speaker do something.

用法提示 Usage

① "我"有时可以换成第三人称代词。
"我" can be the third personal pronoun sometimes.
② 有时有恳求的语气，表明不能做某事或者某事是不可能做到的。
Sometimes it carries a tone of request, meaning that the speaker cannot do something or something is impossible to do.

实例 Examples

（1）甲：明天的晚会上，你给我们表演一个节目吧。
　　乙：哎呀，饶了我吧！我哪儿会表演节目哇？
（2）甲：你把大家的反对意见跟领导反映反映？
　　乙：啊？饶了我吧！我怎么敢去？
（3）甲：今天让他再交一份报告！
　　乙：你饶了他吧，上一份已经把他所有的点子都用光了，还拿什么写啊！

人家那……A 的　rénjia nà…A de

释义 Paraphrase

表示对某人的某个方面非常羡慕、赞赏。
To admire a certain aspect of someone very much.

用法提示 Usage

① 替换部分是名词。
　The replacement is a noun.
② A是形容词或动词。
　A is an adjective or a verb.

实例 Examples

（1）人家那屋子干净的！再看看你这儿！乱得像鸡窝！
（2）你看人家那花开的！多漂亮啊！
（3）你看人家那大楼盖的！多气派！

认倒霉吧　rèn dǎo méi ba

释义 Paraphrase

表示事情无法补救或挽回，只能自己承担后果。

To show that something cannot be redeemed and only the speaker bears the consequences.

实例 Examples

（1）甲：那个人把我撞倒，车都没停就跑了，你说我该怎么办哪？
　　　乙：那还能怎么办？认倒霉吧。
（2）甲：这次你们输球，完全是由于裁判的误判。你们不能去申诉一下吗？
　　　乙：申诉也不能改变比分，认倒霉吧。

认命吧　rèn mìng ba

释义 Paraphrase

表示事情已经无法挽回，是命运的结果，自己或别人无能为力。

To mean that the result of something has been irretrievable, which is the result of fate, and there is nothing that the speaker or others can do about it.

实例 Examples

（1）人家买股票都赚了，偏偏到我这儿赔了，唉！认命吧。
（2）我妈常跟我说，做人难，做女人更难，没办法，认命吧。

认栽　rènzāi

释义 Paraphrase

表示承认自己失败。
To mean that the speaker admits his/her failure.

实例 Examples

（1）是我看错了股票的走势，我认栽。
（2）甲：我们队的实力比他们强得多，怎么就输给他们了呢？
　　乙：足球是圆的，输赢都正常，我看这次你就认栽吧！

软硬不吃　ruǎnyìng-bùchī

释义 Paraphrase

表示各种办法对某人毫无作用。
To mean that all kinds of methods have no effect on someone.

实例 Examples

（1）你哄他、骂他都没用，他还是那样，软硬不吃。
（2）我们提出了各种处理方法，可对方软硬不吃，这问题没法儿解决了。

S

三句话不离…… sān jù huà bù lí…

释义 Paraphrase

指某人聊天儿时总会谈到和自己生活、工作或兴趣有关的某一内容。

To refer that someone always talked about something related to his/her life, work or interests when chatting.

用法提示 Usage

替换部分为名词。

The replacement is a noun.

实例 Examples

（1）我爸说话是三句话不离本行，聊什么都能聊到他的做饭手艺上。

（2）因为儿子马上就要高考了，所以最近他三句话不离分数、招生。

三天两头儿 sāntiān-liǎngtóur

释义 Paraphrase

表示发生某种行为或者情况的频率很高。

To mean that there is a high frequency of a certain behavior or situation.

用法提示 Usage

有时有厌烦或者不满的语气。

Sometimes there is a tone of boredom or dissatisfaction.

实例 Examples

（1）最近儿子是怎么了？三天两头儿往外跑，总是半夜才回家。
（2）你家里有难处我也理解，可是三天两头儿请假，你的活儿谁来干啊？

上点儿心吧　shàng diǎnr xīn ba

释义 Paraphrase

表示让某人采取认真的态度，不要再随随便便或者不在意。
To let someone take a serious attitude and stop being casual or indifferent.

实例 Examples

（1）事情总算是解决了，以后你可上点儿心吧。
（2）幸亏有我在，不然他可闯了大祸了！让他上点儿心吧。

上赶着……　shànggǎnzhe…

释义 Paraphrase

主动地去巴结，做让人不待见的事情。
To take the initiative to curry favor and do things that people look down upon.

用法提示 Usage

有看不起的语气。
There is a tone of contempt.

实例 Examples

（1）明明是他不对，你倒好，上赶着向他认错儿。
（2）他上赶着巴结我，我没搭理他。

上来（/去）就（是）…… shànglai (/qu) jiù (shì) …

释义 Paraphrase

表示在一开始就使用某种方法进行处理。

To mean to use a certain method at the very beginning to handle something.

用法提示 Usage

替换部分一般是数量短语。

The replacement is usually a numeral phrase.

实例 Examples

（1）你也不看看场合，上来就（是）一顿批评，人家女孩子当着这么多人的面能不哭吗？
（2）老李管孩子简单粗暴，只要孩子犯了错误，不问青红皂白，他上去就（是）一巴掌。

稍等 shāo děng

释义 Paraphrase

请对方等待一小会儿。

To ask the other party to wait for a while.

用法提示 Usage

有客气的语气。

It carries a polite tone.

实例 Examples

（1）院长马上就到，您稍等。
（2）甲：服务员，来一杯咖啡。
　　　乙：好的，请稍等。

少…… shǎo…

释义 Paraphrase

意思是"不要"。
To mean "not to do something".

用法提示 Usage

有不耐烦或制止的语气。
It carries a tone of impatience or stopping (doing) something.

实例 Examples

（1）我们在谈工作，你少插嘴！
（2）你们少在这儿捣乱，再闹我就请保安了！
（3）少说这些没用的，你就告诉我一句话：同意还是不同意？

少废话 shǎo fèi huà

释义 Paraphrase

让对方不要再说了。
To ask the other party to stop talking.

用法提示 Usage

有不客气和粗暴的语气。
It carries an impolite and rude tone.

实例 Examples

（1）甲：你们要干什么？

乙：少废话！快点儿把钱拿出来！

（2）甲：你们有什么话跟我说吧。

乙：你少废话！叫你们负责人出来！

少见　shǎojiàn

释义 Paraphrase

表示某种情况不常发生，很难见到。

To indicate that a situation doesn't often happen and is hard to see.

用法提示 Usage

有时有不满和斥责的语气。

There is a tone of dissatisfaction and reproach sometimes.

实例 Examples

（1）今年到现在还没下过一场雨，这种情况少见啊！

（2）图书馆里大声嚷嚷，这种人，真少见！

（3）问也不问就占了别人的车位，这种行为可真少见！

少来　shǎo lái

释义 Paraphrase

让对方不要说或者做某事。

To ask the other party not to say or to do something.

用法提示 Usage

用于熟人之间，有时候有开玩笑或者嗔怪的语气。

It's used between acquaintances, sometimes carring a tone of making fun or blame.

实例 Examples

（1）甲：这个问题我需要好好儿跟你说清楚。
　　　乙：你少来！没时间听你啰唆。
（2）甲：你帮我这个忙，改天我请你吃饭。
　　　乙：少来吧！以前帮过你多少次了，每次都说请我吃饭，到现在也没请过！
（3）甲：模仿秀你没得奖，都是因为你做自己太优秀了！
　　　乙：少来！我心里够难受了，你别再逗了。

少来这一套　shǎo lái zhè yí tào

释义与用法提示 Paraphrase and Usage

参见"别来这一套"。
See also "别来这一套".

实例 Examples

（1）甲：我一天没吃东西了才拿了你们的苹果的，你们就高抬贵手，放过我吧！
　　　乙：你少来这一套！跟我们走！
（2）甲：是你撞了我！你要是不赔钱，我就报警。
　　　乙：少来这一套！像你这样碰瓷儿的人我见得多了。

少陪　shǎopéi

释义 Paraphrase

表示因为其他事情而不能继续陪同。

To indicate that the speaker cannot continue to accompany others because of other things.

用法提示 Usage

① 有道歉的语气。

There is a tone of apology.

② 用于驱逐不欢迎的客人时有不客气的语气。

There is an impolite tone when used to expel unwelcome guests.

实例 Examples

（1）有些事情我得去处理一下，少陪了。

（2）看来你今天不是来解决问题的，那就没必要再谈了，我还有事，少陪！

谁怕谁呀　shéi pà shéi ya

释义 Paraphrase

表示不怕对方的吓唬或者威胁。

To indicate not being afraid of the other party's bluff or threat.

用法提示 Usage

有不服气的语气。

There is an unconvinced tone.

实例 Examples

（1）甲：你敢跟我比吗？

乙：比就比！谁怕谁呀！

（2）甲：有本事你出来！

乙：出来就出来！谁怕谁呀！

谁让（/叫）……呢 shéi ràng (/jiào)…ne

释义 1 Paraphrase 1

指出自己这么做的原因。

To give the reasons why the speaker does so.

用法提示 Usage

① 替换部分是小句。

The replacement is a clause.

② 有无奈的语气。

There is a tone of having no choice but to do it.

实例 Examples

（1）你想用就拿去吧，谁让咱们是朋友呢？

（2）甲：把你的新自行车借给我骑一下。

乙：真拿你没办法！骑吧，谁让我是你哥哥呢？

释义 2 Paraphrase 2

强调造成错误的原因。

To emphasize the reasons of making such a mistake.

用法提示 Usage

① 替换部分是小句。

The replacement is a clause.

② 有埋怨的语气，有时"呢"可省略，语气加强。

There is a tone of complaint. Sometimes "呢" can be omitted and the tone is stronger.

实例 Examples

（1）甲：这次考试只有小明不及格，他正在那儿哭呢。
　　　乙：哭有什么用？谁让他不好好儿复习呢？
（2）甲：我相信了那个人，结果钱都被他骗走了。
　　　乙：该！谁让你不听我的！现在后悔了吧？

谁说不是呢　shéi shuō bú shì ne

释义 Paraphrase

表示非常赞同对方的话。

To mean to fully agree with what the other party said.

实例 Examples

（1）甲：他们家的房子真大，还带花园呢，真让人羡慕！
　　　乙：谁说不是呢？咱们什么时候能住上这样的房子！
（2）甲：咱们真不应该买这便宜货！
　　　乙：谁说不是呢？便宜没好货。

谁也别说谁　shéi yě bié shuō shéi

释义 Paraphrase

表示双方都不要指责对方，都应该检讨自己。

To mean that the two parties should not blame on each other but should make a self-criticism.

实例 Examples

（1）甲：事情发生的时候你也在场，你不是也什么都没说吗？怎么能只怪我一个人呢？

乙：好，好，我也有错儿，咱们谁也别说谁了，行吧？

（2）甲：都是小张不好，是他先开口骂我，我才打他的。

乙：你们俩谁也别说谁，都好好儿想想自己的问题吧。

谁知道　shéi zhīdào

释义 Paraphrase

反问句，表示事情发生的原因、过程、结果等没有人能说清楚或不关心。

A rhetorical question, which shows that no one can tell the reason, process, result of the event or no one cares about it.

用法提示 Usage

① 有时有不置可否的语气。

There is a tone of making no comment sometimes.

② 有时带有一股怨气。

It carries a sense of resentment sometimes.

实例 Examples

（1）甲：我看这次北京队一定打不过上海队。

乙：谁知道呢？足球是圆的。

（2）甲：你说今晚经理会不会让咱们加班？

乙：那谁知道！反正在咱们公司加班是常事。

（3）甲：他们真的是要离婚吗？

乙：谁知道！今天离婚明天又复婚的，闹了好几回了。

……什么 …shénme

释义 1 Paraphrase 1

意思是"别""不要"。
To mean "no" "don't".

用法提示 Usage

替换部分是动词。
The replacement is a verb.

实例 Examples

(1) 跑什么呀！时间还早着呢！
(2) 抢什么！排队的都能买到。

释义 2 Paraphrase 2

表示"一点儿也不"。
To mean "not at all".

用法提示 Usage

替换部分是形容词。
The replacement is an adjective.

实例 Examples

(1) 甲：听说那部电影挺好的。
　　乙：好什么！都是老一套，没一点儿新意。
(2) 甲：在你们这儿买房子挺便宜。
　　乙：便宜什么呀，比在我父母家的小区买房贵多了。

什么 A 不 A 的　shénme A bu A de

释义 Paraphrase

表示不必谈论或者考虑某个方面。

To mean that it's not necessary to talk about or think about some aspect.

用法提示 Usage

① A可以是动词、名词或者形容词。

A can be a verb, a noun or an adjective.

② 有不在意或者不耐烦的语气。

There is a tone of indifference or impatience.

实例 Examples

（1）甲：太谢谢你了！
　　　乙：什么谢不谢的，就是朋友之间帮个忙嘛。
（2）甲：这个鼻烟壶真好，你花多少钱买的？
　　　乙：什么钱不钱的，送给你的，你喜欢就行。
（3）甲：这个挺贵吧？
　　　乙：什么贵不贵的，需要就买呗。

什么 A 呀 B 的　shénme A ya B de

释义 1 Paraphrase 1

表示不必区分或者比较某些方面，或者表示不以为意。

To show that there is no need to distinguish or compare certain aspects, or to show not caring.

用法提示 Usage

① A和B是具有相对意义的词语，可以是形容词、动词或名词性短语。

A and B are adjectives, verbs or nominal phrases that are opposite to each other in meanings.

② 有时有不在意或者不耐烦的语气。

There is a tone of indifference or impatience sometimes.

实例 Examples

（1）甲：我怎么好意思用你的呢？

乙：什么你呀我的，咱们不是好哥们儿吗？我的就是你的。

（2）甲：这个小旅馆的房间比饭店的客房小多了。

乙：什么大呀小的，别挑剔了，有地方睡就不错了！

释义 2 Paraphrase 2

表示列举。

To mean to enumerate.

实例 Examples

（1）早餐的品种很丰富，什么包子呀饺子的，有十几种呢。

（2）甲：新开的那家超市生意不错啊！为什么那么火？

乙：什么优惠呀减价的，一般商家那些促销手段他们全使上了，能不火吗？

什么东西　shénme dōngxi

释义 Paraphrase

表示对某人或某事物的蔑视。

To show contempt for someone or something.

用法提示 Usage

① 指人的时候，有谩骂的语气。
There is a tone of curse when used for someone.
② 也说"什么玩意儿"。
It can also be "什么玩意儿".

实例 Examples

（1）他还是社会名人呢，干出这种龌龊的勾当，什么东西！
（2）这就是你做的家具呀？柜门都关不严，什么东西啊！

什么风把你吹来的　shénme fēng bǎ nǐ chuīlai de

释义 Paraphrase

对某人的到来表示惊奇。
To show surprise at someone's arrival.

用法提示 Usage

"的"也可以换成"了"。
"的" can also be "了".

实例 Examples

（1）甲：小张，没想到咱们在这儿见面吧？
　　乙：哎？什么风把你吹来的？
（2）毕业十多年了，也没见你参加过同学聚会，这次是什么风把你吹来了？

什么话　shénme huà

释义与用法提示 Paraphrase and Usage

参见"这是什么话"。
See also "这是什么话".

实例 Examples

（1）甲：我该付你多少钱哪？
　　　乙：什么话！我就是帮个忙，怎么能要你的钱？
（2）甲：他要不是我爸爸，我真想揍他。
　　　乙：什么话！你敢打你爸爸？

什么时候是个头儿　shénme shíhou shì ge tóur

释义 Paraphrase

意思是一种情况无休无止，没有尽头。
To mean that there is no end to a situation.

用法提示 Usage

有无奈或者绝望的语气。
There is a tone of helplessness or despair.

实例 Examples

（1）加班加班，整天加班，这种日子什么时候是个头儿啊！
（2）你爷爷走了这么多日子了，你还一天到晚愁眉苦脸的，什么时候是个头儿呢！

什么时候也 A shénme shíhou yě A

释义与用法提示 Paraphrase and Usage

参见"……也A"。
See also "……也A".

实例 Examples

（1）出门在外，什么时候也得备点儿常用药品。
（2）不管走多远，什么时候也别忘了家乡啊！

什么玩意儿 shénme wányìr

释义与用法提示 Paraphrase and Usage

参见"什么东西"。
See also "什么东西".

实例 Examples

（1）他整天教街上的孩子们骂人，什么玩意儿！
（2）不是说他是著名歌手吗？你听他唱的！什么玩意儿！

什么呀 shénme ya

释义 Paraphrase

否定对方的说法，表示事情不是对方所说的那样。

To negate the other party's saying, meaning that the matter is not like what the other party said.

实例 Examples

（1）甲：这是鸡肉吧？

乙：什么呀，这是兔子肉。

（2）甲：听说你妈妈要来学校看你。

乙：什么呀，是小李她妈要来。

什么意思　shénme yìsi

释义 Paraphrase

认为某人的言行很不应该。

To think that someone's words and deeds are highly inappropriate.

用法提示 Usage

有质问或不满的语气。

It carries a tone of questioning or dissatisfaction.

实例 Examples

（1）出了事，你把责任都推到我身上，你什么意思！

（2）他明知道我现在需要帮助，却连个电话都不打，什么意思！

神经病　shénjīngbìng

释义 Paraphrase

表示某人的言行不正常。

To show that someone's words and deeds are abnormal.

用法提示 Usage

有骂人的语气。

It carries a tone of curse.

实例 Examples

（1）甲：小姐，你好漂亮，交个朋友吧？
　　乙：神经病！
（2）甲：昨天那个人又来了，说他肯定能请来几位大明星，让咱们赞助他办晚会。
　　乙：神经病！别理他！

失礼　shīlǐ

释义 Paraphrase

客套话，为自己不礼貌的言行表示歉意。

A polite expression, which shows apology for the impolite words and deeds of the speaker.

实例 Examples

（1）我刚才一时生气，说了句粗话，失礼了。
（2）让您久等了，失礼，失礼。

失陪　shīpéi

释义 Paraphrase

客套话，为自己不能陪对方表示歉意。

A polite expression, which shows apology for not being able to accompany the other party.

实例 Examples

（1）甲：经理，您的电话。
　　乙：各位，失陪，我去接一下电话。
（2）我还有个会，要先走一步，失陪了，你们请慢用。

实话告诉你　shíhuà gàosu nǐ

释义 Paraphrase

直截了当地向对方挑明自己的态度。

To show the other party one's own attitude directly.

实例 Examples

（1）甲：你最近怎么不给我打电话了？
　　乙：实话告诉你，我对你已经没有兴趣了。
（2）甲：如果你再完不成任务，下个月就别来上班了。
　　乙：实话告诉你吧，我早就不想干了。

实在不行，……　shízài bù xíng, …

释义 Paraphrase

表示如果某种尝试或者努力无效的话，只能用别的办法。

To mean if an attempt or effort fails, it can only be done in other ways.

实例 Examples

（1）你先在微信上联系一下，实在不行，我陪你去找他，当面谈谈。
（2）我先替你向她道歉，实在不行，就得你自己解决了。

使眼色　shǐ yǎnsè

释义 Paraphrase

意思是用眼神暗示别人某种意思。

To mean to use the eye contact to imply a certain meaning to others.

实例 Examples

（1）刚才你一直在使眼色不让他说，别以为我没看见。
（2）你先跟爸爸说点儿别的，到时候我给你使眼色，你再说结婚的事。

事到如今，也只好…… shì dào rújīn, yě zhǐhǎo…

释义 Paraphrase

表示既然事情发展得很不如意，只能接受它或另做打算。

To mean that since things don't go on very smoothly, the speaker has to accept it or make some other plan.

用法提示 Usage

有无可奈何的语气。

It carries a tone of having no choice but to accept it.

实例 Examples

（1）甲：你不是说对你的工作不太满意吗？为什么不换个工作呢？
　　乙：虽说不满意，可现在工作这么不好找，换工作多难哪，事到如今，也只好继续干下去了。
（2）甲：听说你家孩子离本科线只差几分，他打算怎么办？
　　乙：有什么办法？事到如今，也只好等明年再试试了。

事儿多 shìr duō

释义 Paraphrase

认为某人净做多余的事情。

To think that someone always does something that is more than necessary.

用法提示 Usage

有不耐烦或埋怨的语气。

It carries a tone of impatience or complaint.

实例 Examples

（1）甲：老赵让咱们别马上决定，应该再开一次会研究研究。
　　　乙：别理他！他那个人，事儿多。就这么定了吧。
（2）甲：领导有错误，当然应该给他指出来。
　　　乙：就你事儿多，别人都不管，你出什么风头！

是 A 就 B　shì A jiù B

释义 Paraphrase

表示在一定范围内没有例外，相当于"只要是 A，就 B"。

To indicate that there is no exception within a certain range, which is equal to "只要是 A，就 B".

用法提示 Usage

① A 一般是名词或名词性结构。

A is usually a noun or a nominal structure.

② B 是动词、动词性短语或形容词。

B is a verb, a verbal phrase or an adjective.

实例 Examples

（1）他是个电影迷，不管什么内容，是电影就看。
（2）这说明书讲得多清楚啊，是人就看得懂。
（3）甲：宝宝，这个炒饭好吃吗？
　　　乙：嗯，是妈妈做的就好吃！

是……的不是 shì…de búshi

释义 Paraphrase

指出某人的过错。
To point out someone's fault.

用法提示 Usage

① 替换部分是人称代词或指人的名词。
The replacement is a personal pronoun or a noun referring to someone.
② 有时"不是"也可以说"不对"。
Sometimes "不是" can also be "不对".

实例 Examples

（1）甲：就因为你写错了一个字，害得我们跑了多少冤枉路！
乙：都是我的不是，我向大家道歉。
（2）甲：今天我一生气，打了孩子一巴掌，他到现在也不吃饭。
乙：这就是你的不是了，孩子有错儿，你也不应该说打就打啊！
（3）甲：昨天下班晚了，没来得及给老公做饭，他冲我发了一通脾气。
乙：这就是他的不对了，做家务是两个人的事情，他就不能自己做一顿饭吗？

是得好好儿…… shì děi hǎohāor…

释义 Paraphrase

表示确实应该认真或者正式地做某事。
To mean that something should be done seriously or formally indeed.

实例 Examples

（1）甲：这可不是件小事。
　　乙：嗯，是得好好儿计划计划。
（2）甲：咱们不能让他这样继续下去啊。
　　乙：对，是得好好儿找他谈一下。

是那块料吗　shì nà kuài liào ma

释义 Paraphrase

反问句，对某人要做某事表示看不起，认为不可能实现。

A rhetorical question, which means to look down upon someone for doing something, thinking it impossible.

用法提示 Usage

① 有时有不屑的语气。
Sometimes there is a disdainful tone.
② 有时也说"不是那块料"。
Sometimes it can also be "不是那块料".

实例 Examples

（1）甲：他说他要毛遂自荐，当学生会主席。
　　乙：他也不看看自己，是那块料吗？
（2）咱们儿子老说要当电影演员，你说，他是那块料吗？

是那么回事　shì nàme huí shì

释义与用法提示 Paraphrase and Usage

参见"是这么回事"释义3。
See also "是这么回事" paraphrase 3.

实例 Examples

（1）甲：过去升职要论资排辈，现在得凭真本事。
　　　乙：是那么回事。
（2）甲：一次考试得高分不一定就是学霸。
　　　乙：是那么回事。现在高分低能儿也不少。

是谁也 A　shì shéi yě A

释义 Paraphrase

参见"……也A"。
See also "……也A".

实例 Examples

（1）院长怎么了？是谁也不能不讲道理呀！
（2）这电影太感人了！是谁也得掉眼泪。

是时候了　shì shíhou le

释义 Paraphrase

表示做某事的时机成熟了。
To indicate that it's time to do something.

用法提示 Usage

"是"要重读。
"是" should be stressed.

实例 Examples

（1）甲：该让5号队员上场了。
　　　乙：对，是时候了。

(2) 甲：对方已经开始让步了，咱们是不是把合同签了？

乙：好，是时候了，这件事就交给你了。

是有点儿…… shì yǒudiǎnr…

释义 Paraphrase

对某人说的情况表示基本认同。

To show basic agreement with what someone said.

用法提示 Usage

① "是"要重读。

"是" should be stressed.

② 替换部分多为形容词。

The replacement is usually an adjective.

实例 Examples

(1) 甲：这么说不太好吧？

乙：啊，是有点儿过分。

(2) 甲：昨天跑了五公里，今天腿不舒服了吧？

乙：对，是有点儿酸疼。

是这话 shì zhè huà

释义 Paraphrase

表示肯定或者认同某种说法。

To mean to affirm or agree with a statement.

用法提示 Usage

"是"要重读。

"是" should be stressed.

实例 Examples

（1）甲：便宜的东西不一定不好。
　　乙：是这话，物美价廉的东西不少呢。
（2）甲：老想得到好处，其实最后失去的更多。
　　乙：是这话，老话怎么说的？"人人为我，我为人人"嘛。

是这么个理　shì zhème ge lǐ

释义 Paraphrase

表示认为对方说的有道理。
To think what the other party said is reasonable.

用法提示 Usage

"是"要重读。
"是" should be stressed.

实例 Examples

（1）甲：孩子三十岁了，得让他自己拿主意啊。
　　乙：是这么个理，可我是他妈妈呀。
（2）甲：年轻人没经验，但需要让他们有机会尝试，不能老这个不行那个不许的。
　　乙：是这么个理。

是这么回事　shì zhème huí shì

释义 1 Paraphrase 1

向人解释事情的缘由或经过。
To explain the reason or process of something to others.

实例 Examples

（1）甲：你儿子为什么被警察带走了？
　　乙：是这么回事，他们老板酒后驾车出了事故，让他顶包，警察就叫他配合调查。
（2）甲：你那个公司不错，你怎么辞职了？
　　乙：是这么回事，我们公司经济状况不好，办不下去了，我只好辞职了。

释义 2 Paraphrase 2

在别人解释后明白了事实真相。
To understand the fact after others explained.

用法提示 Usage

"这么"要重读。
"这么" should be stressed.

实例 Examples

（1）甲：你昨天去医院了？病了吗？
　　乙：我没病，是去看我的一位朋友。
　　甲：哦，是这么回事。
（2）甲：他岁数不大，你们为什么都叫他"大刘"？
　　乙：叫他"大刘"是因为他个子高，跟岁数大不大没关系。
　　甲：是这么回事。

释义 3 Paraphrase 3

表示非常赞同对方的意见、看法或主张，有时指某人所说的符合事实。
To fully agree with the other party's opinion or suggestion, which sometimes refers that what someone said is true.

用法提示 Usage

① "是"要重读。

"是" should be stressed.

② 也可以说"是那么回事"。

It can also be "是那么回事".

实例 Examples

（1）甲：学口语就应该多听多说。

乙：是这么回事，光看书可不行。

（2）甲：这里天气变化比较大，要适时增减衣服。

乙：是这么回事，早晚还是挺冷的，得多穿点儿。

属……的　shǔ…de

释义 Paraphrase

表示某人在性格上跟某种属相的动物特性类似。

To indicate that a person is similar in character to the animal characteristics of a species.

用法提示 Usage

① 替换部分是十二属相中的一个。

The replacement is one of the twelve zodiac signs.

② 有时也以十二属相以外的动物表示某某一特性。

Sometimes animals other than the twelve zodiac signs are used to represent certain characteristics.

③ 有开玩笑或者骂人的语气。

There is a tone of making fun or scolding.

④ 用于自己时有自嘲的语气。

There is a tone of self-mockery when used for the speaker.

实例 Examples

（1）他呀，属猪的！每天除了吃就是睡！
（2）我是属牛的，脾气倔，你别在意。
（3）你是属猫的啊？走路一点儿声音都没有！

恕不奉陪　shù bú fèngpéi

释义 Paraphrase

为自己不能陪对方表示歉意。有时也表示自己不愿意跟对方一起做某事。

To show apology for not being able to accompany the other party, which sometimes shows that the speaker doesn't want to do something together with the other party.

实例 Examples

（1）明天的参观让小李带你们去吧，我还有个会，恕不奉陪。
（2）让我跟你一起造假账？恕不奉陪！

耍我　shuǎ wǒ

释义 Paraphrase

认为某人是耍弄或者欺骗自己。
To think that someone is playing tricks or cheating the speaker.

用法提示 Usage

有不相信或者生气的语气。
There is a tone of disbelief or anger.

实例 Examples

（1）甲：这只老虎不厉害，你可以跟它一起照个相。
　　　乙：耍我？你怎么不跟它照呢！
（2）甲：你要是能投点儿资，肯定能赚钱。
　　　乙：你耍我呢？赔了怎么办？

耍小聪明　shuǎ xiǎocōngming

释义 Paraphrase

表示某人把聪明用在不应该的地方，会导致更不好的结果。

To indicate that it will lead to worse result if someone uses his/her intelligence where he/she should not.

实例 Examples

（1）他这个人爱耍小聪明，跟朋友出去，吃饭结账的时候上厕所，打车老说没零钱，结果谁都不爱理他。
（2）工作就要实实在在，领导在的时候加个班啊，抢着汇报什么的，耍这种小聪明，不如多出业绩的好。

顺便问一下　shùnbiàn wèn yíxià

释义 Paraphrase

趁做某事的方便，询问另一件事。

To inquire about another thing at the convenience of doing one thing.

实例 Examples

（1）甲：这是这门课的教材。
　　　乙：谢谢。顺便问一下，从哪天开始上课？
（2）甲：超市？离这儿不远，往前走，到红绿灯往左拐，路北边就是。
　　　乙：谢谢。顺便问一下，超市几点关门？

顺其自然吧 shùnqízìrán ba

释义 Paraphrase

表示应该让事情按照它的自然状态发展，不要刻意追求或改变什么。

To let the event develop as it is and not to seek for or change something on purpose.

用法提示 Usage

① 有听任的语气。

It carries a tone of leaving things free.

② 有时也说"听其自然吧"。

It can also be "听其自然吧" sometimes.

实例 Examples

（1）甲：你的孩子还是不喜欢学钢琴，是吗？

乙：是啊，我现在也不强求他了，爱怎么着怎么着，顺其自然吧。

（2）甲：你儿子和他女朋友已经相处快五年了，总该有个结果了吧？你怎么不关心关心呢？

乙：这是他们年轻人自己的事，我不好管，顺其自然吧。

说 A 就 A shuō A jiù A

释义 Paraphrase

表示马上按所说的去做，或某种事情很容易发生。

To mean to do something immediately as what is said or that something is easy to take place.

用法提示 Usage

A 多是动词或是动词性短语。

A is usually a verb or a verbal phrase.

实例 Examples

（1）甲：听说附近又新开了一家超市，什么时候咱们去看看？

乙：好哇，说去就去。

（2）这儿的天气变化很大，说下雨就下雨。

说 A 也 A shuō A yě A

释义 Paraphrase

表示如果从某个特殊角度看，确实存在某种情况。

To indicate that there is indeed a certain situation if viewed from a particular perspective.

用法提示 Usage

① A 多是形容词。

A is usually an adjective.

② 否定形式是"说 A 也不 A"。

The negative form is "说 A 也不 A".

实例 Examples

（1）这工作说简单也简单，但是需要特别耐心和仔细。

（2）甲：不就是馄饨嘛，怎么这么贵啊！

乙：这东西说贵也不贵，皮和馅儿都是特别加工制作出来的，可费事呢！

说白了　shuōbái le

释义 Paraphrase

表示用浅显的、通俗的方式说明。

To mean to explain in a simple and popular way.

实例 Examples

（1）学语言不能急于求成，说白了，就是你别想一口吃成胖子。
（2）这种收费不是行政收费，收费标准需要双方协商确定，说白了，就像买东西似的，两边觉得价钱合适，就成交。

说不好　shuōbuhǎo

释义 Paraphrase

表示不能准确地判断或解释。

To mean not to be able to judge or explain correctly.

实例 Examples

（1）甲：你说，我刚才骂了她几句，她会不会想不开呀？
　　乙：说不好，她是新来的，我们对她都不够了解。
（2）甲：在哪儿买电脑最便宜？
　　乙：我也说不好，你最好多去几个商店看看。
（3）甲：这两个词有什么区别啊？
　　乙：我也说不好，明天问问老师吧。

说不上 shuōbushàng

释义 Paraphrase

表示达不到某种程度或者不够某种资格。

To mean that it hasn't reached a certain degree or someone hasn't a certain qualification.

用法提示 Usage

① 有时也说"谈不上"。

It can also be "谈不上" sometimes.

② 用于自己时有谦虚的语气。

There is a modest tone when used for the speaker.

实例 Examples

（1）甲：你是他的同事，对他一定很了解吧？

乙：说不上，可是一起工作那么长时间了，还算是比较熟悉的。

（2）甲：听说你对中国历史很有研究。

乙：说不上有研究，只是看过不少这方面的书。

说出大天来 shuō chū dà tiān lai

释义 Paraphrase

表示无论对方说什么，也不会有其希望出现的结果。

To show that no matter what the other party says, there will not be the result that he/she expects.

实例 Examples

（1）甲：要是借不到钱，我的命都保不住了。
　　乙：你就是说出大天来，我也不会把钱借给你。
（2）你说出大天来，我也不信他能干出这样的事！

说穿了　shuōchuān le

释义 Paraphrase

表示一针见血地揭露真实的情况或根本的目的。
To mean to reveal the truth or the primary purpose to the point.

实例 Examples

（1）他口口声声说他是为全体员工谋福利，说穿了，他就是在收买人心。
（2）甲：我不是对爸爸挺孝顺的吗？
　　乙：别摆出一副孝子的嘴脸了！说穿了，你还不是为了爸爸那点儿家产吗？

说到底　shuō dàodǐ

释义 Paraphrase

指明真实的意义或情况。
To point out the true meaning or fact.

实例 Examples

（1）你这么做，说是为孩子好，说到底就是要控制他。
（2）绕了半天，说到底，其实你是想劝我放弃对吧？
（3）说到底我就是个助理，做不了什么决定。

说到哪儿去了　shuōdào nǎr qu le

释义与用法提示 Paraphrase and Usage

参见"这话说到哪儿去了"。
See also "这话说到哪儿去了".

实例 Examples

（1）甲：我是不是做错了什么，他才对我这么冷淡的？
乙：说到哪儿去了，他这人就这样，我就没见他对谁笑过。
（2）甲：对不起啊，给你添了这么多麻烦。
乙：说到哪儿去了，欢迎你常来坐坐啊。

说到……心里了　shuōdào…xīnli le

释义 Paraphrase

表示说的话正是某人想的或者是希望听到的。
To mean that the saying is just what someone is thinking or wants to hear.

用法提示 Usage

替换部分一般是人称代词或者指人的名词。
The replacement is usually a personal pronoun or a noun referring to someone.

实例 Examples

（1）甲：要是领导能带咱们去海边玩儿玩儿就好了。
乙：这话说到我心里了！忙了大半年了，也该歇歇了。
（2）甲：我向各位保证：这条路年底一定按时通车！
乙：您算是说到大家心里了！我们早就盼着这一天呢！

说得比唱得好听　shuō de bǐ chàng de hǎotīng

释义 Paraphrase

表示某人特别善于通过语言博取别人好感或说服别人，或做事只是浮于表面，实际能力不够。

To mean that someone is very good at winning others' favor or persuading others through language, or doing things just on the surface, whose actual ability is not enough.

实例 Examples

（1）甲：他说他可以给公司赚大钱。
　　　乙：别相信他，说得比唱得好听。
（2）甲：我要是能有这么一大笔钱，我就开个公司。
　　　乙：你呀，说得比唱得都好听，就没见你真正做成过一件事。

说得出口　shuō de chū kǒu

释义 Paraphrase

表示向别人表达出来。
To mean to express to others.

用法提示 Usage

① 多用否定形式"说不出口"。
The negative form "说不出口" is often used.
② 常用反问形式。
The rhetorical form is often used.

实例 Examples

（1）这么肉麻的话我可说不出口。
（2）这种求人的话让我怎么说得出口？
（3）这种话你也说得出口？

说得过去　shuō de guòqù

释义 Paraphrase

表示能达到一定的标准或符合某种公认的要求，能让人接受。

To mean that it can reach a certain standard or meet a certain accepted requirement, which can be accepted.

用法提示 Usage

① 有时用否定形式"说不过去"。
Sometimes the negative form "说不过去" is used.
② 常用反问形式。
The rhetorical form is often used.

实例 Examples

（1）甲：这次我设计的服装样式不错吧？
　　　乙：嗯，说得过去。
（2）他是你的朋友，请你参加婚礼，你要是不去，好像有点儿说不过去啊？
（3）妈妈病了这么多天，你都不回去看看，说得过去吗？

说得好听　shuō de hǎotīng

释义 Paraphrase

表示某人只在口头上做某些承诺，实际上没有真正做到。

To mean that someone just makes some oral promises and hasn't realized them in fact.

用法提示 Usage

有不满或指责的语气。
It carries a tone of dissatisfaction or blame.

实例 Examples

（1）甲：经理说，谁干得好，就给谁加工钱。

乙：说得好听！这话我们听了一百次了，从来没见他给谁加过工钱！

（2）甲：以后我要是再不听你的话，我就把家务活儿全包了。

乙：你说得好听！十年前你就这么说过！

说得简单　shuō de jiǎndān

释义与用法提示 Paraphrase and Usage

参见"说得容易"。

See also "说得容易".

实例 Examples

（1）甲：你就不能学学人家的孩子，把《唐诗三百首》都背下来吗？

乙：说得简单！里面很多汉字我都不认识。

（2）甲：这些都是脑筋急转弯的题，没什么难的。

乙：说得简单！您做给我看看。

说得来　shuōdelái

释义 Paraphrase

表示与某人的兴趣或思想相近，能互相交流，容易说到一块儿。

To mean to be able to communicate with someone well because they have similar interests or thoughts.

用法提示 Usage

① 有时用否定形式"说不来"。

Sometimes the negative form "说不来" is used.

② 有时也说"谈得来"。
Sometimes it can also be "谈得来".

实例 Examples

（1）我们家人都挺严肃，我就跟小姨说得来，常在一块儿开玩笑。
（2）他们说的都是生意上的事情，我又不懂，跟他们说不来。

说得轻巧　shuō de qīngqiǎo

释义与用法提示 Paraphrase and Usage

参见"说得容易"。
See also "说得容易".

实例 Examples

（1）甲：你把这本书的内容全记下来，参加大赛肯定没问题。
　　乙：说得轻巧！上百万字怎么能一下子记住？
（2）甲：现在电视里常常有如何做菜的节目，你照着做不就行了？
　　乙：你说得轻巧！你做一个试试。

说得容易　shuō de róngyì

释义 Paraphrase

表示某事不像所说的那么简单。
To indicate that something is not as simple as what is said.

用法提示 Usage

"容易"有时候也可以换成"简单""轻巧"等近义词。
"容易" can be near-synonyms such as "简单""轻巧" sometimes.

实例 Examples

（1）甲：考试不就是考这几本书吗？你把它们都背下来不就行了？

乙：说得容易！你背背试试！

（2）甲：戒烟有什么难的？坚持一下不就成了？

乙：你说得容易！你知道想抽烟又不能抽是什么滋味吗？

说得上话　shuō de shàng huà

释义 Paraphrase

表示有机会与某人进行有效的交流。

To mean to have the chance to communicate effectively with someone.

用法提示 Usage

有时用否定形式"说不上话"。

Sometimes the negative form "说不上话" is used.

实例 Examples

（1）要是有人跟校长说得上话，推荐一下小李就好了。

（2）他们聊得挺热闹，我坐在一边说不上话。

说得是　shuōdeshì

释义 Paraphrase

表示同意对方所说的。

To mean to agree with what the other party said.

实例 Examples

（1）甲：要是再多一个房间该多好啊！

乙：说得是，那样咱们就能把父母接来一起住了。

（2）甲：其实咱们这些老人，对孩子们也没什么要求，不就是想让他们多陪陪咱们吗？
乙：说得是啊，可就这么点儿心愿也很难实现啊。

说定了　shuōdìng le

释义 Paraphrase

表示确定某一事情，不再改变。
To indicate that the thing has been settled and will not change.

实例 Examples

（1）甲：这次的合作就照咱们商量好的办吧。
乙：好，说定了，我们出钱，你们出师资，共同搞好这次培训。
（2）甲：明天晚上我有空儿，可以和您见面。
乙：那咱们说定了，明天晚上七点，北京饭店见。

说好了　shuōhǎo le

释义 Paraphrase

表示经过协商，双方同意按所商量的去做。
To indicate that the two parties agree to do as what is discussed through negotiation.

实例 Examples

（1）甲：别争了，这次我请客吧。你要是觉得过意不去，下次你再请我不就行了？
乙：那咱们说好了，下星期五晚上，咱们还在这儿，你把全家都带来。

（2）甲：我同意按三七分成，我三你七。
乙：说好了，可别反悔。

说话带刺儿　shuō huà dài cìr

释义 Paraphrase

说话有讽刺的意思。
To indicate that there is a sarcastic meaning in the words.

实例 Examples

（1）这人怎么这样？我又没得罪他，怎么说话老带刺儿啊？
（2）姐姐不怎么喜欢他，一见他就说话带刺儿。
（3）说话别带刺儿啊！说清楚，谁让你背黑锅了？

说话算话　shuō huà suànhuà

释义 Paraphrase

表示承诺的事情就一定要兑现。
To indicate that the promised things must be realized.

用法提示 Usage

① 否定形式是"说话不算话"。
The negative form is "说话不算话".
② 也可以说"说话算数"。
It can also be "说话算数".

实例 Examples

（1）我说话算话，说月底交货，就一定按时交货。
（2）你们说话不算话，说今天给我们送货，怎么到现在还不来？

说话算数 shuō huà suàn shù

释义 Paraphrase

参见"说话算话"。
See also "说话算话".

用法提示 Usage

否定形式是"说话不算数"。
The negative form is "说话不算数".

实例 Examples

（1）您说我考一百分您就给我买个新手机，说话可得算数。
（2）我们说话从来都是算数的，假一赔十，绝不食言。
（3）他总是说按市场最低价卖给我，可是一次都没有，说话不算数。

说（句）不好听的 shuō (jù) bù hǎotīng de

释义 Paraphrase

插入语，表示提醒对方，自己所要说的是不客气的话或不好的比喻。

A parenthesis, which means to remind the other party that what the speaker is going to say is impolite or a bad metaphor.

实例 Examples

（1）这个孩子张口就骂人，一点儿家教都没有，说（句）不好听的，都是你们大人惯的！
（2）你这儿可真脏！说（句）不好听的，跟垃圾站似的。

说句公道话　shuō jù gōngdao huà

释义 Paraphrase

表示自己说出的话不带有个人感情，是从公平的角度出发的。
To mean what the speaker said is impersonal and fair.

实例 Examples

（1）今天的裁判罚了咱们队很多次，不过说句公道话，他罚得都有道理。
（2）虽说他是咱们的老朋友，可是说句公道话，这件事他办得实在不怎么样。

说（句）老实话　shuō (jù) lǎoshi huà

释义 Paraphrase

插入语，一般用在不好意思说或本来不想说的话之前。
A parenthesis, which is usually used before some words that the speaker is embarrassed or unwilling to say.

用法提示 Usage

① 常用于信任的、比较亲近的人。
It's often used for people the speaker trusts and who is close to the speaker.
② 也说"说（句）良心话""说（句）实话""说（句）实在的""说（句）心里话""说真的"。
It can also be "说（句）良心话" "说（句）实话" "说（句）实在的" "说（句）心里话" "说真的".

实例 Examples

（1）说（句）老实话，我挺讨厌那个主任的，说话老是不阴不阳的。
（2）这工作这么辛苦，说老实话，我真不想干了。

说（句）良心话　shuō (jù) liángxīn huà

释义与用法提示 Paraphrase and Usage

参见"说（句）老实话"。
See also "说（句）老实话".

实例 Examples

（1）说（句）良心话，小王对你挺不错的，你们是不是有什么误会？
（2）说良心话，这件事要是换了我，我也得骂他！

说（句）实话　shuō (jù) shíhuà

释义与用法提示 Paraphrase and Usage

参见"说（句）老实话"。
See also "说（句）老实话".

实例 Examples

（1）说（句）实话，你这身衣服太难看了！
（2）说实话，我就是那个被你偷过手机的人。

说（句）实在的　shuō (jù) shízài de

释义与用法提示 Paraphrase and Usage

参见"说（句）老实话"。
See also "说（句）老实话".

实例 Examples

（1）说句实在的，我真想狠狠揍他一顿，这小子老想占别人的便宜。
（2）说实在的，我真的觉得在这所大学学习挺没劲的。

说（句）心里话　shuō (jù) xīnli huà

释义与用法提示 Paraphrase and Usage

参见"说（句）老实话"。
See also "说（句）老实话".

实例 Examples

（1）说心里话，我真想离开家，到外地工作。
（2）说句心里话，我还没准备好跟她结婚呢。

说来惭愧　shuōlái cánkuì

释义 Paraphrase

表示因为做得不够好而不好意思说。
To mean to feel embarrassed to say because of not doing something well.

实例 Examples

（1）我来中国一个多月了，不过说来惭愧，到现在和中国人还说不了几句话。
（2）甲：昨天你们的比赛结果怎么样？
　　乙：说来惭愧，输得太惨了。

说来话长 shuōlái huà cháng

释义 Paraphrase

表示事情不是短短几句话能说清楚的。

To show that the things cannot be explained clearly in a few short sentences.

实例 Examples

（1）甲：北京的很多地名为什么有"海"字？
    乙：说来话长，这要从北京以前的地理谈起。
（2）他们之间的关系说来话长，那还得从他们刚入学的时候说起。

说来也巧 shuōlái yě qiǎo

释义 Paraphrase

表示恰好遇到某种情况。

To mean to meet some case coincidently.

实例 Examples

（1）周末我去超市买菜，说来也巧，正赶上促销，省了不少钱。
（2）我两年没回老家了，说来也巧，公司要派我去那儿开会，正好回家看看。

说了不算 shuōle bú suàn

释义 1 Paraphrase 1

表示已经应允的事情却矢口否认，不去落实。

To indicate what has been promised is denied and not implemented.

实例 Examples

（1）你答应给人家怎么又反悔？做人不能不讲信用，说了不算。
（2）他总是说戒烟戒烟，可是说了不算，没人再相信他。

释义 2 Paraphrase 2

参见"说了算"。
See also "说了算".

实例 Examples

（1）这么重要的决定我说了不算，得办公会讨论决定。
（2）甲：我不是已经答应给你解决困难了吗？
　　乙：你说了不算，得你们领导点头才行。

说了算　shuōle suàn

释义 Paraphrase

表示可以做主，掌握决定权。
To mean that the speaker has the right to make a decision.

用法提示 Usage

否定形式是"说了不算"。
The negative form is "说了不算".

实例 Examples

（1）甲：你们家谁说了算？
　　乙：小事我不管，大事还是我说了算。
（2）甲：这么点儿小事你就帮个忙吧。
　　乙：你找老张吧，我说了不算。

说你 A，你就 B shuō nǐ A, nǐ jiù B

释义 Paraphrase

表示提起某种情况，那种情况就相应发生，甚至更厉害。

To mean that the situation happens correspondingly when mentioning some situation, even worse.

用法提示 Usage

① "你"可以换成其他人称代词。

"你" can be other personal pronouns.

② A 与 B 大多为形容词或动词性短语。

A and B are usually adjectives or verbal phrases.

③ 有嘲笑或者讥讽的语气。

There is a tone of mockery or sarcasm.

实例 Examples

（1）哎呀！说你委屈，你就哭上了。

（2）你看！说他不懂规则他就当场现眼了，简直是乱判一气。

（3）甲：你要是让我上场，也许我还真能踢进两个球呢。

乙：说你胖，你就喘上了，你以为对方的球门是那么好攻破的？

说你呢 shuō nǐ ne

释义 Paraphrase

表示提醒某人做某事或者做法不当。

To remind someone to do something or point out that he/she did something wrong.

用法提示 Usage

有命令或者呵斥的语气。

It carries a tone of command or reprimand.

实例 Examples

（1）那个骑车的，过来一下，对，说你呢！

（2）那位先生，这儿不许拍照！哎，说你呢！怎么还拍啊？

说起……一套一套的　shuōqi…yí tào yí tào de

释义 Paraphrase

表示某人说到自己所熟悉的或自认为有理的话题时，滔滔不绝。

To show that someone cannot stop talking when he/she talks about his/her own familiar topics or the topics that he/she thinks reasonable.

实例 Examples

（1）我女儿的学习成绩不怎么样，可说起明星、时装、化妆品什么的一套一套的。

（2）现在当父母可真难，稍微做点儿错事孩子就批评你，说起道理来还一套一套的。

说……什么好　shuō…shénme hǎo

释义与用法提示 Paraphrase and Usage

参见"让我说……什么好"。

See also "让我说……什么好".

实例 Examples

（1）甲：借钱的事情我还没跟我姐姐说呢，总觉得张不开口。
　　乙：办这么点儿小事都这么费劲，说你什么好！
（2）二十多岁的大姑娘了，还那么不稳重，整天疯疯癫癫的，说你什么好哇！

说什么也 A　shuō shénme yě A

释义与用法提示 Paraphrase and Usage

参见"……也A"。
See also "……也A".

实例 Examples

（1）这次来中国虽然时间很紧，但说什么也应该去看看老师。
（2）甲：我看你要的菜太多了吧？
　　乙：这都是这个饭馆儿的特色菜，说什么也别错过。

说是 A，其实 B　shuō shì A, qíshí B

释义 Paraphrase

表示表面上宣称的和人们据此所想的情况不相符合。
To show that what is claimed superficially doesn't conform to what is expected.

实例 Examples

（1）甲：你不是说他学过三年汉语吗？怎么这么简单的句子都看不懂呢？
　　乙：咳！说是学过三年，其实每周只上一节课，能学多少哇？

（2）甲：这里的菜真的是四川菜吗？

乙：说是四川菜，其实不是正宗的，味道差了好多。

说是这么说，…… shuō shì zhème shuō, …

释义与用法提示 Paraphrase and Usage

参见"话是这么说，……"。
See also "话是这么说，……".

实例 Examples

（1）甲：咱们跟他非亲非故的，为什么要这样帮他？

乙：说是这么说，可是眼看着人有难处，总不能见死不救吧？

（2）甲：你现在又没别的事，多等我几分钟怕什么呢？

乙：说是这么说，但是你不能每回都迟到啊！

说这话可就见外了 shuō zhè huà kě jiù jiànwài le

释义 Paraphrase

表示某人说话过于客气，把说话人当成了外人。
To mean that someone is too polite and treats the speaker as an outsider.

用法提示 Usage

多用于对别人道歉或感谢语的应答。
It's often used to make responses to others' apology or gratitude.

实例 Examples

（1）甲：我得好好儿请你吃顿饭，谢谢你帮了我的大忙。

乙：说这话可就见外了，咱们是老同学，不用这么客气。

（2）甲：小高说上回的事是他不好，不好意思见你，让我替他向你道歉呢。

乙：咳，说这话可就见外了，都是同事，有点儿小矛盾不是很正常吗？

说真的 shuō zhēnde

释义与用法提示 Paraphrase and Usage

参见"说（句）老实话"。
See also "说（句）老实话".

实例 Examples

（1）我妻子最近老闹着要整容，说真的，我可真有点儿烦她。

（2）我倒是报名学车了，学费也交了，可说真的，我都这么大岁数了，能不能学会，学会了敢不敢开，我心里真没底儿。

死了这条心吧 sǐle zhè tiáo xīn ba

释义 Paraphrase

告诉某人，某事不可能实现，不要再抱有希望。
To tell someone that something cannot be realized and there is no hope.

用法提示 Usage

"条"也可以换成"份"。
"条" can also be "份".

实例 Examples

（1）甲：我今年还报考这个大学，我就不信我考不上！

乙：死了这条心吧，你都考了三次了。还是实际点儿吧。

（2）甲：她的男朋友已经跟她分手了，可是她还盼着有一天他能回心转意。

乙：让她死了这份心吧，人家都快结婚了！

……死（我）了 ...sǐ (wǒ) le

释义 Paraphrase

表示程度达到极点。

To mean that the degree is to the extreme.

用法提示 Usage

① 替换部分为形容词或者心理活动动词。

The replacement is an adjective or a verb of mental activity.

② "我"也可以换成其他人称代词或指人的名词。

"我" can also be other personal pronouns or nouns referring to someone.

实例 Examples

（1）我说的话他一句也不听，气死了！

（2）你在家为什么不开灯啊？吓死我了！

（3）这个笑话真逗，乐死大家了。

（4）今天爬山爬了三个钟头，小家伙大部分时间都让爸爸抱着，可累死爸爸了。

算 A…… suàn A…

释义 Paraphrase

对某人所做的事情或所遇到的机会发出的感慨，确认某种事实。

To exclaim for what someone has done or an opportunity someone has been given, or to confirm a fact.

用法提示 Usage

① A多是人称代词。

A is usually a personal pronoun.

② 替换部分多为形容词或动词性短语。

The replacement is usually an adjective or a verbal phrase.

③ 用于他人时有蔑视、嫉妒或者愤愤不平的语气。

It carries a tone of contempt, jealousy, or indignation when used for others.

④ 用于自己时有无奈、遗憾的语气。

It carries a tone of helplessness or regret when used for oneself.

实例 Examples

（1）一块儿赚的钱你一个人都拿走了？算你狠！

（2）甲：这是个新人，不懂规矩，你别跟他计较。

乙：算他运气好，今天要是上司来，就没有我这么好说话了。

（3）甲：你买的股票今天全面下跌了。

乙：算我倒霉，我昨天下午太忙了，忘了卖出了。

算……白说　suàn…bái shuō

释义 Paraphrase

表示在对方不接受意见或建议时收回自己的话。

To mean to withdraw one's own words when the other party doesn't accept the opinions or suggestions.

用法提示 Usage

① 替换部分多为人称代词。

The replacement is usually a personal pronoun.

② 有时有言不由衷的语气。

There is a tone of talking insincerely sometimes.

实例 Examples

（1）既然你不同意，就按你的办法做吧，算我白说。
（2）经理让我劝劝你，他说如果他说得不对，算他白说。

算……的 suàn…de

释义 Paraphrase

表示责任由某人承担。
To mean that the responsibility will be taken by someone.

用法提示 Usage

替换部分大多是人称代词或指人的名词。
The replacement is usually a personal pronoun or a noun referring to someone.

实例 Examples

（1）这是一笔赚钱的买卖，你们就大胆地干吧，赔了钱算我的。
（2）你们不请示上司就私自答应对方的条件,要是出了事,算谁的？

算得了什么 suàndeliǎo shénme

释义 Paraphrase

反问句，表示不惧怕某种情况，有时也指没有达到某一程度或水平。
A rhetorical question, meaning not to be afraid of a situation, and sometimes indicating it hasn't reached a certain degree or level.

用法提示 Usage

① 有蔑视的语气。
It carries a tone of contempt.

② 用于说自己，有谦虚的语气。
It carries a tone of modesty when used to talk about oneself.
③ 有时用否定形式"算不了什么"。
Sometimes the negative form "算不了什么" is used.

实例 Examples

（1）甲：你身体不舒服，快点儿回家休息吧。
　　　乙：没事，这点儿小病算得了什么！
（2）甲：你在工作上非常出色，我们都要好好儿向你学习呀。
　　　乙：哪里哪里，这点儿成绩算得了什么呀！
（3）甲：这件事就拜托你了，给你添麻烦了。
　　　乙：算不了什么，我跟他见面说一声就行了！

算得上　suàndeshàng

释义 Paraphrase

表示达到某一程度或水平。
To mean that it has reached a certain degree or level.

用法提示 Usage

① 用于说自己时有谦虚的语气。
It carries a tone of modesty when used to talk about oneself.
② 有时用否定形式"算不上"。
Sometimes the negative form "算不上" is used.

实例 Examples

（1）在我们班里，他算得上是学霸了。
（2）我就写了这么几篇文章，算不上作家。

算老几　suàn lǎojǐ

释义 Paraphrase

表示某人没有资格表达意见或者做某事。

To indicate that someone is not qualified to express opinions or to do something.

用法提示 Usage

① 有轻蔑和侮辱的语气。

There is a contemptuous and insulting tone.

② 用于自己时有自嘲或抱怨的语气。

There is a tone of self-deprecation or complaint when used for oneself.

实例 Examples

（1）这是中层管理会，你算老几？在这儿说东道西的！

（2）他算老几啊？也来指手画脚。

（3）我说了也没用，我算老几？

算了　suànle

释义 Paraphrase

认为没必要这样做，应该放弃或不再追究。

To think that it's not necessary to do so and one should give up or stop pursing it.

用法提示 Usage

① 多用于劝告和安慰。

It's often used to persuade and comfort.

② 有时有无奈和听任的语气。

Sometimes it carries a tone of having no choice and letting the things drift.

③ 有时也说"罢了"。
  Sometimes it can also be "罢了".

实例 Examples

（1）甲：哎呀，对不起，我把你的花瓶摔坏了，给你买个新的吧。
    乙：算了，"旧的不去，新的不来"。
（2）甲：这面包已经快过保质期了，我得回超市换换。
    乙：算了，几块钱的事，再跑一趟多不值得。
（3）甲：儿子又跟他媳妇吵架了，咱们是不是去劝劝？
    乙：唉，算了，劝也没有用。

算了吧 suànle ba

释义 Paraphrase

对某人的说法或能力表示怀疑。
To show doubt for someone's saying or capability.

用法提示 Usage

① 有时主语可以用在"算了吧"后面。
  Sometimes the subject can be used after "算了吧".
② 有不相信的语气。
  There is a tone of disbelief.

实例 Examples

（1）甲：老板说今年夏天出钱让咱们度假去。
    乙：算了吧，我才不信呢，他什么时候这么大方过！
（2）甲：老婆，今天是你的生日，你休息，我来做饭。
    乙：你？算了吧！你做饭还好吃得了？
（3）甲：你们要是让我去比赛，保管拿个第一回来。
    乙：算了吧你！我还不知道你的水平？

算你说着了　suàn nǐ shuōzháo le

释义与用法提示 Paraphrase and Usage

参见"让你说着了"。

See also "让你说着了".

实例 Examples

（1）甲：你这件衣服不是在国内买的吧？
乙：算你说着了，是我在意大利买的。

（2）甲：最近小马给你又送花又买化妆品的，是不是正追求你呢？
乙：算你说着了。

……算什么　…suàn shénme

释义 Paraphrase

表示相比之下不重要。

To indicate that it's not important comparatively.

用法提示 Usage

① 替换部分是动词性短语。

The replacement is a verbal phrase.

② 有无所谓的语气。

It carries a tone of indifference.

实例 Examples

（1）为了将来能过上好日子，现在吃点儿苦算什么。

（2）只要能让儿子上一所好学校，我多跑点儿路算什么。

算什么…… suàn shénme…

释义 Paraphrase

认为够不上某一标准或称号，或言行不恰当，导致无法解释或与承诺不符。

To think that it cannot meet a certain standard or title, or the words and deeds are not suitable, making it hard to explain or not matching the promise.

用法提示 Usage

① 替换部分是名词。

The replacement is a noun.

② 有时有轻视的语气。

There is a tone of contempt sometimes.

③ 有时也可以说成"算什么呀""算怎么回事"。

It can also be "算什么呀""算怎么回事" sometimes.

实例 Examples

（1）甲：你今天晚上就睡在客房里吧。

乙：这算什么客房啊，简直就是一个仓库！

（2）大家都叫我书法家，其实我算什么书法家呀？随便写写。

（3）为了这维修我打了多少次客服电话！跑了多少趟！结果现在还不给修。你们算什么"顾客至上"啊！

算什么呀 suàn shénme ya

释义与用法提示 Paraphrase and Usage

参见"算什么……"。

See also "算什么……".

实例 Examples

（1）甲：幸亏你把我爸爸及时送到医院，才没发生意外。这点儿钱不成敬意，请你收下。
乙：谁碰上这种事都会帮一把。你给钱算什么呀？
（2）甲：你和他们俩不是同学吗？去西藏旅行怎么不一块儿走呢？
乙：他们俩是一对儿恋人，我跟着算什么呀？

算是吧　suàn shì ba

释义 Paraphrase

表示可以这样认为。
To indicate that one can think of it like this.

用法提示 Usage

稍有勉强的语气。
It carries a little reluctant tone.

实例 Examples

（1）甲：你也当了代表？
乙：算是吧，我也不太懂，学着做呗。
（2）甲：听你的口音是北方人？
乙：算是吧，我在北方住了三十多年了。

算是说着了　suànshì shuōzháo le

释义与用法提示 Paraphrase and Usage

参见"让你说着了"。
See also "让你说着了".

实例 Examples

（1）甲：你好像很喜欢吃甜的。
　　乙：你算是说着了，蛋糕啊，巧克力啊，我吃起来没够。
（2）甲：那个老师看起来笑眯眯的，其实可厉害了。
　　乙：你算是说着了，他批评人的时候能把人批评哭了。

算……一个　suàn…yí ge

释义 Paraphrase

表示应该接纳某人加入某一团体或参加某一活动。
To show that someone should be taken into a certain group or involved in a certain activity.

用法提示 Usage

替换部分是人称代词或指人的名词。
The replacement is a personal pronoun or a noun referring to someone.

实例 Examples

（1）甲：我们想成立一个乐队。
　　乙：太好了，算我一个吧。
（2）甲：听说老张篮球打得不错。
　　乙：好！下次比赛也算老张一个。

算怎么回事　suàn zěnme huí shì

释义与用法提示 Paraphrase and Usage

参见"算什么……"。
See also "算什么……".

实例 Examples

（1）你们的招生广告上说，要请名牌大学的资深教授来讲课。现在给我们讲课的都是些大学的研究生，这算怎么回事啊！

（2）你们这个旅行团，把好多旅行项目取消了，整天带我们逛商店，算怎么回事？

随便 suí biàn

释义 Paraphrase

表示完全听凭某人的决定或处置。

To show that the speaker would like to be at someone's disposal or follow someone's decisions.

用法提示 Usage

① 有听任和不在乎的语气。

It carries a tone of letting things drift and indifference.

② 有时也可以说"随……（的）便"。

It can also be "随……（的）便" sometimes.

实例 Examples

（1）甲：你看，咱们点什么菜？
乙：随便，我吃什么都行。

（2）甲：我很累，不想跟你们去逛街了。
乙：随你便，反正我们得去。

（3）甲：他说他对理科没有兴趣，想考文科。
乙：那就随他的便吧。

随他（去）吧 suí tā (qù) ba

释义 Paraphrase

表示对某人的决定、行为或某事无法改变，只好听之任之。

To mean that someone's decision, behavior or something cannot be changed and the speaker has to let it go.

用法提示 Usage

① "他"也可以换成其他人称代词或指人的名词。

"他" can also be other personal pronouns or nouns referring to someone.

② 有无奈的语气。

It carries a tone of having no choice but to accept it.

实例 Examples

（1）甲：咱们儿子一门心思要去外地工作，你也不管管？
　　乙：儿子大了，我也管不了了，随他（去）吧。
（2）甲：新的人事改革规定对我们这一代人是不公平的，咱们应该再向上级反映反映。
　　乙：随它吧！这样的事，哪儿有咱们说话的份儿！

随意 suíyì

释义 Paraphrase

表示请对方不必拘束或勉强，可以按照自己的喜好、意愿用餐或饮酒等。

To mean to tell the other party not to feel rigid or reluctant and can dine or drink according to one's own hobbies or will.

用法提示 Usage

有非常尊敬的语气，一般用于正式场合。

It carries a tone of great respect, which is usually used in formal occasions.

实例 Examples

（1）来，请入席吧，大家随意啊。

（2）甲：来，跟我们的年轻同事干一杯。

　　　乙：我干可以，您岁数大了，随意吧。

T

太……了点儿 tài…le diǎnr

释义 Paraphrase

表示某种情况太过分。
To mean that some situation is too much.

用法提示 Usage

替换部分多为形容词。
The replacement is usually an adjective.

实例 Examples

（1）就两个人报名？太少了点儿。
（2）吹了半天就捐了十块钱？这太小气了点儿吧！

谈不上 tánbushàng

释义与用法提示 Paraphrase and Usage

参见"说不上"。
See also "说不上".

实例 Examples

（1）甲：听说昨天你们吵起来了？
　　乙：我们只是争论了几句，谈不上吵架。
（2）我就是一个普通的教师，谈不上什么专家。

谈得来　tándelái

释义与用法提示 Paraphrase and Usage

参见"说得来"。
See also "说得来".

实例 Examples

（1）我们虽然年龄相差很大，可是都对书画感兴趣，很谈得来。
（2）老王这个人很固执，我跟他可谈不来。

讨厌　tǎo yàn

释义 Paraphrase

表示某事物或某人让人厌烦。
To mean that something or someone is disgusting.

用法提示 Usage

① 女性使用时，有时用于关系亲密的人，带有娇嗔的语气。
It carries a coquettish tone when used by the female among the intimate people.
② 有时有咒骂的语气。
It carries a tone of curse sometimes.

实例 Examples

（1）甲：咱们在一起那么长时间了，你到底喜欢不喜欢我呀？
　　　乙：讨厌！老问这个问题，傻不傻呀？
（2）甲：隔壁又在听摇滚乐了。
　　　乙：讨厌！老放那么大的声音，也不管别人！

替……扛着 tì…kángzhe

释义 Paraphrase

表示为他人承担责任。
To mean to take responsibility instead of others.

用法提示 Usage

替换部分为人称代词或指人的名词。
The replacement is a personal pronoun or a noun referring to someone.

实例 Examples

（1）这事要不是老张替大家扛着，咱们都得被老板扣奖金。
（2）你凭什么替老板扛着？明明是他的错儿。

天哪 tiān na

释义与用法提示 Paraphrase and Usage

参见"我的A"。
See also "我的A".

实例 Examples

（1）天哪！怎么倒霉的事情都让我赶上了！
（2）这房子是送给我的？天哪！我不是在做梦吧？

天知道 tiān zhīdào

释义 Paraphrase

表示一般人不可能知道。
To indicate that it's impossible for ordinary people to know.

用法提示 Usage

① 有不满的语气。

It carries a tone of dissatisfaction.

② 也可以说"鬼知道"。

It can also be "鬼知道".

实例 Examples

（1）甲：小丽的男朋友都有十几个了，她到底喜欢哪个呀？

乙：天知道！

（2）甲：飞机都延误一个多小时了，什么时候才能起飞？

乙：天知道！你就耐心等着吧。

听 A 这么一说，…… tīng A zhème yì shuō, …

释义 Paraphrase

根据某人的话作出推论或者判断。

To make inferences or judgments according to someone's words.

用法提示 Usage

A是人称代词或指人的名词。

A is a personal pronoun or a noun referring to someone.

实例 Examples

（1）甲：最近实在太忙，我的身体也不太好。

乙：听你这么一说，你是不是想去旅行了？

（2）甲：他说那个饭馆儿菜又差，服务态度又不好。

乙：听他这么一说，真不能去那个饭馆儿吃饭了。

（3）甲：他的论文有太多抄袭的痕迹，查重这一关就过不去。

乙：听老师这么一说，他这论文得重写了。

听……的 tīng…de

释义 Paraphrase

表示接受某人的建议。

To mean to accept someone's suggestion.

用法提示 Usage

替换部分是人称代词或指人的名词。

The replacement is a personal pronoun or a noun referring to someone.

实例 Examples

（1）甲：你一定要尝尝这个饭馆儿的铁板牛肉，做得非常好。
　　乙：听你的，就点一个铁板牛肉吧。
（2）甲：她说那件衣服的颜色太深，不如这件好看。
　　乙：那就听她的，买这件吧。
（3）甲：他让我把项链还给他。
　　乙：送人东西还带往回要的？听我的，你就不还给他。
（4）甲：妈妈，你的做题方法跟老师讲的不一样。
　　乙：听妈妈的，就这么做。

听……的口气 tīng…de kǒuqì

释义 Paraphrase

根据某人所说的，判断其想法。

To predict someone's thinking according to what he/she said.

用法提示 Usage

① 替换部分是人称代词或指人的名词。

The replacement is a personal pronoun or a noun referring to someone.

② 也可以说"听……的意思"。
It can also be "听……的意思".

实例 Examples

（1）甲：老师，听说有的学校圣诞节不上课。
　　　乙：听你的口气，你们也想放假？
（2）甲：听老王的口气，是不打算把钱借给我了？
　　　乙：他现在做买卖确实也很需要钱。

听……的意思　tīng…de yìsi

释义与用法提示 Paraphrase and Usage

参见"听……的口气"。
See also "听……的口气".

实例 Examples

（1）听你的意思，你是不是想入股？
（2）听他的意思，他那天也去了对吧？

听得进去　tīng de jìnqù

释义 Paraphrase

表示能听从或者接受某人的劝说或建议。
To mean to be able to listen to or accept someone's persuasion or advice.

用法提示 Usage

有时用否定形式"听不进去"。
Sometimes the negative form "听不进去" is used.

实例 Examples

（1）只有你的话他听得进去，你去劝劝他吧。
（2）我的话他一句都听不进去，这可怎么办啊！

听其自然吧　tīngqízìrán ba

释义与用法提示 Paraphrase and Usage

参见"顺其自然吧"。
See also "顺其自然吧".

实例 Examples

（1）我觉得这是他们两个人的事，别人不好插手，听其自然吧。
（2）这样的挫折是成长中必经的，听其自然吧，他总有一天会懂的。

……透了　…tòu le

释义 1 Paraphrase 1

用在形容词后边，形容程度达到极点。
To show that the degree is extreme when used after an adjective.

用法提示 Usage

① 多与含贬义的形容词搭配。
It's usually used with derogatory adjectives.
② "透"后面必带"了"。
"了" must be used after "透".

实例 Examples

（1）这个人坏透了。
（2）我今天摔了个跟头，还丢了钱包，真是倒霉透了。

释义 2 Paraphrase 2

用在动词或者部分形容词后边,表示达到饱满、充分的程度,为结果补语。

To mean to reach a full and sufficient degree when used after a verb or some adjectives, which is used as a resultative complement.

实例 Examples

(1)这场雨算是下透了。
(2)树上的苹果都熟透了。
(3)衣服湿透了。

托……的福 tuō…de fú

释义 Paraphrase

客套话,表示自己的好运气是依赖于某人的福气。

A polite expression, meaning one's good luck results from someone's blessings.

用法提示 Usage

替换部分是人称代词或指人的名词。

The replacement is a personal pronoun or a noun referring to someone.

实例 Examples

(1)甲:我帮你找的工作还可以吧?
    乙:托您的福,这里待遇相当不错,老板对我也很重视。
(2)甲:今年您的饭馆儿怎么样啊?
    乙:托大家的福,今年生意兴隆啊!
(3)托小朋友的福,我也体验了一把幼儿园生活。

W

完蛋 wán dàn

释义 Paraphrase

表示后果很糟糕。
To mean that the consequences are bad.

用法提示 Usage

① 男性更多使用。
It's more often used by men.
② 有惋惜或者绝望的语气。
It carries a tone of regret or despair.

实例 Examples

（1）完蛋！这么好的盘子让你摔碎了。
（2）甲：小美知道是你告诉老师她装病的事了。
　　　乙：完蛋了！她肯定恨死我了。

完了 wán le

释义 Paraphrase

表示事情失败或没有希望。
To mean that the event has failed or there is no hope.

用法提示 Usage

有惋惜或者绝望的语气。
It carries a tone of regret or despair.

实例 Examples

（1）甲：天气预报说周末有大雨。
　　　乙：完了，爬不了山了。
（2）甲：你的汉语只考过了五级。
　　　乙：完了，今年不能上本科了。

玩儿完　wánrwán

释义 Paraphrase

表示某人最终处于某种状态，没有成功的希望了。

To mean that someone will end up in a certain state and there is no hope of success.

实例 Examples

（1）要是被他们队抓住这个弱点，你们就玩儿完了。
（2）山里有猛兽出没，你要是一个人进山，你的小命恐怕就玩儿完了。

往 A 处说，……，往 B 处说，……　wǎng A chù shuō, …, wǎng B chù shuō, …

释义 Paraphrase

表示从不同的角度或者层面来分析。

To mean to analyze from different angles or levels.

用法提示 Usage

① A 和 B 常是意思相对的形容词。
　　A and B are always adjectives with opposite meanings.
②"处"也可以说"里"。
　　"处" can also be "里".

实例 Examples

（1）给贫困地区失学儿童捐款这件事，往小处说，是我个人做了件善事，往大处说，是为国家的教育事业做一番贡献。

（2）我不知道该不该支持你。创业嘛，往好里说，成功了，可以闯出一片新天地；往坏里说，一旦不成功，你会一败涂地。

忘了谁也忘不了…… wàngle shéi yě wàngbuliǎo…

释义 Paraphrase

表示某人在自己心里的重要地位，永远不会忘记。

To indicate that someone has important position in the speaker's heart and will never be forgotten.

用法提示 Usage

替换部分指对方或某人。

The replacement refers to the other party or someone.

实例 Examples

（1）甲：好久没跟我联系了，你是不是把我忘了？
乙：你是我小学六年的同桌，忘了谁也忘不了你呀！

（2）甲：你还记得咱们的高中同学李小明吗？他现在当了市长了。
乙：怎么不记得！忘了谁也忘不了他呀，他上学时就是咱们学校的学霸。

我把话放在这儿 wǒ bǎ huà fàng zài zhèr

释义 Paraphrase

表示预言或者提前警示。

To mean to foretell or warn in advance.

实例 Examples

（1）你们现在觉得小王不显山不露水的，我把话放在这儿，将来他会是你们中间最有出息的一个。

（2）你们要是再不重视安全问题，我把话放在这儿，早晚有出事的那一天。

我当是谁呢　wǒ dàng shì shéi ne

释义 Paraphrase

表示对方所提到的人是自己没想到的原本就熟悉的人。

To indicate that the person that mentioned by the other party is someone the speaker already knew well but hasn't thought of.

用法提示 Usage

有时有感到意外或者不屑的语气。

There is a tone of surprise or disdain sometimes.

实例 Examples

（1）甲：你知道吗？那位新来的市长就是咱们当年的老同学。

乙：我当是谁呢！当初咱们可没少欺负他。

（2）甲：爸，您看，这是我女朋友的照片。

乙：我当是谁呢？原来是前院老王家的二闺女呀。

我倒（是）希望……　wǒ dào(shì) xīwàng…

释义与用法提示 Paraphrase and Usage

参见"我倒（是）想……"。

See also "我倒（是）想……".

实例 Examples

（1）甲：你怎么没去那家国企应聘？

乙：我倒是希望进那家国企呢，他们条件太高了，我不够格啊。

（2）甲：你们这个周末又加班？

乙：我倒是希望周末能好好儿休息呢，谁愿意加班？

我倒（是）想…… wǒ dào(shì) xiǎng…

释义 Paraphrase

表示某事对自己或某人来说不过是一种无法实现的幻想或者不可能去做的事情，只能做目前的选择。

To mean that something is just a kind of unrealized fantasy or impossible to do for the speaker or someone, who can only make the current choice.

用法提示 Usage

① 替换部分是动词性短语。

The replacement is a verbal phrase.

②"我"有时也可以是其他人称代词或指人的名词。

"我" can also be other personal pronouns or nouns referring to someone.

③ 有时有自嘲或者无奈的语气。

Sometimes there is a tone of self-mockery or having no choice but to do it.

④ 有时也说"我倒（是）希望……"。

Sometimes it can also be "我倒（是）希望……".

实例 Examples

（1）甲：你的球踢得不错，在省队踢球有点儿委屈你了。
　　　乙：我倒（是）想进国家队呢，人家要我吗？
（2）甲：你的成绩不错，怎么上了一所职业大学？
　　　乙：我倒（是）想上重点大学呢，我考得上吗？
（3）甲：他怎么老跟小王套近乎，是不是对人家有点儿意思？
　　　乙：他倒想跟小王谈恋爱呢，人家小王可没看上他。
（4）甲：放假了，老师干吗又留那么多作业？
　　　乙：老师倒想不给你们留作业呢，可你们会自觉复习吗？

我的 A　wǒ de A

释义 Paraphrase

感叹语，面对让人吃惊、恐惧等情形时发出的惊呼。

An exclamation, meaning to exclaim when facing situation of startling, frightening, etc.

用法提示 Usage

① A可以是"老天爷""天哪"等词语，也可以是"妈呀""小祖宗""姑奶奶"，等等。

A can be "老天爷""天哪", or "妈呀""小祖宗""姑奶奶", etc.

② 在这种感叹句中，"我的"也可以省略。

"我的" can also be omitted in such exclamatory sentence.

③ 有惊叹的语气。

There is an exclamatory tone.

实例 Examples

（1）（我的）老天爷！你怎么敢玩儿蹦极？不要命啦？
（2）（我的）天哪！这些人大白天的就敢入室抢劫，太无法无天了！
（3）（我的）妈呀！你怎么满身是血呀？
（4）（我的）小祖宗！上哪儿疯去了？衣服脏成这样！
（5）（我的）姑奶奶！你都三十了，过年不带一个对象回来，就别想见我！

我的姑奶奶　wǒ de gūnǎinai

释义与用法提示 Paraphrase and Usage

参见"我的A"。
See also "我的A".

实例 Examples

（1）我的姑奶奶！都十点了，你怎么还睡呢？
（2）我的姑奶奶！相亲好几十次了，就没一个看上的？

我的老天爷　wǒ de lǎotiānyé

释义与用法提示 Paraphrase and Usage

参见"我的A"。
See also "我的A".

实例 Examples

（1）我的老天爷！你再这么喝下去，这日子没法儿过了。
（2）我的老天爷！你怎么把家里的传家宝给卖了？

我的妈呀　wǒ de mā ya

释义与用法提示 Paraphrase and Usage

参见"我的A"。
See also "我的A".

实例 Examples

（1）我的妈呀！这个雷打得也太响了！
（2）我的妈呀！你怎么把家里的钱都给那个骗子了？

我的天哪　wǒ de tiān na

释义与用法提示 Paraphrase and Usage

参见 "我的A"。
See also "我的A".

实例 Examples

（1）我的天哪！你怎么把人家的孩子打成这样？
（2）我的天哪！谁把我家的汽车砸瘪了？

我的小祖宗　wǒ de xiǎozǔzong

释义与用法提示 Paraphrase and Usage

参见 "我的A"。
See also "我的A".

实例 Examples

（1）我的小祖宗！你怎么把人家的窗户玻璃打碎了？
（2）我的小祖宗！你已经吃了十根冰棍儿了，不能再吃了！

我敢说，…… wǒ gǎn shuō, …

释义 Paraphrase

非常肯定地确认某种事实。

To confirm a certain fact very absolutely.

实例 Examples

（1）他是老板的秘书，我敢说，这件事的前因后果他肯定最清楚。
（2）甲：有人说在事发现场看见他了，可他说他昨天根本没出过门。
乙：你看他说话时的神色，我敢说，他一定在说谎！

我就不信了 wǒ jiù bú xìn le

释义 Paraphrase

强调肯定能够办到。

To emphasize that something can definitely be done.

用法提示 Usage

① 后面的小句一般是反问句。
The following clause is usually a rhetorical question.
② 有坚定的语气。
There is a firm tone.

实例 Examples

（1）我就不信了，缺了他咱们队还赢不了球了？
（2）我就不信了，就我这水平，一个普通的大学我还考不上？

我就说嘛　wǒ jiù shuō ma

释义 Paraphrase

表示事情的发展正如自己曾经料想的那样。
To mean that things are going as the speaker has expected.

实例 Examples

（1）甲：对方的意思已经很清楚了，不过是要咱们付给他们赔偿金。
　　　乙：我就说嘛！他们就是想借机会讹一笔钱。
（2）甲：预报没说有雨啊,怎么说下就下起来了？要是带把伞就好了。
　　　乙：我就说嘛，早上就阴天，带把伞有备无患，可你就是不听。

我就知道……　wǒ jiù zhīdào…

释义 Paraphrase

表示自己对事情的结果早有预感。
To mean that the speaker has already predicted the consequences.

实例 Examples

（1）甲：我们的足球队输了。
　　　乙：我就知道得输，对方可是全市冠军队啊。
（2）甲：哎呀，我忘了给你拿那本书了。
　　　乙：我就知道你会忘，你老这样！

我（……）认了 wǒ (…) rèn le

释义 Paraphrase

表示糟糕的后果由自己来承担。

To mean that the speaker will take the full responsibility for the terrible consequences.

实例 Examples

（1）我既然嫁给他，就绝不后悔。将来吃苦受累，我认了！

（2）甲：你把那么多钱都给他拿去做生意，现在赔了，他哪儿有钱还你？

乙：那我也只好认了，谁让他是我弟弟呢？

我说…… wǒ shuō…

释义 Paraphrase

插入语，提醒某人注意自己的话。

A parenthesis, meaning to remind someone to pay attention to what the speaker is going to say.

用法提示 Usage

有时有不满的语气。

Sometimes it carries a tone of dissatisfaction.

实例 Examples

（1）甲：哎，我说，咱们好久没去看电影了，今天晚上去看一场？

乙：好哇。

（2）甲：我说小李，你说话能不能小点儿声？我都没法儿睡觉了。

乙：噢，对不起，对不起。

我说（的）呢 wǒ shuō (de) ne

释义 Paraphrase

本来对出现的情况觉得反常，听了对方的解释以后明白了原因。

To mean that the speaker feels surprised about what happened originally, but gets to know the reason after the other party explained.

用法提示 Usage

① 有顿悟的语气。

It carries a tone of being suddenly enlightened.

② 有时也说"我说嘛"。

Sometimes it can also be "我说嘛".

实例 Examples

（1）甲：他们俩已经分手了。

乙：我说（的）呢，怎么一直没见小张来看她。

（2）甲：是我把她和领导吵架的事转到群里的。

乙：我说（的）呢，今天一上班，大家都在议论这件事情。

我说嘛 wǒ shuō ma

释义与用法提示 Paraphrase and Usage

参见"我说（的）呢"。

See also "我说（的）呢".

实例 Examples

（1）甲：今天你的房间怎么这么干净啊？

乙：今天学校检查宿舍卫生。

甲：我说嘛，平时你哪儿打扫过房间哪？

（2）甲：包这么多饺子？

乙：一会儿有两个朋友要来。

甲：我说嘛，要是你一个人，够吃三天的。

我说什么来着　wǒ shuō shénme láizhe

释义 Paraphrase

表示事实证明自己的说法是正确的。

To show that the fact proves that what the speaker said is right.

用法提示 Usage

有得意或者炫耀的语气。

It carries a tone of complacency or showing off.

实例 Examples

（1）甲：这瓜真的特别甜。

乙：我说什么来着？我让你买的那还有错儿？

（2）甲：老师说圣诞节不放假。

乙：我说什么来着？我说不放，你还不信。

（3）甲：真让你说着了，班长第一志愿就被北大录取了。

乙：我说什么来着？班长这样的人就该上北大。

我说……，原来……　wǒ shuō…, yuánlái…

释义 Paraphrase

表示原来对某事感到奇怪，现在找到了原因。

To mean that the speaker feels surprised at something originally and now has found out the reason.

用法提示 Usage

① 有时下半句"原来……"可以省略。
   Sometimes the clause with "原来……" can be omitted.
② 有时有忽然醒悟的语气。
   Sometimes there is a sudden awakening tone.

实例 Examples

（1）我说今天怎么那么冷呢，原来下雪了。
（2）甲：今天有一位外国总统来我们学校参观。
      乙：我说学校里怎么有那么多车呢，原来是大人物来了。
（3）甲：哈哈，东东把米饭烧糊了！
      乙：我说哪儿来的一股烟味儿呢！

我问你，…… wǒ wèn nǐ, …

释义 Paraphrase

就某事来质问对方。
To question the other party about something.

用法提示 Usage

有责备的语气。
It carries a tone of blame.

实例 Examples

（1）我问你，你昨天晚上怎么那么晚回来？是不是又喝酒去了？
（2）你把父母给你的学费都赔在股市里了，我问你，你以后生活费怎么解决？

无可奉告　wúkěfènggào

释义 Paraphrase

表示没有什么可以告诉对方的。
To show that there is nothing to tell the other party.

用法提示 Usage

常见于外交或其他正式的场合。
It's usually used on diplomatic occasions or other formal occasions.

实例 Examples

（1）甲：贵公司的新款汽车将定在什么价位上？
　　乙：对不起，无可奉告。
（2）甲：关于这起贪污案的内幕，您能透露一些吗？
　　乙：无可奉告。

无所谓　wúsuǒwèi

释义 Paraphrase

表示不在乎，没有关系。
To mean that the speaker doesn't care and it doesn't matter.

用法提示 Usage

有听任的语气。
It carries a tone of letting it drift.

实例 Examples

（1）甲：周末爬山，你觉得星期六去好还是星期天去好？
　　乙：无所谓，哪天都行。
（2）选专业是很重要的事情，你老说"无所谓"怎么行呢？

无语　wúyǔ

释义 Paraphrase

对让人看不起、觉得丢脸等行为表示无话可说。

To show that the speaker has nothing to say about someone's act of disdain and disgrace.

实例 Examples

（1）甲：那个唱歌的是张大哥吗？他是不是喝醉了呀？

　　乙：我真是无语了！本来不想带他出来的，他非要跟着，吃饭就好好儿吃饭吧，还非要喝酒，可是喝了就醉……唉！

（2）甲：今天明明是你妹妹做得不对，还在那儿一个劲儿跟人家吵。

　　乙：我妹妹也真是！让我无语。

X

瞎掰 xiābāi

释义 Paraphrase

表示某人说的话毫无意义或者毫无根据。
To show that what someone said is meaningless or groundless.

用法提示 Usage

① 有轻蔑的语气。
There is a contemptuous tone.
② 有时也说"瞎扯""瞎说"。
Sometimes it can also be "瞎扯""瞎说".

实例 Examples

（1）甲：他说你要是喜欢，也给你买这么一辆跑车。
乙：瞎掰！他哪儿来的钱哪！
（2）甲：他说他这枚钱币是汉朝的。
乙：这不是瞎掰吗？汉朝有这种钱币吗？

瞎扯 xiāchě

释义与用法提示 Paraphrase and Usage

参见"瞎掰"。
See also "瞎掰".

实例 Examples

（1）甲：他跟别人说你跟女朋友分手了。
　　乙：瞎扯！我刚跟我女朋友一起看完电影。
（2）甲：听说你买股票赚了一大笔钱。
　　乙：瞎扯！根本没这么回事。

瞎说　xiāshuō

释义与用法提示 Paraphrase and Usage

参见"瞎掰"。
See also "瞎掰".

实例 Examples

（1）甲：我可不是他的粉丝。
　　乙：瞎说！我怎么看见你房间墙上都是他的照片？
（2）甲：大家都说这是小张说的。
　　乙：瞎说！我们俩是最好的朋友，他怎么会背后说我的坏话呢？

先走一步　xiān zǒu yí bù

释义 Paraphrase

先于对方离开时说的客套话，有时也用于自己不能与对方同行时，请对方先离开。

A polite expression used when the speaker leaves earlier than the other party, which sometimes is also used when the speaker cannot go together with the other party and therefore asks the other party to leave first.

实例 Examples

（1）你们在这儿聊着，我先走一步，下午两点咱们在会议室见。
（2）我还有点儿事情，您先走一步，我随后就来。

献丑　xiàn chǒu

释义 Paraphrase

客套话，表示认为自己水平不高，请大家不要笑话。

A polite expression, meaning that the speaker thinks he/she is not capable enough, so he/she asks others not to laugh at him/her.

用法提示 Usage

常作为写作或表演技能时回复对方夸赞之语的谦辞。

It's often used as a polite response to compliments on writing or performance skills.

实例 Examples

（1）甲：我拜读了您最新出版的大作，写得挺有新意。
　　　乙：献丑，献丑。
（2）甲：刚才高师傅表演了高超的厨艺，真让我们大开眼界。
　　　乙：献丑了。

相对来说　xiāngduì láishuō

释义 Paraphrase

表示与其他同类事物相比较，后面得出某一结论。

To draw a conclusion after comparing to other similar things.

实例 Examples

（1）因为这儿的自然环境好，周围的文化场所也比较多，所以相对来说，房价比较高。
（2）计算机专业的人才很受市场欢迎，相对来说，其他专业的人找工作不太容易。

想 A 就 A   xiǎng A jiù A

释义 Paraphrase

表示完全按照某人的意愿去做。

To mean that someone does something totally as he/she pleases.

用法提示 Usage

A是动词或者动词性短语。

A is a verb or a verbal phrase.

实例 Examples

（1）现在我退休了，日子过得自在，想吃就吃，想玩儿就玩儿，想去哪儿就去哪儿，想干什么就干什么。

（2）甲：我没上过电视，到了演播现场我怎么说呀？

乙：你别那么紧张，想怎么说就怎么说呗。

（3）这个小张，工作也太不认真了，想来就来，想走就走，从来没准时上下班过！

想 A 也 A 不……   xiǎng A yě A bu…

释义 Paraphrase

表示即使想做到某事也不容易成功。

To mean that it's not easy to succeed even if someone wants to do something.

用法提示 Usage

有时"也"也可以换成"都"。

"也" can also be "都" sometimes.

实例 Examples

（1）这里条件太差了，想睡也睡不踏实。
（2）那里的房价太高了，我想买都买不起。

想得倒好　xiǎng de dào hǎo

释义 Paraphrase

表示某人想得过于理想，事情无法实现，或实施起来常常有难度。

To mean that someone thinks too well and something cannot be realized, or it's often difficult to implement.

用法提示 Usage

① 有时有讽刺的语气。
Sometimes there is a sarcastic tone.
② 有时也说"想得倒美"。
Sometimes it can also be "想得倒美".

实例 Examples

（1）甲：我真想去南方旅行。
　　 乙：你想得倒好，公司业务这么忙，领导能准你的假吗？
（2）甲：邻居两口子炒股赚了几十万呢，咱们也跟他们学学吧。
　　 乙：想得倒好！炒股的人那么多，哪儿能都赚钱哪！

想得倒美　xiǎng de dào měi

释义与用法提示 Paraphrase and Usage

参见"想得倒好"。
See also "想得倒好".

实例 Examples

（1）甲：听说今年公司的效益不错，会不会给咱们加薪哪？
　　　乙：加薪？想得倒美！
（2）甲：像我这样名牌大学毕业的，大家总要高看我一眼吧。
　　　乙：你想得倒美！刚来没几个月，没做出什么业绩，大家凭什么高看你呢？

想都别想　xiǎng dōu bié xiǎng

释义 Paraphrase

表示某种愿望绝对不可能实现，完全没有希望。

To mean that there is absolutely no possibility of a certain wish and no hope at all.

用法提示 Usage

① 有拒绝的语气。
There is a tone of refusal.
② 也说"别想"。
It can also be "别想".

实例 Examples

（1）一百万就想买个别墅啊？想都别想。
（2）就他那弱不禁风的身体，也要去挑战高原徒步？想都别想！

想开点儿　xiǎngkāi diǎnr

释义 Paraphrase

用于劝解他人不要把不如意或令自己难过的事情放在心里。

To be used to persuade someone not to care much about something unsatisfactory or making himself/herself sad.

用法提示 Usage

① 有安慰的语气。
There is a soothing tone.

② 有时也说"看开点儿"。
Sometimes it can also be "看开点儿".

实例 Examples

（1）甲：跟我一起进公司的人都升职了，只有我还是一个小职员！
乙：想开点儿，当官也不一定就好，当老百姓多轻松啊。

（2）甲：我和丈夫的感情那么好，谁也离不开谁，现在他去世了，我活着还有什么意思！
乙：你可要想开点儿，你还那么年轻，再说，还有孩子啊。

想什么呢　xiǎng shénme ne

释义 Paraphrase

表示对别人的说法或做法不能理解或不满。

To show lack of understanding or dissatisfaction with what others say or do.

实例 Examples

（1）甲：有一位姑娘在微信中加我为好友，是不是喜欢上我了？
乙：想什么呢！你见过她吗？现在骗子多，说不定是个男的呢。

（2）甲：要是只报个名不去跑也能得到个纪念品，我就报名参加。
乙：想什么呢！哪儿有不参加活动白拿奖品的？

像话吗　xiàng huà ma

释义与用法提示 Paraphrase and Usage

参见"不像话"。
See also "不像话".

实例 Examples

（1）上班时间打游戏，像话吗？
（2）你们把货送错了地址，让我自己去取，这像话吗？

像（那么）回事　xiàng (nàme) huí shì

释义 Paraphrase

表示某人的言谈举止具有某种做派或符合某种规范标准。

To mean that someone's words and deeds are characteristic of a certain profession or conform to a certain standard.

用法提示 Usage

否定形式是"不像那么回事"。
The negative form is "不像那么回事".

实例 Examples

（1）别看这位新来的老师刚工作没几天，可往讲台上一站，还真像（那么）回事。
（2）甲：我最近学武术呢，你看我刚才那几个动作做得怎么样？
　　乙：嗯，挺像（那么）回事的。
（3）甲：你看，我穿上这套龙袍像不像一位古代的皇帝？
　　乙：根本不像那么回事。你以为穿上一身衣服就有帝王相了？

像什么话　xiàng shénme huà

释义与用法提示 Paraphrase and Usage

参见"不像话"。
See also "不像话".

实例 Examples

（1）工作时间打电话聊天儿，像什么话！
（2）甲：这篇作文你替我写吧。
　　　乙：那像什么话！你先写，我帮你改改还可以。

像什么样子　xiàng shénme yàngzi

释义与用法提示 Paraphrase and Usage

参见"不像样子"。
See also "不像样子".

实例 Examples

（1）当父亲的，在孩子面前说这种话，像什么样子！
（2）甲：这件衣服多时髦，你穿上真精神。
　　　乙：我是老师，穿这个上课像什么样子。

小菜一碟　xiǎocài-yìdié

释义 Paraphrase

表示事情不难办，某人可以很轻松地应付或者处理。
To indicate that the matter is easy and someone can handle it easily.

用法提示 Usage

有轻视或者夸耀的语气。
There is a tone of contempt or boast.

实例 Examples

（1）甲：行李可不少，你一个人照顾得过来吗？
　　乙：小菜一碟，放心吧。
（2）他们家就是种茶的，给你推荐几种好茶还不是小菜一碟。

小意思　xiǎoyìsi

释义1 Paraphrase 1

表示对某人来说，事情很容易做到。
To mean that it's very easy for someone to do something.

实例 Examples

（1）甲：这么重的哑铃你也能举起来？
　　乙：小意思！再重的哑铃我都举过。
（2）甲：这次围棋比赛，对手都很强，他有把握获胜吗？
　　乙：这对他来说，小意思。

释义2 Paraphrase 2

参见"一点儿小意思"。
See also "一点儿小意思".

实例 Examples

（1）甲：这是什么？
　　　乙：小意思，请您收下。
（2）甲：帮个忙而已，你不用这么客气。
　　　乙：只是小意思，你也别客气啊。
（3）甲：这么贵重的礼物我怎么能收？
　　　乙：小意思。

小祖宗　xiǎozǔzong

释义与用法提示 Paraphrase and Usage

参见"我的A"。
See also "我的A".

实例 Examples

（1）小祖宗！你安静一会儿行不行？
（2）小祖宗啊！你这是上哪儿玩儿去了？弄得这一身泥！

笑话　xiàohua

释义 Paraphrase

表示认为某人的说法或打算很可笑，根本不可能实现。
To mean to think someone's saying or plan is too ridiculous to be realized.

实例 Examples

（1）甲：他说你要是不答应他的要求，他就让你知道知道他的厉害。
　　　乙：他以为这样我就会怕他了？笑话！
（2）他这样不学无术的人还想当总经理？笑话！

谢天谢地 xiètiān-xièdì

释义 Paraphrase

表示希望的事情终于发生,也指不希望的事情终于停止或没有发生。

To mean that what is expected happened at last or something that the speaker doesn't wish has stopped or didn't occur.

用法提示 Usage

有庆幸的语气。

It carries a tone of rejoicing.

实例 Examples

(1) 甲:那个记者等不到你,留下名片就回电视台去了。
    乙:谢天谢地,他可走了。
(2) 谢天谢地,这场大雨总算停了,不然晚上去体育场看球可就麻烦了。

心里不是滋味 xīnli bú shì zīwèi

释义 Paraphrase

表示心里夹杂着失望、嫉妒、伤心、尴尬等复杂的情绪。

To indicate that someone has some complex feelings like disappointment, jealousy, sadness, embarrassment, etc.

实例 Examples

(1) 看到别人在舞场上快乐地旋转,却没有一个人来请自己跳舞,她心里挺不是滋味的。
(2) 他看到大学的同班同学如今都成就了一番事业,而自己却一事无成,心里很不是滋味。

心里没底　xīnli méi dǐ

释义 Paraphrase

表示对事情的结果没有把握。
To mean to have no certainty about the result of something.

用法提示 Usage

① 肯定形式是"心里有底"。
The positive form is "心里有底".
② 有时也说"心里没谱儿"。
Sometimes it can also be "心里没谱儿".

实例 Examples

（1）对方球队的水平提高得很快，明天的比赛咱们能不能赢我可心里没底。
（2）那家公司给我发来面试通知，可是说实话，我心里一点儿底都没有。
（3）你做好准备，心里有底，就什么都不怕了。

心里没谱儿　xīnli méi pǔr

释义 Paraphrase

参见"心里没底"。
See also "心里没底".

用法提示 Usage

肯定形式是"心里有谱儿"。
The positive form is "心里有谱儿".

实例 Examples

（1）明天的考试能不能通过，我心里真没谱儿。

（2）你放心，我心里有谱儿，知道怎么对付他们。

心里有数　xīnli yǒu shù

释义 Paraphrase

表示对事情非常了解，很有把握。

To mean to know something very clearly and be absolutely certain about something.

用法提示 Usage

否定形式是"心里没数"。

The negative form is "心里没数".

实例 Examples

（1）甲：听说这个人可是个谈判高手，跟他谈生意可要当心啊。

　　乙：放心吧，我心里有数。

（2）你已经六十多岁了，还参加马拉松比赛，行吗？你可要心里有数啊。

（3）他是个什么人，你心里没数吗？还那么相信他！

心里直打鼓　xīnli zhí dǎ gǔ

释义 Paraphrase

因为对事情或结果不了解而感到紧张或担心。

To feel nervous or worried because of not knowing the thing or the result.

实例 Examples

（1）听说上级部门要找我谈话，不知道要谈什么，我心里直打鼓。
（2）记得我第一次给病人做手术的时候，虽然旁边有一位资深医生指导，可我还是紧张，心里直打鼓。

心凉了　xīn liáng le

释义 Paraphrase

表示感到伤心或绝望。
To mean to feel sad or desperate.

实例 Examples

（1）收到女朋友的分手信，他一下子心凉了。
（2）得知儿子染上了毒瘾，老两口心都凉了。

心凉了半截儿　xīn liángle bànjiér

释义 Paraphrase

表示听到或看到不好的情况，有不好的感觉或者预感。
To mean that someone has a bad feeling or presentiment after hearing or seeing something bad.

实例 Examples

（1）一听说公司要裁员，我心凉了半截儿。
（2）丈夫说去执行任务，一个月了没有消息，我心凉了半截儿。

心提到嗓子眼儿　xīn tídào sǎngziyǎnr

释义 Paraphrase

表示紧张到了极点。

To mean to be nervous to the extreme.

实例 Examples

（1）宣布获奖名单的时候，被提名的候选人心都提到嗓子眼儿了。
（2）看到那个消防员爬到了阳台边上，大家的心提到了嗓子眼儿。

辛苦了　xīnkǔ le

释义 Paraphrase

客套话，表示慰问和道谢。

A polite expression, meaning to comfort or extend gratitude.

实例 Examples

（1）甲：你让我翻译的稿子我已经翻完了。
　　　乙：是吗？辛苦了！
（2）甲：您好，这是您订的餐。
　　　乙：辛苦您了。
　　　甲：不客气，您慢用。

行个方便　xíng ge fāngbiàn

释义 Paraphrase

　　请求执法人员或者管理者放过自己或者原谅自己，不要惩罚自己或者让自己为难。

　　To ask the law enforcement officer or administrator to let someone go or forgive him/her and don't punish or embarrass him/her.

用法提示 Usage

有请求的语气。
It carries a tone of request.

实例 Examples

（1）我没注意这条路禁止左转弯，下次一定注意，您行个方便，让我过去吧。
（2）我是新来的，真不知道规定晚上十点以前必须回宿舍，行个方便吧。

行了 xíngle

释义 1 Paraphrase 1

表示问题解决了。
To mean that the problem has been solved.

实例 Examples

（1）行了，你的电脑能用了。
（2）甲：路虽然不远，可中间要换车，下车还得走一段，真麻烦！
乙：你打车去不就行了？

释义 2 Paraphrase 2

表示制止对方的言行。
To mean to stop the other party's words and deeds.

用法提示 Usage

有不耐烦的语气。
There is a tone of impatience.

实例 Examples

（1）甲：这次怎么只给姐姐买了新衣服，没给我买？我也要新衣服！
　　乙：行了！你的新衣服还少吗？
（2）甲：他老说我唠叨，其实他的话比谁都多。
　　乙：行了行了，你们俩都够呛！

Y

……痒痒　…yǎngyang

释义 Paraphrase

表示要做某事的欲望难忍。

To mean that the speaker is very eager to do something.

用法提示 Usage

替换部分是人体的某一部位。

The replacement refers to a part of the human body.

实例 Examples

（1）一听说有酒喝，他就心里痒痒。
（2）看见别人打牌，你手痒痒了，是不是？
（3）我好久没唱京剧了，嗓子都痒痒了。

要A有A，要B有B　yào A yǒu A, yào B yǒu B

释义 Paraphrase

表示在各方面都满足需求或符合标准。

To mean to meet the demand or conform to the standard in all aspects.

用法提示 Usage

A和B是相对应的名词。

A and B are the corresponding nouns.

实例 Examples

（1）我们会全力支持你们到贫困山区开展基础教育工作，要钱有钱，要人有人。

（2）这些孩子都是打篮球的好苗子，要个头儿有个头儿，要技术有技术。

要不（怎么）说……呢　yàobù (zěnme) shuō…ne

释义 Paraphrase

表示如果不是有某方面的特点，不会有这种说法。

To mean if there is no characteristic in some way, there will be no such statement.

用法提示 Usage

替换部分一般是小句。

The replacement is usually a clause.

实例 Examples

（1）你问他字典上最难的字都难不倒他，要不（怎么）说他是"活字典"呢。

（2）每次统考他都是全年级第一名，要不（怎么）说他是学霸呢。

（3）甲：这位将军中了敌人的美人计，打了败仗。

　　乙：要不说"英雄难过美人关"呢。

要……的命　yào…de mìng

释义 Paraphrase

表示困难极大，使某人不能承受。

To mean that the difficulty is so great for someone to endure.

用法提示 Usage

替换部分一般是人称代词或指人的名词。

The replacement is usually a personal pronoun or a noun referring to someone.

实例 Examples

（1）甲：你要是想买这儿的房子至少得准备五百万。
　　　乙：要我的命啊！我连一百万都拿不出来。
（2）甲：学校下星期有万米长跑比赛，你弟弟参加吗？
　　　乙：这不是要他的命吗？别说跑，他走下来都费劲。
（3）这么多报告，明天都要交，这不是要小王的命吗？他才上班几天啊！

要多 A 有多 A　yào duō A yǒu duō A

释义 Paraphrase

表示程度达到极点。

To show that something reaches the highest degree.

用法提示 Usage

① A 一般是形容词。

A is usually an adjective.

② 有夸张的语气。

There is an exaggerated tone.

实例 Examples

（1）你没去过东北吧？那儿的冬天要多冷有多冷。
（2）昨天演讲的时候，我把开场内容忘了，真是要多尴尬有多尴尬。

要命的是　yào mìng de shì

释义 Paraphrase

表示某个问题非常严重。
To indicate that some problem is very serious.

用法提示 Usage

有焦急或者着慌的语气。
There is a tone of anxiety or panic.

实例 Examples

（1）丢了钱也没什么，要命的是我的护照还在包里呢。
（2）飞机晚点了，下午的会我是赶不上了，更要命的是，我得在会上发言哪！

要你好看　yào nǐ hǎokàn

释义 Paraphrase

警告某人可能会有很严重的后果。
To warn someone that there could be serious consequences.

用法提示 Usage

有时有威胁的语气。
It carries a threatening tone sometimes.

实例 Examples

（1）今天你要是不把材料准备好，等会儿可要你好看。
（2）你要是不向我道歉，我就要你好看！

要说……啊 yào shuō…a

释义 Paraphrase

提起某个话头。
To start a topic about something.

用法提示 Usage

替换部分一般是动词性短语。
The replacement is usually a verbal phrase.

实例 Examples

（1）甲：你真行，三百块钱的东西，硬让你砍到两百块。
　　乙：那是！要说讨价还价呀，没人比得过我。
（2）甲：您做的菜，色、香、味俱全。
　　乙：要说做菜呀，这也是一门艺术呢。

（要）我说呀 (yào) wǒ shuō ya

释义 Paraphrase

插入语，用于提出自己的建议或看法。
A parenthesis, being used to give a suggestion or opinion.

用法提示 Usage

也说"（要）照我说"。
It can also be "（要）照我说".

实例 Examples

（1）甲：我妈妈不愿意我去玩儿摇滚。
　　乙：（要）我说呀，你应该跟你妈妈多沟通，让她多了解一下。
（2）甲：他最近老说要请我吃饭，你说这什么意思呢？
　　乙：（要）我说呀，他肯定是有求于你。

（要）照我说　(yào) zhào wǒ shuō

释义与用法提示 Paraphrase and Usage

参见"（要）我说呀"。
See also "（要）我说呀".

实例 Examples

（1）甲：我妈妈说她想夏天来这儿看我。
　　乙：（要）照我说，还是秋天来好，这儿夏天太热。
（2）甲：我们班同学聚会，他从来不参加。
　　乙：要照我说，他肯定是怕花钱。

要知道　yào zhīdào

释义 Paraphrase

插入语，用于向别人指出或说明某种情况时。
A parenthesis, being used to point out or explain a situation to others.

实例 Examples

（1）你千万别借钱给他，要知道，他借钱可从来不还的。
（2）甲：你弟弟他们那儿怎么下雪了？
　　乙：现在澳大利亚是冬天，要知道，南北半球的季节是相反的。

……也 A …yě A

释义 Paraphrase

表示任何条件下都应该做某事。

To indicate that something should be done under any conditions.

用法提示 Usage

① 替换部分一般是疑问词或带疑问词的词语，如"怎么（着）""怎么说""说什么""什么时候""是谁""（在）哪儿"等。

The replacement is usually a question word or a phrase with a question word such as "怎么（着）""怎么说""说什么""什么时候""是谁""（在）哪儿", etc.

② A一般是动词性短语。

A is usually a verbal phrase.

实例 Examples

（1）甲：我知道他病了，不过我最近实在是很忙啊。

乙：可你是他的朋友，怎么也得去看一下吧？

（2）他们大老远的来看你，怎么着也得见个面吧？

（3）他帮了你这么大的忙，你怎么说也应该请他吃顿饭吧？

（4）甲：那里正闹水灾，现在去很危险。

乙：我妹妹就住在那儿，我说什么也得去救她。

（5）甲：那是局长的车，你也敢拦？

乙：是谁也不能不遵守交通规则啊。

也别说　yě biéshuō

释义与用法提示 Paraphrase and Usage

参见"你还别说"。
See also "你还别说".

实例 Examples

（1）你怎么想起到这家日餐店吃饭了？也别说，这家店的日餐味道真不错。
（2）你们真行，把王教授都请来了，也别说，王教授讲课回回都是满座。

也不全是　yě bù quán shì

释义 Paraphrase

表示事情不是百分之百如此，有不同或者例外的情况。
To indicate that things are not 100% true and there are differences or exceptions.

实例 Examples

（1）甲：只有北方人才喜欢吃面食吗？
　　乙：也不全是，南方很多地方也吃的。
（2）甲：你说了这么半天，这件事的责任都在我身上了？
　　乙：也不全是，怪我们没提醒你。

也好　yěhǎo

释义 Paraphrase

表示经过某人的劝说，同意其建议。

To mean to accept someone's suggestion after his/her persuasion.

实例 Examples

（1）甲：坐飞机去？我看不如坐高铁，又安全，又舒服。
　　　乙：也好，那就听你的。
（2）甲：你的胃不好，咱们别要冷饮了，行吗？
　　　乙：也好，那就要一壶热茶吧。

也就（是）……　yě jiù (shì)…

释义 Paraphrase

强调数量和种类少或者时间短。

To emphasize the quantity and variety are scarce or the time is short.

实例 Examples

（1）我看这个演员年纪不大，也就是二十多一点儿。
（2）这个小饭馆儿的早餐品种不多，也就是包子、油条什么的。
（3）甲：他工作几年了？
　　　乙：时间不长，也就（是）一两年。

也就（是）那点儿事　yě jiù (shì) nà diǎnr shì

释义与用法提示 Paraphrase and Usage

参见"不就（是）那点儿事"。
See also "不就（是）那点儿事".

实例 Examples

（1）甲：老李的儿子又找你去干什么呀？
　　乙：也就是那点儿事呗，现在的工作又不想干了，问我再换什么工作好。像他这样高不成低不就的，我也没法儿帮他出主意了。
（2）他又来给你送礼，你不懂什么意思吗？也就是那点儿事嘛，给他开后门。我跟你说，这种违规的事情你可不能答应啊。

也是　yě shì

释义与用法提示 Paraphrase and Usage

参见"这倒（也）是"。
See also "这倒（也）是".

实例 Examples

（1）甲：你积极锻炼这没错儿，可练得太猛也会伤身体呀。
　　乙：也是，我确实得注意一下方式方法。
（2）甲：我知道他这么做不对，可他是我的上司，我敢说什么？
　　乙：也是，说了就有你好受的。

……也是(的)　…yě shì (de)

释义 Paraphrase

在指出其他人的问题后，又指出某人的问题。有时也直接责备某人的言行不适当。

To point out someone's problem after pointing out others' problems, which sometimes is also used to blame someone for his/her inappropriate words and deeds directly.

用法提示 Usage

① 也可以说成"……也真是(的)"。
It can also be "……也真是(的)".
② 替换部分是指人的名词或人称代词。
The replacement is a noun referring to someone or a personal pronoun.
③ 有埋怨的语气。
There is a tone of complaint.

实例 Examples

(1) 甲：小王开会的时候还跟班长开玩笑，结果把班长气哭了。
　　乙：开个玩笑至于哭吗？小王也是(的)，开玩笑也不看看场合。
(2) 甲：他下雪天开车，把一位妇女撞了。
　　乙：他也是(的)，下那么大的雪开什么车呀！

……也真是(的)　…yě zhēnshi (de)

释义与用法提示 Paraphrase and Usage

参见"……也是(的)"。
See also "……也是(的)".

实例 Examples

（1）甲：这样的学习态度就不能让他及格。

　　乙：你也真是（的）！这门课要是不及格，他就不能按时毕业了。

（2）甲：老王因为和顾客拌了几句嘴被经理开除了。

　　乙：这经理也真是的！员工犯这么点儿错误就让他走人了？

一 A 就是 B　yī A jiù shì B

释义 Paraphrase

强调时间长，数量多。

To emphasize the long duration and large number.

用法提示 Usage

A是动词，B是带有数量词的短语。

A is a verb, and B is a phrase with a quantifier.

实例 Examples

（1）他可喜欢玩儿游戏了，一玩儿就是一整天。

（2）我爱买便宜衣服，遇上打折减价什么的，一买就是好几大包。

（3）淡季游客不多，旺季游客一来就是一群一群的。

一 A 了事　yī A liǎoshì

释义 Paraphrase

表示不认真对待，随意处理，不顾及其他。

To mean to treat others in a casual manner or do as someone pleases, regardless of others.

用法提示 Usage

① A是动词。
A is a verb.
② 有时也说"一A了之"。
Sometimes it can also be "一A了之".

实例 Examples

（1）他撞了人，也不看一下伤者，一走了事。
（2）用过的包装袋不要一扔了事，回收了还能再利用。

一A了之 yī A liǎozhī

释义与用法提示 Paraphrase and Usage

参见"一A了事"。
See also "一A了事".

实例 Examples

（1）输了钱，她一点儿也不在乎，一笑了之。
（2）眼见自己的女朋友受欺负他也不管，一走了之了。

一A一个B yī A yí ge B

释义 Paraphrase

表示只要有某种行为就必定有某种结果。
To mean that there must be some result as long as there is some behavior.

用法提示 Usage

A为动词，B为形容词或者名词。
A is a verb, and B is an adjective or a noun.

实例 Examples

（1）他的投篮水平太高了，一投一个准儿。
（2）这足球场太不平整了，一踩一个坑。

一般般　yìbānbān

释义 Paraphrase

表示程度不高不低，非常普通。
To indicate that the degree is not high and not low, which is very common.

实例 Examples

（1）甲：你们单位的待遇怎么样？
　　　乙：一般般吧，只给基本工资，没有其他的好处。
（2）甲：这次考试你发挥得怎么样？
　　　乙：一般般，进不了前十名。

一般来说　yìbān láishuō

释义 Paraphrase

表示从通常的情况来看。
To mean to view from the usual perspective.

用法提示 Usage

有时也说"一般说来"。
Sometimes it can also be "一般说来".

实例 Examples

（1）一般来说，男人在体力上比较有优势。
（2）一般来说，我晚饭之后都会散一会儿步。

一般说来 yībān shuōlái

释义与用法提示 Paraphrase and Usage

参见"一般来说"。
See also"一般来说".

实例 Examples

（1）一般说来，城市的文化生活比农村丰富得多。
（2）一般说来，早上的空气感觉比较清新。

一边儿待着去 yìbiānr dāizhe qu

释义 Paraphrase

因对对方的言行反感，或因为对方能力不够，而让对方走开或离开。

To ask the other party to leave or go away because of his/her disgusting words and deeds or lack of ability.

用法提示 Usage

① 有斥责的语气。
It carries a tone of blame.
② 也说"一边儿凉快去"。
It can also be"一边儿凉快去".

实例 Examples

（1）甲：一个人坐着想什么呢？又在做你的发财梦啊？
　　　乙：一边儿待着去！烦着呢！
（2）甲：我帮你切肉，要不我帮你收拾鱼？
　　　乙：一边儿待着去吧！你不帮还好，越帮越忙。

一边儿凉快去　yìbiānr liángkuai qu

释义与用法提示 Paraphrase and Usage

参见"一边儿待着去"。
See also "一边儿待着去".

实例 Examples

（1）甲：闷得慌？我陪你聊聊天儿？
　　　乙：一边儿凉快去，让我自己待会儿！
（2）甲：你竞争工会主席的事情到底怎么样了？
　　　乙：一边儿凉快去！跟你有什么关系呀？

一点儿小意思　yìdiǎnr xiǎoyìsi

释义 Paraphrase

客套话，表示自己的礼物微不足道。
A polite expression, meaning that the speaker's gift is of little value.

用法提示 Usage

有时也说"小意思"。
Sometimes it can also be "小意思".

实例 Examples

（1）甲：来就来吧，还带礼物干什么？
　　　乙：一点儿小意思，不成敬意。
（2）甲：这是我的一点儿小意思，请您收下。
　　　乙：那就恭敬不如从命了。

一个劲儿 yígejìnr

释义 Paraphrase

表示不停地有某种情况或者举动。

To indicate that there is a constant situation or action.

实例 Examples

（1）她怎么了？一个劲儿地哭，谁也劝不住。
（2）最近一个劲儿下雨，我都好几天没打球了。

一回事 yì huí shì

释义 Paraphrase

表示两种情况实际上是同一种。

To indicate that two situations are actually the same.

用法提示 Usage

有时也说"一码事"。

Sometimes it can also be "一码事".

实例 Examples

（1）虽然说法不一样，但是你说的实际上跟老李说的是一回事。
（2）会说汉语跟会教汉语可不是一回事。

一句话 yí jù huà

释义 Paraphrase

用非常简洁的语句进行概括。

To summarize in very concise sentences.

实例 Examples

（1）他一会儿说忙，一会儿说这件事难办，我看哪，一句话，他就是不想帮你。

（2）我们这里有美丽的自然风景，有丰富的历史遗产，也有善良热情的人民，一句话，我们这儿一定会给您留下深刻而美好的印象。

一口一个…… yì kǒu yí ge…

释义 Paraphrase

表示某人频繁地说出某一词语或语句。
To mean that someone often uses some word or statement.

实例 Examples

（1）这个小孩子真有礼貌，一口一个"爷爷"，叫得老人家可开心了。

（2）帮助新手更需要咱们耐心一点儿，你一口一个"这么笨"，不是让他更紧张了？

一块石头落了地 yí kuài shítou luòle dì

释义 Paraphrase

表示因事情有了确切的消息或得到圆满的解决而不再担心。
To mean not to worry about something any more because of getting the exact news of something or because something has been solved very satisfactorily.

实例 Examples

（1）从把孩子送上飞机，她就一直担心。直到孩子打来电话说平安到达，她心里才一块石头落了地。

（2）昨天我一直守在医院里，直到医生成功地为父亲做完手术，我心里这一块石头才落了地。

一来……，二来…… yī lái…, èr lái…

释义 Paraphrase

以列举的方式说明原因或目的。
To give reasons or purposes by the way of giving examples.

实例 Examples

（1）我们之所以选择在这里建立连锁店，一来是方圆三公里之内还没有大规模的超市，二来也是考虑到附近新建了几个小区，居民的购买力比较强。
（2）我这次回母校，一来是看看老师，二来也是想给母校的新教学楼尽点儿绵薄之力。

一来二去 yìlái-èrqù

释义 Paraphrase

表示反复多次。
To mean "over and over again".

实例 Examples

（1）他们研究了半天，一来二去，还真搞明白了。
（2）两个人常常一块儿出去玩儿，一来二去，成了恋人。

一了百了 yìliǎo-bǎiliǎo

释义 Paraphrase

表示一次性解决所有的问题。
To mean to solve all problems at once.

实例 Examples

（1）你跟她把钱都结清多好，一了百了。

（2）别犹豫不决了，干脆跟她说清楚，分手了就一了百了了。

一码归一码　yì mǎ guī yì mǎ

释义 Paraphrase

表示不同的事情要分清，不要混为一谈。

To indicate that different things should be distinguished and not be mixed up.

实例 Examples

（1）甲：俩孩子打架是很平常的事情，你家孩子平时总抄我家孩子的作业，你怎么不说他？

乙：一码归一码，你家孩子打人你就该教育他。

（2）甲：你家孩子在我家汽车上乱涂乱画，你管不管？

乙：小孩子淘气嘛！你家孩子不也把我家的车划了几个道子吗？

甲：一码归一码，那件事都过去多少年了？

一码事　yì mǎ shì

释义与用法提示 Paraphrase and Usage

参见"一回事"。

See also "一回事".

实例 Examples

（1）甲：他不是跟你要钱，是借。

乙：咳！一码事，他借钱我好意思让他还吗？不就等于给他了？

（2）都别争了，你俩说的解决方法是一码事。

一年半载　yìnián-bànzǎi

释义 Paraphrase

强调时间不长。
To emphasize that the time is not long.

实例 Examples

（1）我不会在国外待太久，过个一年半载，我肯定回来。
（2）过个一年半载的，他也就慢慢儿忘了。

……一声　…yì shēng

释义 Paraphrase

指开口，多用于表示愿意对他人提供帮助。
To mean to open mouth, which is often used to be willing to help others.

用法提示 Usage

替换部分多为跟"说话"有关系的动词。
The replacement is usually a verb related to speaking.

实例 Examples

（1）有什么需要帮忙的说一声啊，别客气。
（2）有困难的时候言语一声，大家不会不管的。
（3）这么大的事情你怎么不吱一声呢？让我们都没准备。

一问三不知　yí wèn sān bù zhī

释义 Paraphrase

表示无论问什么都不知道。
To mean that someone knows nothing no matter what others ask.

实例 Examples

（1）我问他半天，可他一问三不知，什么都没打听到。
（2）这孩子上课从不专心听讲，一问三不知，将来可怎么好？

一言为定　yìyán-wéidìng

释义 Paraphrase

表示就这么决定了，不再改变。
To mean that it has been thus decided and will not be changed any more.

用法提示 Usage

多用于约定。
It's often used to make an appointment.

实例 Examples

（1）甲：这次我请客，下次你请，怎么样？
　　乙：好，一言为定！
（2）甲：你真的愿意帮我们的忙吗？
　　乙：那当然啦，咱们一言为定！

依……看　yī…kàn

释义 Paraphrase

从某人的角度发表意见或看法。
To voice the opinion or advice from someone's perspective.

用法提示 Usage

① 替换部分多为人称代词或者指人的名词。
The replacement is usually a personal pronoun or a noun referring to someone.

② 也说"依……说""依……之见"。
It can also be "依……说" "依……之见".

实例 Examples

(1) 甲：这位新来的职员你们觉得怎么样？
    乙：依我看，业务能力还是很强的。
(2) 甲：你们这样的处罚是不是太重了？
    乙：那依你看，这件事应该怎么处理呢？
(3) 依经理看，我们工作还是不够认真。

依……说 yī…shuō

释义与用法提示 Paraphrase and Usage

参见"依……看"。
See also "依……看".

实例 Examples

(1) 你总是指责别人干得不好，那依你说，这活儿怎么干？
(2) 依你们说，该不该处分他？

依……之见 yī…zhī jiàn

释义与用法提示 Paraphrase and Usage

参见"依……看"。
See also "依……看".

实例 Examples

(1) 依你之见，这件事咱们该怎么处理？
(2) 依我之见，这件事可不能就这么算了，得找他们好好儿说说理去！

以为谁不知道呢　yǐwéi shéi bù zhīdào ne

释义 Paraphrase

指其实事情已经被自己或者别人知道了，掩饰或隐瞒是没有用的。

To indicate that things have been known by the speaker or others, and it's no use covering up or hiding.

用法提示 Usage

多用来指不好的事情。

It's often used to refer to bad things.

实例 Examples

（1）这坏主意就是你出的，以为谁不知道呢！
（2）表面上公司的情况还不错，其实早就空了，你以为谁不知道呢！

意思一下　yìsi yíxià

释义与用法提示 Paraphrase and Usage

参见"意思意思"。

See also "意思意思".

实例 Examples

（1）全家都在凑钱让小侄女去参加舞蹈比赛呢，咱们是不是也应该意思一下？
（2）甲：我的酒量不行啊。
　　乙：今天给你庆生，来，意思一下。

意思意思 yìsi yìsi

释义 Paraphrase

应该在物质方面作出一些表示或应该作出某种姿态。

To mean that there should be some material offer or some action should be done.

用法提示 Usage

有时也说"意思一下"。

It can also be "意思一下" sometimes.

实例 Examples

（1）咱们应该凑钱给她买点儿礼物，多少意思意思。

（2）甲：我实在不会喝酒。

　　乙：今天老同学聚会，你多少喝点儿，意思意思吧。

应该……才对 yīnggāi…cái duì

释义 Paraphrase

表示用另一种方式才更合理或者更让人接受。

To show that it's more reasonable or acceptable to use another way.

用法提示 Usage

替换部分一般是动词性短语或小句。

The replacement is usually a verbal phrase or a clause.

实例 Examples

（1）甲：你是我师兄，当然要听你的。

乙：话不能这么说，虽然我比你大，但你比我早一年进入研究所，应该我称你"师兄"才对。

（2）虽然你是东道主，但这件事多亏你大力支持，应该我请你才对。

（3）你就这么放他走了？应该狠狠批评他才对。

硬着头皮…… yìngzhe tóupí…

释义 Paraphrase

表示虽然条件不符合要求或者能力不够，但还是不得不做某事。

To indicate that someone has to do something although the condition doesn't meet the requirements or ability is not enough.

用法提示 Usage

替换部分一般是动词性短语。

The replacement is usually a verbal phrase.

实例 Examples

（1）在大城市开店哪儿有那么容易！既然现在开了，就硬着头皮先干起来吧。

（2）昨天忘了做作业了，今天只能硬着头皮去见老师。

用不着 yòngbuzháo

释义 Paraphrase

表示没有必要。

To mean that it's not necessary.

用法提示 Usage

肯定形式"用得着"常用于反问句。
The positive form "用得着" is often used in rhetorical questions.

实例 Examples

（1）甲：孩子把腿磕破了，要不要带她去医院？
　　　乙：用不着，擦点儿药水就行了。
（2）请自己朋友吃饭，用不着太费事，随便做几个菜就行了。
（3）甲：最近流感严重，家里是不是该备点儿药啊？
　　　乙：用得着吗？真得了流感再去医院开呗。
（4）用得着担心吗？孩子已经十九岁了，有独立生活的能力。

用……的话来说　yòng…de huà láishuō

释义 Paraphrase

表示采用某人的话来说明自己的某一看法。
To mean to use someone's words to express the speaker's opinion.

用法提示 Usage

替换部分是指人的名词或人称代词。
The replacement is a noun referring to someone or a personal pronoun.

实例 Examples

（1）这种衣服真花哨，用我妈的话来说，穿上像花蝴蝶似的。
（2）这茶真好喝，用老外的话来说，强过喝咖啡。
（3）我爸从来不买银行的理财产品，用他的话来说，人家把钱骗走了你还替人家数钱呢。

悠着点儿　yōuzhe diǎnr

释义 Paraphrase

劝说别人不要过于劳累或不要行为过度。

To persuade others not to be exhausted or not to do something out of the extent.

实例 Examples

（1）甲：我现在每天都跑一万米。
　　　乙：悠着点儿，别把身体跑垮了。
（2）甲：咱妈最近迷上麻将了，一打就是一晚上。
　　　乙：你可得让她悠着点儿，这么大岁数了，哪能老熬夜呀？

由不得……　yóubude…

释义 Paraphrase

表示某人掌控不了某种情况。

To indicate that someone cannot control the situation.

用法提示 Usage

替换部分多为人称代词。

The replacement is usually a personal pronoun.

实例 Examples

（1）作为员工，他得服从工作安排，去不去可由不得他。
（2）房产证上要是写了他的名字，将来这房子可就由不得你了，他想怎么处理都行。
（3）这件事的决定权是总经理，由不得我。

由……去吧　yóu…qù ba

释义 Paraphrase

表示任凭某人自己决定或者做某一事情。

To mean to let someone decide or do something by himself/herself.

用法提示 Usage

替换部分一般是人称代词或者指人的名词。

The replacement is usually a personal pronoun or a noun referring to someone.

实例 Examples

（1）我说什么他也不会听的，由他去吧。
（2）孩子的事情你别管，由孩子去吧。

有 A……的那一天　yǒu A…de nà yì tiān

释义 Paraphrase

表示到一定的时候在某人身上一定会发生某种情况。

To indicate that something will definitely happen to someone at a certain time.

用法提示 Usage

① A是指人的名词或人称代词。

A is a noun referring to someone or a personal pronoun.

② 替换部分多为负面的结局。

The replacement is usually a bad result.

③ 有警告、威胁或者幸灾乐祸的语气。

It carries a tone of warning, threat or delight in the misfortunes of others.

实例 Examples

（1）他不听我的，有他后悔的那一天。
（2）好，你等着，有你来求我的那一天！
（3）别看他们公司现在骑在我们头上，有他们公司倒霉的那一天！

有病 yǒu bìng

释义与用法提示 Paraphrase and Usage

参见"有毛病"。
See also "有毛病".

实例 Examples

（1）甲：风啊，你刮吧！吹动我的长发！
　　乙：眼看就要下大雨了，还不快跑，还在这里抒情呢，有病！
（2）花那么多钱就买这么一个杯子，你有病啊？

有的没的 yǒude-méide

释义 Paraphrase

指没什么意义的、不正经的、不确切的事情。
To refer to something that is meaningless, informal or inaccurate.

实例 Examples

（1）整天说些有的没的，你真正干出点儿名堂没有？
（2）有的没的，说个没完，我都不想听你说了。

有……的时候　yǒu…de shíhou

释义 Paraphrase

劝说别人不必着急，愿望会有机会实现的。有时用于警告别人，指出如果某种行为继续下去，一定会产生恶果。

To persuade others not to worry and there will be some chance to realize the wishes, which sometimes is used to warn others that there will be some bad results if a certain action continues.

用法提示 Usage

① 替换部分是人称代词加上动词。

The replacement is a personal pronoun and a verb.

② 有时有警告的语气。

There is a tone of warning sometimes.

实例 Examples

（1）你先听别人说，一会儿有你发言的时候。
（2）你别得意得太早，有你哭的时候！
（3）孩子犯这么大的错误他都不管，将来有他后悔的时候！

有的是　yǒudeshì

释义 Paraphrase

强调数量很多。

To emphasize the large amount.

实例 Examples

（1）你可以跟他借，他有的是钱。
（2）甲：你有中文小说吗？借给我看看。
　　乙：有的是，你想看哪位作家的？

有……好看的　yǒu…hǎokàn de

释义 Paraphrase

表示会有不好的后果发生在某人身上。
To indicate that there will be bad consequences for someone.

用法提示 Usage

① 替换部分多为人称代词。
The replacement is usually a personal pronoun.
② 有警告、威胁或者幸灾乐祸的语气。
It carries a tone of warning, threat or delight in the misfortunes of others.

实例 Examples

（1）你老跟领导意见不合，到时候有你好看的。
（2）你在上司面前告我的状，你等着！有你好看的！

有话好好儿说　yǒu huà hǎohāor shuō

释义 Paraphrase

劝人冷静下来，心平气和地解决问题。
To persuade others to be calm and to solve the problems peacefully.

实例 Examples

（1）甲：你听他刚才都说了些什么？有这么说话的吗？
　　　乙：你们有话好好儿说，别吵嘛。
（2）甲：这孩子真是气死我了，这么小就学着撒谎了！
　　　乙：你对孩子发这么大火儿干什么？有话好好儿说嘛。

有话好商量　yǒu huà hǎo shāngliang

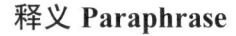

释义 Paraphrase

劝对方以平静的态度协商某一问题。

To persuade the other party to negotiate a certain issue in a calm manner.

实例 Examples

(1) 甲：这个价位我们没法儿谈，告辞了。
　　乙：别急，咱们有话好商量。
(2) 甲：跟你没什么可谈的，咱们法庭见。
　　乙：咱们有话好商量，该赔你们多少，你出个价。

有话直说　yǒu huà zhí shuō

释义 Paraphrase

请某人把想说的话说出来，不要吞吞吐吐或者拐弯抹角。

To ask someone to say what he/she wants to say and not to hesitate or beat around the bush.

实例 Examples

(1) 我没有那么脆弱，你有话直说。
(2) 他到底想告诉我什么，你让他有话直说。

有讲究　yǒu jiǎngjiu

释义 Paraphrase

表示做某事有特定的要求，不能随便或者乱来。

To mean that there are specific requirements for doing something and it cannot be done casually or arbitrarily.

用法提示 Usage

"有"和"讲究"之间可以插入其他成分。
Other components can be inserted between "有" and "讲究".

实例 Examples

（1）北京烤鸭不是夹起来就吃，吃法是有讲究的。
（2）相声的说学逗唱都是有讲究的，要经过特殊的训练。
（3）他们家是书香门第，举办婚礼有很多讲究。

有来头　yǒu láitou

释义 Paraphrase

表示某人不一般，有特殊的资历或者背景。
To show that someone is not common and has special qualifications or background.

用法提示 Usage

问句中可以说"有什么来头"。
"有什么来头" can be used in the interrogative sentence.

实例 Examples

（1）新上任的领导可有来头，据说是从省里调来的。
（2）这位新员工一来就享受这么高的待遇，她有什么来头？

有了　yǒu le

释义 Paraphrase

表示忽然想起了办法。
To indicate that the speaker has an idea suddenly.

实例 Examples

（1）甲：咱们在哪儿可以找到他？
　　乙：有了！我这儿有他女朋友的微信，我们可以问问她。
（2）甲：糟了，我们迷路了，手机也没信号，怎么办？
　　乙：有了，前面有灯光，我们去那儿求援吧。

有两下子　yǒu liǎngxiàzi

释义 Paraphrase

夸对方有能力，有水平。
To praise that the other party is capable.

实例 Examples

（1）你想跟他打麻将？他打麻将可有两下子。
（2）真看不出你跳舞也有两下子。
（3）甲：我的书法怎么样？
　　乙：行！真有两下子！

有毛病　yǒu máobìng

释义 Paraphrase

斥责别人言行不正常或有不好的习惯。
To reproach others for their abnormal words and deeds or bad habits.

用法提示 Usage

① 有批评或者厌烦的语气。
There is a tone of criticism or boredom.
② 也可以说"毛病""有病"。
It can also be "毛病""有病".

实例 Examples

（1）电梯都挤满人了，还要往里挤，有毛病！
（2）甲：你看那个人，孩子要个玩具，不给买就算了，还打孩子。
　　乙：有毛病！
（3）这个人真烦人，不好好儿坐着，腿一直在抖，有毛病！

有门儿　yǒu ménr

释义与用法提示 Paraphrase and Usage

参见"没门儿"。
See also "没门儿".

实例 Examples

（1）甲：出版社让咱们把书稿再缩短一点儿，你说是不是有机会出版啊？
　　乙：我看有门儿。
（2）甲：我爸爸一直反对咱俩来往，可昨天他又说要和你谈谈。
　　乙：嘿，有门儿！看来他改变主意了。

有那工夫还不如……呢　yǒu nà gōngfu hái bùrú…ne

释义 Paraphrase

表示做某事是浪费时间，不如做其他的。
To indicate that it's a waste of time to do something and it's better to do something else.

实例 Examples

（1）甲：我这儿给小王发邮件呢。
　　乙：有那工夫还不如直接找他当面说呢。
（2）给别人改稿子可真费劲，有那工夫还不如自己写一篇！

有（那么）点儿意思　yǒu (nàme) diǎnr yìsi

释义 Paraphrase

表示达到一定的水平或具有一些特定的风格、做派。

To mean to reach a certain level or have a particular style and manner.

实例 Examples

（1）甲：你听我唱得像不像专业的？
　　　乙：嗯，有那么点儿意思。
（2）甲：怎么样？我坐在这儿像不像大老板？
　　　乙：嘿，还真有点儿意思。

有……呢　yǒu…ne

释义 Paraphrase

表示有某人的帮助，不必担心。

To indicate that it's not necessary to worry about something with someone's help.

用法提示 Usage

替换部分多为人称代词或指人的名词。

The replacement is usually a personal pronoun or a noun referring to someone.

实例 Examples

（1）甲：我不会说汉语怎么办？到了那儿我说什么？
　　　乙：没关系，有我呢，我说什么你就说什么。
（2）甲：咱们不会迷路吧？
　　　乙：放心吧，有导游呢。

有情况　yǒu qíngkuàng

释义 Paraphrase

表示说话者认为事情不正常，感觉有不好的事情要发生。

To indicate that the speaker thinks things are not normal and feels that something bad is going to happen.

实例 Examples

（1）有情况！刚才那么多人，忽然都不见了。
（2）你听！这机器的声音不对，有情况啊！

有什么 A 什么　yǒu shénme A shénme

释义 Paraphrase

表示根据条件做某事，不再勉强做其他的了。

To mean to do something according to the conditions and not to do anything else reluctantly.

用法提示 Usage

A是动词。

A is a verb.

实例 Examples

（1）甲：家里没什么菜了，我去超市买点儿回来。
　　乙：别去买了，有什么吃什么吧。
（2）甲：我生活中也没什么有趣的事，能写出什么故事来？
　　乙：有什么写什么呗，写写胡同里的家长里短，也挺吸引人的。

有什么大不了的 yǒu shénme dàbuliǎo de

释义与用法提示 Paraphrase and Usage

参见"没(有)什么大不了的"。
See also "没(有)什么大不了的".

实例 Examples

（1）是你错了你就承认嘛，有什么大不了的?
（2）当不上组长有什么大不了的? 组里数你资格最老，有事他们还得来请教你。

有什么关系 yǒu shénme guānxi

释义与用法提示 Paraphrase and Usage

参见"没关系"。
See also "没关系".

实例 Examples

（1）甲：我向她表白? 万一被拒绝了呢?
　　乙：有什么关系? 做不成恋人还可以做朋友的嘛。
（2）甲：我不敢上台，要是唱得不好多丢脸哪!
　　乙：联欢会嘛，有什么关系? 大家又不是看表演，就是一块儿高兴高兴。
（3）甲：说好了要帮你的，结果是这样，真抱歉啊。
　　乙：有什么关系? 本来这件事情就很难办。

有什么好说的　yǒu shénme hǎo shuō de

释义与用法提示 Paraphrase and Usage

参见"没(有)什么好说的"。
See also "没(有)什么好说的".

实例 Examples

(1) 既然他说分手，那就分吧，有什么好说的！
(2) 甲：咱们不能坐下来再谈谈吗？
　　乙：我跟你有什么好说的？咱们法庭上见吧。
(3) 甲：你学得这么好，说说你的窍门吧。
　　乙：有什么好说的？就是上课认真听，下课多练习。

有什么可……的　yǒu shénme kě…de

释义 Paraphrase

反问句，表示不值得。

A rhetorical question, indicating that it's not worth it.

用法提示 Usage

① 替换部分是形容词或动词。

The replacement is an adjective or a verb.

② 有时用于安慰。

It's used for comforting sometimes.

③ 有时有不屑的语气。

There is a disdainful tone sometimes.

④ 用于自己时表示自谦。

It expresses self-modesty when used for oneself.

⑤ 有时用否定形式"没(有)什么可……的"。

Sometimes the negative form "没(有)什么可……的" is used.

实例 Examples

（1）不就是考了个一百分嘛？有什么可激动的！
（2）我就做了这么点儿事，有什么可宣传的！
（3）不就是分手了吗？有什么可哭的？

有什么了不起（的） yǒu shénme liǎobuqǐ (de)

释义与用法提示 Paraphrase and Usage

参见"没（有）什么了不起（的）"。
See also "没（有）什么了不起（的）".

实例 Examples

（1）买了辆车有什么了不起（的）？就这么炫耀！
（2）跳一米有什么了不起（的）？我比赛的时候跳过一米二呢！

有……什么事 yǒu…shénme shì

释义 Paraphrase

参见"没……什么事"。
See also "没……什么事".

用法提示 Usage

① 参见"没……什么事"。
   See also "没……什么事".
② 有时有责怪的语气。
   Sometimes it carries a tone of blame.

实例 Examples

（1）我们商量预算呢，有你什么事？还不快去接待顾客！
（2）租户自己用电不小心，烧了电器，有我房东什么事啊？

有什么……头　yǒu shénme…tou

释义与用法提示 Paraphrase and Usage

参见"没什么……头"。
See also "没什么……头".

实例 Examples

（1）这就是有名的小吃啊？不就是面条儿吗？有什么吃头？
（2）都看了多少遍了，还有什么看头啊？

有什么呀　yǒu shénme ya

释义与用法提示 Paraphrase and Usage

参见"这有什么"。
See also "这有什么".

实例 Examples

（1）甲：那人手里拿着刀呢，谁也不敢靠近。
　　乙：有什么呀，大家一块儿上，我就不信七个人会怕他一个！
（2）甲：这件事谁去跟科长说说呀？
　　乙：有什么呀，看把你们吓得那个样子！我去。

有事您说话　yǒu shì nín shuō huà

释义 Paraphrase

表示自己愿意帮助某人解决困难或者满足需求。

To show that the speaker is willing to help someone to solve problems or to meet his/her demand.

实例 Examples

（1）这是我的联系方式，有事您说话。
（2）筹办婚礼的麻烦事很多，有事您说话，要人有人，要钱有钱。

有完没完　yǒuwán-méiwán

释义 Paraphrase

用于制止某人的言行。

To be used to stop someone's words and deeds.

用法提示 Usage

有不耐烦的语气。

It carries a tone of impatience.

实例 Examples

（1）就这么点儿事你都唠叨一下午了，有完没完！
（2）甲：这件衣服还是不好，我再换那件绿的试试。
　　乙：行了！柜子里的衣服都快让你试遍了，你有完没完哪！

有戏　yǒu xì

释义与用法提示 Paraphrase and Usage

参见"没戏"。
See also "没戏".

实例 Examples

（1）甲：关于咱们申请配一台复印机的事情，科长让咱们写一份报告。
　　　乙：看来这件事有戏。
（2）甲：昨天我和那位姑娘见面了，临走时我们加了微信。
　　　乙：有戏！看来她对你的印象不错。

有一A没一A的　yǒu yī A méi yī A de

释义 Paraphrase

表示有时候能勉强应付，有时候就没有办法。
To indicate that someone can handle something sometimes but sometimes he/she cannot.

用法提示 Usage

A是量词。
A is a measure word.

实例 Examples

（1）甲：老两口整天不说话可不行啊！
　　　乙：唉，有一天没一天的，凑合着过吧。
（2）他忙起来顾不上吃饭，有一顿没一顿的，时间长了身体可受不了。

有一搭无一搭的　yǒu yì dā wú yì dā de

释义 Paraphrase

表示没有固定话题或者特定目的。
To indicate that there is no fixed topic or certain purpose.

用法提示 Usage

有时"无"也可以换成"没"。
Sometimes "无" can also be "没".

实例 Examples

（1）甲：你们在一块儿都聊什么呀？
　　乙：咳，有一搭无一搭的，想起什么就聊什么。
（2）空闲的时候，我就有一搭没一搭地写些随笔啊散文啊什么的，几年下来，也写了十几万字了。

有一套　yǒu yí tào

释义 Paraphrase

表示某人说话或者做事有独特的效果。
To indicate that someone has a unique effect in speaking or doing things.

实例 Examples

（1）你一说领导就同意了，看来你真是有一套啊！
（2）这位老师教历史有一套，他的学生记历史事件记得又快又牢。

有意思吗 yǒu yìsi ma

释义 Paraphrase

反问句，表示对某人的言行不满，觉得太无聊。

A rhetorical question, indicating dissatisfaction with someone's words and deeds and feeling too bored.

实例 Examples

（1）你老拿男女朋友的事开玩笑，有意思吗？
（2）为了一个游戏争得脸红脖子粗，有意思吗？

有这么……的吗 yǒu zhème…de ma

释义 Paraphrase

反问句，表示某人的言行太过分。

A rhetorical question, indicating that someone's words and deeds are too excessive.

用法提示 Usage

① 替换部分为动词性短语。

The replacement is a verbal phrase.

② "有"的后面可加人称代词或指人的名词。

A personal pronoun or a noun referring to someone can be used after "有".

实例 Examples

（1）他不但不帮我纠正这个错误，反而向领导反映了，有这么做朋友的吗？
（2）你撞了我的车还说我挡你的道了，有你这么不讲理的吗？

（3）老王只顾打电话，把孩子忘在车里了，你说，有老王这么当爸爸的吗？

有种　yǒuzhǒng

释义 Paraphrase

指某人有胆量，有骨气。有时用作反语，指某人胆大妄为。

To mean that someone is brave and has backbone, which sometimes is used as irony, meaning someone is audacious.

实例 Examples

（1）甲：昨天晚上在街上，他一个人打跑了几个抢皮包的小混混儿。
　　　乙：行，有种！
（2）你敢到我的店里来找麻烦，算你有种！

又来了　yòu lái le

释义 Paraphrase

再次听到不喜欢听的话时的抱怨。

To show complaint when the speaker hears some words again that he/she doesn't like.

用法提示 Usage

有不耐烦的语气。

It carries a tone of impatience.

实例 Examples

（1）甲：我再抽最后一支，以后我再也不抽烟了。
乙：又来了，这种话你已经说过二十遍了。
（2）甲：只有好好儿学习才能考上好大学，考上好大学才有好工作。
乙：您又来了，学习很重要，我还不知道吗？

又……上了 yòu…shàng le

释义 Paraphrase

表示动作或事情再次发生。
To mean that an action or a thing happens again.

用法提示 Usage

替换部分多为动词。
The replacement is usually a verb.

实例 Examples

（1）她失恋以后心情一直不好。听，她又哭上了。
（2）最近雨水比较多。看，又下上了。

又是A，又是B yòu shì A, yòu shì B

释义 Paraphrase

强调几种行为或现象同时存在。
To emphasize that several actions or phenomena co-exist.

用法提示 Usage

A、B多为动词性短语或名词。
A and B are usually verbal phrases or nouns.

实例 Examples

(1) 甲：昨天晚上的演唱会怎么样？
　　乙：热闹极了！台上的歌手又是唱，又是跳，台下的观众又是喊，又是叫。
(2) 甲：你第一次去男朋友家，他的家人对你怎么样？
　　乙：可热情啦，他妈妈又是倒茶，又是拿水果，还给我看男朋友小时候的照片呢。
(3) 这几天天气真不好，又是（刮）风，又是（下）雨的，根本没法儿出门。

原来如此　yuánlái rúcǐ

释义 Paraphrase

听了别人的说明以后明白了事情的真相。
To come to know the truth after listening to others' explanation.

实例 Examples

(1) 甲：我怎么觉得小兰的样子有点儿不同往常啊？
　　乙：她做了一个隆鼻手术。
　　甲：哦，原来如此。
(2) 甲：哎，你那显示器的电源还没开呢！
　　乙：原来如此！我说这电脑怎么不亮呢。

Z

……砸了 …zá le

释义 Paraphrase

表示事情没有达到预期的效果，失败了。

To mean that something has not reached the expected result and failed.

用法提示 Usage

① 替换部分多为动词。

The replacement is usually a verb.

② "砸了"也可以单用。

"砸了" can also be used alone.

实例 Examples

（1）甲：你期中考试考得怎么样？

乙：唉，考砸了。

（2）这件事让我搞砸了，我可怎么向老板交代呀？

（3）甲：那笔买卖谈得怎么样了？该签合同了吧？

乙：签什么合同？砸了。

栽了 zāi le

释义 Paraphrase

表示做事失败了。

To indicate that someone fails to do something.

实例 Examples

（1）这回可栽了，好容易赚的钱都赔进去了！
（2）甲：昨天的乒乓球比赛怎么样？赢了吗？
　　　乙：栽了！输给了一个新手。

栽在……手上　zāi zài…shǒu shàng

释义 Paraphrase

表示事情因为某人而失败。
To mean that something fails because of someone.

实例 Examples

（1）都说我们队是最强的,没想到栽在他们队手上了,二比三输了！
（2）这次栽在你手上，我心服口服。

在……看来　zài…kànlái

释义 Paraphrase

表示从某人的角度而有的看法或意见。
To indicate that the opinion or advice is from someone's perspective.

用法提示 Usage

替换部分多为人称代词或指人的名词。
The replacement is usually a personal pronoun or a noun referring to someone.

实例 Examples

（1）在我看来，这种现象不是个别的，而是普遍的。
（2）在他的家长看来，这不过是小孩子的恶作剧。

（3）在老人看来，跟子女一起住，既能享受家庭团圆的幸福，又能帮子女解决一些生活问题，是一举两得的好事。

（在）哪儿也 A　(zài) nǎr yě A

释义与用法提示 Paraphrase and Usage

参见"……也A"。
See also "……也A".

实例 Examples

（1）甲：这儿是主任办公室，谁让你在这儿捣乱的？
乙：（在）哪儿也得讲道理，我来讨个说法，怎么是捣乱呢！
（2）甲：这儿又没红绿灯。
乙：（在）哪儿也不能不注意安全，你开那么快太危险了！

再 A 也没有……A　zài A yě méiyǒu…A

释义 Paraphrase

用于比较，表示前者的程度或数量不如后者。

To be used for comparison, meaning that the degree or quantity of the former is not as great as the latter.

用法提示 Usage

① A是形容词。
A is an adjective.
② 替换部分是代词、名词或动词性短语。
The replacement is a pronoun, a noun or a verbal phrase.

实例 Examples

（1）我知道这件事挺难，可是再难也没有爬珠穆朗玛峰难吧？

（2）你再强也没有小王强，人家以前可是国家队的。

（3）甲：这里的生活是有些苦。

乙：再苦也没有当年我们在乡下苦吧？

再……不过了　zài…búguò le

释义 Paraphrase

表示程度到了极点。

To mean that it has reached the extreme.

用法提示 Usage

替换部分为形容词。

The replacement is an adjective.

实例 Examples

（1）甲：我帮你买火车票。

乙：那再好不过了。

（2）甲：这次考试你觉得怎么样？

乙：再容易不过了。

再……就不客气了　zài…jiù bú kèqi le

释义 Paraphrase

向对方指出，如果继续或重复某一错误的行为，将采取严厉的措施。

To point out to the other party that if a wrong action is continued or repeated, the speaker will take some severe measures.

用法提示 Usage

① 替换部分为动词性短语。
The replacement is a verbal phrase.
② 有警告的语气。
It carries a tone of warning.

实例 Examples

（1）你有话好好儿说，别满嘴脏话，再骂人我就不客气了。
（2）这次我先放过他，要是他再对顾客耍态度，我就对他不客气了。

再说吧　zàishuō ba

释义 Paraphrase

表示留到以后再处理或考虑，有时表示委婉地拒绝。
To mean that something can be left to be dealt with or considered in the future, which sometimes is used for polite declination.

实例 Examples

（1）甲：你想不想买一辆汽车？
　　　乙：等有了钱再说吧。
（2）甲：咱们什么时候再见面？
　　　乙：再说吧。

再说了　zàishuō le

释义 Paraphrase

表示除了前边说到的方面，还有其他的方面。
To mean that in addition to the above mentioned aspects, there are other aspects.

用法提示 Usage

有时也说"再者说"。

Sometimes it can also be "再者说".

实例 Examples

（1）这件事没有商量的余地。再说了，这不是我一个人的决定。
（2）这是局里的项目，也有你一份，你怎么能不管呢？再说了，这么一大堆事情我一个人也忙不过来呀。

再怎么说…… zài zěnme shuō…

释义 Paraphrase

表示无论如何也要考虑某种事实或情况。

To indicate that someone must consider the fact or situation in any case.

实例 Examples

（1）这好机会能不能给我啊？再怎么说我也是你多年的朋友啊！
（2）你不用可以送人哪，再怎么说这也是个老物件，就这么扔了多可惜呀！
（3）虽说爸爸身体还好，但再怎么说也是七十多岁的人了，运动的时候还是注意一点儿好。
（4）甲：多亏了您，我孩子能考上重点高中，这只是我的一点儿心意。
　　乙：这是您孩子自己的努力，我只是做了我该做的事情，再怎么说老师也不能收学生家长的礼物啊。

再者说　zàizhěshuō

释义与用法提示 Paraphrase and Usage

参见"再说了"。
See also "再说了".

实例 Examples

（1）这片小区离市中心远，交通不太方便，再者说，房价也不便宜，咱再看看别处吧。
（2）这只小狗特别可爱，谁舍得送人？再者说，每天带它出去散散步，对身体还好呢。

咱俩谁跟谁呀　zán liǎ shéi gēn shéi ya

释义 Paraphrase

表示双方关系好，不分彼此。
To mean that the two parties are in good relationship and share everything.

用法提示 Usage

只用于非常熟悉的朋友之间，不用于正式场合，也不对客人、长辈使用。

It's only used among very familiar friends, which cannot be used on formal occasions or for guests and the elder generations.

实例 Examples

（1）甲：这次你帮了我这么大忙，真得好好儿谢谢你呀。
　　　乙：谢什么？咱俩谁跟谁呀。
（2）甲：生意上的事我都交给你了，你可别害我呀。
　　　乙：放心吧，咱俩谁跟谁呀，我能害你吗？

（3）甲：怎么能让你一个人付钱哪？
　　　乙：咱俩谁跟谁呀，这次算我请你吧。

糟糕　zāogāo

释义 Paraphrase

用作感叹语，表示出现不好的情况。

To be used as an interjection, indicating that something terrible happens.

用法提示 Usage

有惊叹的语气。

There is an exclamatory tone.

实例 Examples

（1）糟糕！我拿错了课本。
（2）真糟糕！办公室的钥匙忘在家里了。

糟了　zāo le

释义 Paraphrase

指事情办坏或出现麻烦。

To mean that something is terrible or some trouble takes place.

实例 Examples

（1）糟了！我的护照不见了！
（2）都十一点了！糟了糟了，迟到了！

早 A 就 B 了　zǎo A jiù B le

释义 Paraphrase

表示如果在主观或客观上能早点儿采取适当的方式或具备某些条件，就会产生比现在如意的结果。

To mean that some more satisfactory results will be produced if some appropriate ways can be taken or some conditions are met earlier subjectively or objectively.

用法提示 Usage

① A和B多为动词性或形容词性短语。

A and B are usually verbal phrases or adjectival phrases.

② 有埋怨、懊悔、遗憾的语气。

It carries a tone of complaint, regret and pity.

实例 Examples

（1）甲：你以前劝我我不听，现在看来他果然是个骗子。

乙：你早听我的就不会受骗了。

（2）甲：你来晚了，他昨天开完会就回国了。

乙：哎呀，我要是早来一天不就见到他了？都怪我们经理，我前天就能来，他非让我加班。

（3）甲：我们上中学的时候哪儿有这么多功课？每天下午至少能踢两个小时的足球。

乙：唉，我早出生两年就好了。

早A早B zǎo A zǎo B

释义 Paraphrase

表示希望尽早完成某事。

To hope that something can be finished as early as possible.

用法提示 Usage

A和B一般是动词或者动词性短语。

A and B are usually verbs or verbal phrases.

实例 Examples

（1）我想第一个考，早考完早解脱。

（2）别磨蹭了，快动身吧，早去早回。

早(也)不A, 晚(也)不A, …… zǎo (yě) bù A, wǎn (yě) bù A, …

释义 Paraphrase

表示某人的行为选择的时机或某一事情发生的时间很不合适。

To mean that someone's action or something doesn't happen at an appropriate time.

用法提示 Usage

A多为动词或者动词性短语。

A is usually a verb or a verbal phrase.

实例 Examples

（1）甲：爸，你们单位小王的电话！
　　乙：这个小王！早不来电话，晚不来电话，我正要吃饭呢他来电话了！
（2）看你！早（也）不病，晚（也）不病，旅行团明天出发，你病了！
（3）这场雨，早（也）不下，晚（也）不下，偏在我走到半路的时候下起来了。

怎见得　zěnjiàndé

释义与用法提示 Paraphrase and Usage

参见"怎么见得"。
See also "怎么见得".

实例 Examples

（1）甲：她要是看见你，肯定会爱上你的。
　　乙：怎见得？
　　甲：你这么个人见人爱的大帅哥，我要是个女的，我也会爱上你。
（2）甲：我觉得这场比赛，你们的球队肯定会输。
　　乙：怎见得？
　　甲：你不知道，我们球队新来了两个外援，那都是世界级的。

怎么A的，（就）怎么B　zěnme A de, (jiù) zěnme B

释义 Paraphrase

表示按照某种方式做某事。
To show that someone should do something in a certain way.

用法提示 Usage

A和B是意义相反或相关的动词或动词性短语。

A and B are corresponding verbs or verbal phrases with contrary or related meaning.

实例 Examples

（1）你怎么拿走的，怎么给我拿回来，要是少了一样，我跟你没完！
（2）你怎么想的，就怎么说，不要怕说得不对。

怎么不早说呢　zěnme bù zǎo shuō ne

释义 Paraphrase

表示告知某事太晚了。
To mean to tell something too late.

用法提示 Usage

有埋怨的语气。
There is a tone of complaint.

实例 Examples

（1）甲：邮件通知先别发，还得再商量一下。
　　　乙：哎呀！怎么不早说呢！刚发出去。
（2）甲：老板说今天不用加班了。
　　　乙：他怎么不早说呢？那样我就可以约女朋友一起看电影了。
（3）结婚这么大的事情你们怎么不早说呢！搞得我们连礼物都没来得及准备。

怎么得了　zěnme déliǎo

释义 Paraphrase

表示事情比较严重。
To indicate that the matter is quite serious.

用法提示 Usage

有忧虑的语气。
There is a worried tone.

实例 Examples

（1）这孩子的毛病现在不纠正，长大以后怎么得了？
（2）赶快把电线整理整理，这要是着了火可怎么得了？

怎么都行　zěnme dōu xíng

释义 Paraphrase

表示完全可以由某人做主。
To mean to be decided totally by someone.

用法提示 Usage

① "怎么"后面可以加其他动词。
　　Other verbs can be added after "怎么".
② 有听任、不在乎的语气。
　　It carries a tone of letting matters drift or not caring.

实例 Examples

（1）甲：咱们怎么去呀？坐飞机还是坐火车？
　　　乙：怎么都行，听你的。
（2）这件事你们不用征求我的意见了，怎么处理都行。

怎么搞的　zěnme gǎo de

释义 Paraphrase

对某人的行为表示不满，有时也表示对发生的事情不可理解。

To mean to be dissatisfied with someone's action, sometimes also showing misunderstanding about what has happened.

用法提示 Usage

有时有责备或埋怨的语气。

It carries a tone of blame or complaint sometimes.

实例 Examples

（1）怎么搞的？马上就要开会讨论了，你们还没把计划书写出来！

（2）你是怎么搞的？屋子弄得这么乱！

（3）甲：你的机票呢？

乙：我刚才明明放在桌上的。怎么搞的？一转眼就不见了。

怎么个……法儿　zěnme ge…fǎr

释义 Paraphrase

表示询问程度、方法、原因等。

To mean to inquire about the degree, way, reason, etc.

用法提示 Usage

替换部分是形容词或心理活动动词。

The replacement is an adjective or a verb of mental activity.

实例 Examples

（1）甲：那儿冬天可冷了。
　　　乙：怎么个冷法儿?
　　　甲：最低有零下40摄氏度呢!
（2）甲：这次考试可比以前难多了。
　　　乙：是吗? 怎么个难法儿?
　　　甲：不光要看懂文章，回答问题，还得写出你的看法呢。
（3）甲：我看小王特别喜欢那个歌星。
　　　乙：怎么个喜欢法儿?
　　　甲：他的房间整面墙都是那个歌星的照片。

怎么个意思　zěnme ge yìsi

释义 Paraphrase

追问他人的言行的确定意味。

To ask the certain meaning of someone's words and deeds.

用法提示 Usage

有质问或者疑惑的语气。

It carries a tone of questioning or doubt.

实例 Examples

（1）甲：你再骂我一声试试!
　　　乙：怎么个意思? 你还想打我吗?
（2）甲：他说最近手头有点儿紧。
　　　乙：怎么个意思? 他想欠账不还?

怎么回事　zěnme huí shì

释义 Paraphrase

表示询问原因。

To mean to inquire the reason.

用法提示 Usage

有时有质问的语气。

It carries a tone of questioning sometimes.

实例 Examples

（1）甲：我的肚子有点儿疼。

　　乙：怎么回事？是不是吃的东西不合适？

（2）怎么回事！货物怎么都堆在走廊里？让顾客怎么走路哇！

怎么见得　zěnme jiàndé

释义 Paraphrase

表示希望对方说明根据或者情况。

To mean to hope that the other party will explain the basis or situation.

用法提示 Usage

有时也说"怎见得"。

Sometimes it can also be "怎见得".

实例 Examples

（1）我觉得男女各有各的优势，怎么见得女人就完全不行呢？
（2）甲：小美和小东是不是分手了啊？
　　　乙：怎么见得？
　　　甲：昨天两人在路上碰见，谁都没说话就走过去了。

怎么讲　zěnme jiǎng

释义 Paraphrase

表示不明白对方话语的含义而希望对方详细说明。
To mean to hope that the other party gives a detailed explanation because of not understanding the implication of the other party's words.

用法提示 Usage

有时也说"这话怎么讲""这话怎么说"。
Sometimes it can also be "这话怎么讲" "这话怎么说".

实例 Examples

（1）甲：你没听过这么一句话吗？叫作"一寸光阴一寸金"。
　　　乙：怎么讲？
　　　甲：就是说时间非常宝贵，绝不能浪费。
（2）甲：老张是不是对我有什么意见啊？
　　　乙：怎么讲？
　　　甲：今天在走廊里碰到，他连招呼都不打就过去了。

怎么说话呢　zěnme shuō huà ne

释义 Paraphrase

指责他人说的话很无礼。
To accuse that someone's saying is rude.

用法提示 Usage

有不满和教训的语气。

It carries a tone of dissatisfaction and lesson.

实例 Examples

（1）甲：后边那么多人排队呢，快点儿行不行啊！
乙：怎么说话呢？没看前面几位都是老年人吗？还在那儿催！
（2）甲：你们都是干什么吃的？我这点儿事半个月了还没办好！
乙：怎么说话呢？有意见可以提，别骂人啊！

怎么说呢　zěnme shuō ne

释义 Paraphrase

表示一时找不出合适的措辞。

To mean that there is no appropriate saying at the moment.

实例 Examples

（1）甲：我看你们挺怕数学老师的，他是不是很厉害？
乙：也说不上是厉害，怎么说呢？他对我们的学习要求很严，其实人还是比较随和的。
（2）甲：你找女朋友的条件是不是很高？
乙：也不是很高，怎么说呢？主要是脾气好，别动不动跟我吵架就行。

怎么说也A　zěnme shuō yě A

释义与用法提示 Paraphrase and Usage

参见"……也A"。
See also "……也A".

实例 Examples

（1）这是他从南方带回来的特产，怎么说也要尝尝。
（2）你可以不录取他，可是怎么说也不能不给个理由吧。

怎么样　zěnmeyàng

释义 Paraphrase

表示征求他人的意见或看法。有时用于向他人挑衅或者炫耀。

To inquire others' opinions or suggestions, which sometimes is used to provoke or show off to others.

用法提示 Usage

有时有得意或不屑一顾的语气。

It carries a tone of pride or scorn sometimes.

实例 Examples

（1）咱们先打保龄球，然后一起吃饭，怎么样？
（2）看我新买的手机，怎么样？新潮吧？
（3）我就骂你了，怎么样？你还敢打我？

怎么着　zěnmezhāo

释义 Paraphrase

追问事情的真实情况或对方言行的真实意图。

To ask the truth of the matter or the true intention of the other party's words and deeds.

用法提示 Usage

① 有时有询问的语气。

Sometimes there is a tone of inquiry.

② 有时有叫板的语气。

Sometimes there is a tone of challenge.

实例 Examples

（1）甲：大哥，钱没要回来。
　　　乙：怎么着？他们想赖账？
（2）甲：你怎么来了？
　　　乙：怎么着？我不该来吗？

怎么着吧　zěnmezhāo ba

释义 Paraphrase

表示事情或者态度不能更改，看对方怎么应对。

To show that things or attitudes cannot be changed, seeing what the other party will take to deal with it.

用法提示 Usage

有不服气或者挑衅的语气。

It carries an unconvinced or provocative tone.

实例 Examples

（1）没错儿，这话就是我说的，怎么着吧！
（2）我觉得我做的没什么不对，不能道歉，怎么着吧？

怎么（着）也 A zěnme(zhāo) yě A

释义与用法提示 Paraphrase and Usage

参见"……也A"。
See also "……也A".

实例 Examples

（1）我知道儿子结婚时他没送礼物，现在他女儿结婚，咱们也不能太小家子气，怎么（着）也得表示表示啊。
（2）甲：这次演讲我不想参加了，我太紧张了。
　　乙：你都准备那么长时间了，怎么（着）也不能放弃呀。

沾……光 zhān…guāng

释义 Paraphrase

表示靠着某人或某事物而得到好处。
To mean to get the benefit because of someone or something.

用法提示 Usage

① 替换部分多为代词或名词。
The replacement is usually a pronoun or a noun.
② 用于自己的时候有谦虚的语气。
There is a modest tone when used for oneself.

实例 Examples

（1）这些年他可沾了我不少光，要是没有我一力举荐，他在业界不会这么快出头。
（2）甲：听说你的研究获奖了，恭喜呀，你现在也算是专家了！
　　乙：哪里，都是沾了学校的光，没有学校的支持，我一个人哪儿能干出什么成绩来？

找别扭　zhǎo bièniu

释义 Paraphrase

表示让人不顺心。
To mean to make someone feel uncomfortable.

实例 Examples

（1）我让你怎么做你就怎么做，别找别扭！
（2）这件事还不知道会怎么样呢，想它干吗？出去玩儿玩儿吧，别给自己找别扭了。

找不痛快　zhǎo bú tòngkuai

释义 Paraphrase

表示添麻烦或者增加烦恼。
To mean to add trouble or annoyance.

实例 Examples

（1）你最好赶紧走，别在这儿啰唆，再找不痛快我可就不客气了！
（2）人家都赔钱了，你还没完没了的，这不是找不痛快吗！

找不着北　zhǎobuzháo běi

释义 Paraphrase

表示分辨不清方向或者忘了自己的身份，不知道该做什么。
To indicate that someone cannot distinguish the direction or forgets his/her own identity, not knowing what to do.

实例 Examples

（1）我是个路盲，一上街就找不着北了。
（2）刚夸你两句，你就找不着北了？

找不自在　zhǎo bú zìzai

释义 Paraphrase

表示添麻烦或者增加烦恼。
To mean to add trouble or annoyance.

实例 Examples

（1）小丽的态度还不清楚，你要是去问她，纯粹是自己找不自在。
（2）别人都不管，就你瞎操心，找不自在！

找碴儿　zhǎo chár

释义 Paraphrase

表示故意找错儿或者挑衅。
To mean to find fault or to provoke deliberately.

实例 Examples

（1）我干的活儿人人都说没毛病，就他，老找碴儿！
（2）甲：走开！别挡我们的路。
　　乙：你们干吗？找碴儿是不是？想打架吗？

找抽　zhǎo chōu

释义 Paraphrase

参见"找打"。
See also "找打".

实例 Examples

（1）你敢骂我？找抽呢！
（2）这是谁把我的自行车搬走了？找抽是吧？

找打　zhǎo dǎ

释义 Paraphrase

表示对方做事太不合理或者太令人气愤，以至于让人想打他/她。
To mean that the other party's deeds are so unreasonable or infuriating that people want to beat him/her.

用法提示 Usage

也说"找抽""找揍"。
See also "找抽" "找揍".

实例 Examples

（1）这孩子！又在我家车上乱画，找打呢？
（2）你敢骂我？找打！

找事　zhǎo shì

释义 Paraphrase

表示故意添麻烦或者挑衅。
To mean to add trouble or to provoke deliberately.

实例 Examples

（1）我好不容易安静两天，你又要在家里请客，净给我找事！
（2）这些人是来找事的，你赶快去叫老板来。

找死　zhǎosǐ

释义 Paraphrase

表示自己做的事给自己带来严重的后果。
To mean what someone does will bring serious consequences for himself/herself.

实例 Examples

（1）你怎么骑车的？找死啊？
（2）你怎么把你爸爸最喜欢的画儿卖了，我看你这是找死。

找辙　zhǎo zhé

释义 Paraphrase

表示寻找理由、借口，或解决办法。
To mean to look for a reason, an excuse or a solution.

实例 Examples

（1）你错了就认错儿吧，别找辙。
（2）昨天咱们跟客户吵架的事老板已经知道了，赶紧找辙吧，不然饭碗就危险了！

找揍 zhǎo zòu

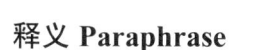

释义 Paraphrase

参见"找打"。
See also "找打".

实例 Examples

（1）这孩子，又打我家的狗，找揍呢吧？
（2）你怎么老是说脏话呀？真是找揍。

照 A 这么说，…… zhào A zhème shuō,…

释义 Paraphrase

表示根据某人的话语（推断其意思）。
To infer his/her implied meanings according to what he/she said.

用法提示 Usage

A是人称代词或指人的名词。
A is a personal pronoun or a noun referring to someone.

实例 Examples

（1）甲：你还年轻，将来还有升职的机会，这次就别争了。
　　乙：照你这么说，工作好坏并不重要，只要论资排辈就行了？
（2）甲：医生说目前这种病的病因还不清楚，所以没有有效的治疗方法。
　　乙：照医生这么说，这病就没治了？

照……的说法　zhào…de shuōfǎ

释义 Paraphrase

表示根据某人的话语（推断其意思）。

To infer his/her implied meanings according to what he/she said.

用法提示 Usage

① 替换部分多为人称代词或指人的名词。

The replacement is usually a personal pronoun or a noun referring to someone.

② 有不以为然的语气。

It carries a tone of disagreement.

实例 Examples

（1）甲：我看这姑娘行，她家是音乐世家。
　　乙：照你的说法，小提琴家都是天生的？
（2）甲：经理说他没有大学文凭，怎么提拔？
　　乙：照经理的说法，没有大学文凭就不能重用了？这也太教条了吧。

照理（说）　zhào lǐ (shuō)

释义 Paraphrase

参见"按（理）说"。

See also "按（理）说".

实例 Examples

（1）照理（说），我不该骂你，可你也太让人生气了。
（2）照理（说），在这个温度下没有生物可以存活，可是这种鱼为什么可以呢？

这不是（嘛） zhè bú shì (ma)

释义 Paraphrase

确认某人、某事物或某种情况的存在。

To confirm the existence of someone, something or some situation.

用法提示 Usage

① 也可以省略成"这不"。

It can also be "这不".

② 用于远指的人或事物时，"这"可以换成"那"。

"这" can also be "那" when referring to someone or something far away.

③ 有时因显而易见而带有不耐烦的语气。

There is a tone of impatience because it's obvious sometimes.

实例 Examples

（1）甲：我找胡椒粉呢。

乙：这不是，就在你眼皮子底下。

（2）甲：你看见我的帽子了吗？

乙：这不是嘛，在你头上戴着呢，真是骑马找马。

（3）这个歌手非常受欢迎，这不，全球的粉丝已经有一千多万了。

这才哪儿到哪儿 zhè cái nǎr dào nǎr

释义 Paraphrase

指时间还短、数量还少等，表示更多更难的事情还在后面。

To indicate that the time is still short or the quantity is still small, etc., which means that more and more difficult things are still ahead.

用法提示 Usage

有轻蔑和嘲笑的语气。

There is a tone of contempt and ridicule.

实例 Examples

（1）甲：都干三个小时了，累死我了！什么时候能干完啊？

乙：这才哪儿到哪儿？还有更多的活儿在后头呢。

（2）甲：来了多少学生？教室里都快坐满了。

乙：这才哪儿到哪儿？听他课的学生每次都很多，现在来了还不到一半呢！

（3）甲：等孩子上了大学，你就能轻松一些了。

乙：这才哪儿到哪儿？以后孩子找工作、结婚、生孩子，让父母操心的事情多着呢！

这倒是个事　zhè dào shì ge shì

释义 Paraphrase

表示对方提到的另一件事也是需要考虑的。

To show that another thing that the other party mentioned also needs to be considered.

实例 Examples

（1）甲：孩子不管行吗？

乙：过分严厉地管孩子，你就不怕孩子离家出走吗？

甲：这倒是个事，现在的孩子主意都大着呢。

（2）甲：你借钱给他，他到时候不认账怎么办？

乙：这倒是个事，看来得让他当面写个借条。

这倒（也）是　zhè dào (yě) shì

释义 Paraphrase

觉得对方所说的有道理，表示赞同。

To show agreement when feeling that what the other party said is reasonable.

用法提示 Usage

也说"可也是""倒也是""也是""那倒（也）是"。

It can also be "可也是" "倒也是" "也是" "那倒（也）是".

实例 Examples

（1）甲：你出去的时候老不锁门，丢东西也怪你自己。
　　　乙：这倒（也）是，下次可得注意了。
（2）甲：买自行车要看质量怎么样，不能光图便宜。
　　　乙：这倒也是，人家常说"便宜没好货"嘛。

这个　zhège

释义 Paraphrase

用于说话人正在考虑下面的话怎么说。

To be used when the speaker is considering how to express the next part of what they are saying.

用法提示 Usage

① 有时也说"那个"。

It can also be "那个" sometimes.

② 有犹豫、尴尬、强调等语气。

It carries a tone of hesitation, embarrassment, emphasis, etc.

实例 Examples

（1）甲：无论如何，咱们得当面跟他谈谈。
　　乙：这个，现在就去吗？他会不会不跟咱们见面？
（2）甲：昨天你还说会考虑我的意见，怎么今天又变了？
　　乙：这个，这个，事情总是变化的嘛，很多事也不是我一个人能决定的。

这个……啊　zhège…a

释义与用法提示 Paraphrase and Usage

参见"那个……啊"。
See also "那个……啊".

实例 Examples

（1）我拍了一段我家小狗滑滑板的视频，看得大家这个乐啊！
（2）你看你的房间，这个乱啊！还不快收拾收拾。

这还……啊　zhè hái…a

释义 Paraphrase

反问句，表示"应该"或对对方的话表示否定。
A rhetorical question, meaning "should" or to negate what the other party said.

用法提示 Usage

替换部分多为形容词或者形容词性短语。
The replacement is usually an adjective or an adjectival phrase.

实例 Examples

（1）甲：我跑了好几趟，他们总是说"研究研究"，就是不给解决。

乙：你这还不明白啊？这是等着你给他们送礼呢。

（2）甲：你解释得不太清楚，再说详细点儿。

乙：这还不清楚啊？已经详细得不能再详细了。

（3）甲：二百块？太贵了！

乙：这还贵啊？别的商店卖二百四呢！

这还得了　zhè hái déliǎo

释义 Paraphrase

表示情况严重。

To indicate that the situation is serious.

用法提示 Usage

有时也说"这还了得""那还了得""那还得了"。

Sometimes it can also be "这还了得""那还了得""那还得了".

实例 Examples

（1）露天的货还没进库？这还得了！台风马上就来了，赶紧通知抢运啊！

（2）什么？货款没有筹到？这还得了？期限只有一天了。

这还……得了　zhè hái…deliǎo

释义与用法提示 Paraphrase and Usage

参见"那还……得了"。

See also "那还……得了".

实例 Examples

（1）他酒驾的事电视台都报道了，这还假得了？
（2）甲：我减肥一个星期了，怎么体重一点儿不见减少？
　　　乙：你每天又是冰激凌，又是巧克力的，这还减得了？

这还了得　zhè hái liǎodé

释义与用法提示 Paraphrase and Usage

参见"这还得了"。
See also "这还得了".

实例 Examples

（1）丽丽还没来啊？这还了得？该她上场表演了！
（2）有人值班的时候抽烟？这还了得！这是加油站啊！

这话扯远了　zhè huà chěyuǎn le

释义 Paraphrase

表示对方所说的跟目前的话题不相关。
To mean that what the other party said is irrelevant to the current topic.

实例 Examples

（1）甲：你就帮帮忙吧，我去年还请你吃过饭呢。
　　　乙：这话扯远了，现在咱们说的是项目质量的事情。
（2）甲：我早就提醒过你们，这台设备有质量问题，你们谁听我的了？现在出了事你们又来找我。
　　　乙：这话扯远了，现在不是讨论谁是谁非的时候，先想办法解决吧。

这话说到哪儿去了　zhè huà shuōdào nǎr qu le

释义 Paraphrase

表示某人不要或不该这么说。

To mean someone doesn't or should not say so.

用法提示 Usage

① 有时用于客气。

Sometimes it's used for politeness.

② 有时也说"哪里话""说到哪儿去了""这是（说的）哪里话"。

Sometimes it can also be "哪里话""说到哪儿去了""这是（说的）哪里话".

实例 Examples

（1）甲：你给我孩子辅导，我该付学费嘛！

乙：这话说到哪儿去了！咱们是朋友，给朋友帮忙，还能要钱吗？

（2）甲：以后还要多多向你这位专家请教啊。

乙：这话说到哪儿去了！我比专家差远了，咱们互相交流吧。

这话说得　zhè huà shuō de

释义 Paraphrase

表示某人说的话很不合适。

To mean that what someone said is not appropriate.

用法提示 Usage

① 常用于朋友之间，语气比较随便。

It's often used among the friends with a casual tone.

② 有时用于客气或者自谦。

Sometimes it's used to show politeness or self-modesty.

实例 Examples

（1）甲：这孩子长得怎么像个小老头儿？

乙：这话说得！刚出生的孩子都这样。

（2）甲：你帮我这么大忙，叫我怎么感谢你呢？

乙：这话说得！邻居之间帮帮忙还不应该吗？

（这话）说远了　(zhè huà) shuōyuǎn le

释义 Paraphrase

表示某人说话太客气。

To indicate that someone says too politely.

实例 Examples

（1）甲：你帮了大忙了，真不知道怎么谢你呀！

乙：（这话）说远了，老同学嘛，帮点儿忙还不是应该的？

（2）甲：他说改天要来谢谢你呢。

乙：（这话）说远了，我们是几十年的老交情了，不用这么客气。

这话在理　zhè huà zàilǐ

释义 Paraphrase

表示某种说法有道理。

To show that what someone said is reasonable.

实例 Examples

（1）甲：吵架能解决问题吗？

乙：这话在理，咱们应该心平气和地坐下来谈。

（2）甲：咱们别互相怪罪，先听听对方提什么要求吧。

乙：这话在理，也许对方会理解咱们的难处。

这话怎么讲　zhè huà zěnme jiǎng

释义与用法提示 Paraphrase and Usage

参见"怎么讲"。
See also "怎么讲".

实例 Examples

（1）甲：你还是太天真了。
　　乙：这话怎么讲？
　　甲：人家明明是希望和你交朋友，你一点儿都没听出来吗？
（2）甲：我看你就是个糊涂蛋。
　　乙：这话怎么讲？
　　甲：他已经服软儿了，你给他个台阶不就完了？

这话怎么说　zhè huà zěnme shuō

释义与用法提示 Paraphrase and Usage

参见"怎么讲"。
See also "怎么讲".

实例 Examples

（1）甲：你呀，聪明一世，糊涂一时。
　　乙：这话怎么说？
　　甲：还不明白？你儿子的意思是他爱上那个姑娘了。
（2）甲：你想看一出好戏吗？
　　乙：这话怎么说？
　　甲：你跟我去咱家附近那家饭馆儿，到了那儿你就什么都清楚了。

这叫什么……啊 zhè jiào shénme…a

释义 Paraphrase

表示名不副实。

To indicate that it's not worthy of the name.

用法提示 Usage

① 替换部分一般为名词。

The replacement is usually a noun.

② 有不满或不屑的语气。

It carries a tone of dissatisfaction or distain.

实例 Examples

（1）这叫什么厨师啊？炒的菜这么难吃！

（2）甲：菜还没来，咱们先喝点儿茶吧。

　　　乙：这叫什么茶呀？一点儿茶味儿都没有。

这叫什么话 zhè jiào shénme huà

释义与用法提示 Paraphrase and Usage

参见"这是什么话"。

See also "这是什么话".

实例 Examples

（1）甲：孩子做这种工作，不是低人一等吗？

　　　乙：这叫什么话！社会分工不同，没有高低贵贱。

（2）甲：你来是有事找我吧？

　　　乙：这叫什么话！没事就不能来看看你吗？

这叫什么事 zhè jiào shénme shì

释义 Paraphrase

表示对发生的事情不理解或不能接受。

To indicate that one cannot understand or accept what happened.

实例 Examples

（1）刚买的自行车就让人偷走了，这叫什么事啊！

（2）这么热的天停电停水，你说这叫什么事！

这就…… zhè jiù…

释义 Paraphrase

表示马上做某事，也指某种情况马上会发生。

To mean that something will be done very soon or some case is going to take place in a short time.

实例 Examples

（1）甲：你怎么还没吃饭呢？
　　　乙：看了一会儿电视，我这就吃。

（2）甲：饺子熟了没有？
　　　乙：等一下，这就熟。

这（可）不是一天半天就……的 zhè (kě) bú shì yìtiān-bàntiān jiù…de

释义与用法提示 Paraphrase and Usage

参见"那（可）不是一天半天就……的"。

See also "那（可）不是一天半天就……的".

实例 Examples

（1）练瑜伽要做长久打算，这（可）不是一天半天就能掌握的。

（2）要做个智能机器人？你就准备打持久战吧，这（可）不是十天半个月就能完成的。

这（可）不一定 zhè (kě) bù yídìng

释义与用法提示 Paraphrase and Usage

参见"那（可）不一定"。
See also "那（可）不一定".

实例 Examples

（1）甲：咱们队个个都强，肯定能赢。
　　乙：这（可）不一定，团体项目比赛，配合很重要。

（2）甲：看这蓝天白云的，是个好天。
　　乙：这（可）不一定，我们山区天气变化快，还是把伞带上吧。

这可没准儿 zhè kě méi zhǔnr

释义与用法提示 Paraphrase and Usage

参见"那可没准儿"。
See also "那可没准儿".

实例 Examples

（1）甲：你都复习了这么长时间了，考试肯定没问题。
　　乙：这可没准儿。

（2）甲：我出门前嘱咐了他好几次，他应该不会忘了锁门吧。
　　乙：这可没准儿，他不是经常忘了锁门吗？

这么说　zhème shuō

释义 Paraphrase

用于对话中，引出根据对方所说的话作出的判断。

To be used in a dialogue, leading to a judgment based on what the other party said.

实例 Examples

（1）甲：老师刚才打电话来，说他病了。
　　　乙：这么说，今天不上课了？
（2）甲：你不应该和他吵，他说得没错儿。
　　　乙：这么说，你也认为是我不对？

这么说吧　zhème shuō ba

释义 Paraphrase

用简洁的话来概括或说明自己前面的观点。

To summarize or explain one's own previous opinions concisely.

实例 Examples

（1）甲：你们孩子的学习负担是不是很重？没有时间玩儿吧？
　　　乙：可不是嘛，除了上一天课，晚上还得做一大堆作业，周末还要去上补习班。这么说吧，别说玩儿了，连睡觉的时间都保证不了。
（2）甲：你为什么不喜欢去那家饭馆儿吃饭？
　　　乙：那儿又吵又脏，菜的味道不怎么样，价格还不低。咱们这么说吧，你能想到的一个饭馆儿有多糟，那儿就有多糟。

这么下去，…… zhème xiàqu,…

释义 Paraphrase

表示如果听任某种情况继续存在，会导致不良或危险的后果。

To indicate that some bad or dangerous results will be produced if some case continues to exist as it is.

实例 Examples

（1）他常常忙得连吃饭的时间都没有，老这么下去，会得胃病的。
（2）现在有很多同学在外面打工，每天只睡三四个小时，搞得上课一点儿精神都没有，再这么下去可不行啊。

这么着 zhèmezhāo

释义 Paraphrase

就某事提出自己的建议。

To voice one's own opinion as far as something is concerned.

实例 Examples

（1）甲：我的车让太太开走了。
　　乙：这么着，你先用我的车吧。
（2）甲：老师，这个词的用法我还是不太清楚。
　　乙：这么着吧，下课以后我再给你好好儿讲讲。

这（/那）还叫（个/回）事吗 zhè (/nà) hái jiào (ge/huí) shì ma

释义与用法提示 Paraphrase and Usage

参见"不叫（个/回）事"。
See also "不叫（个/回）事".

实例 Examples

（1）甲：我们俩昨天吵架了，我真怕她跟我离婚。
　　乙：这还叫回事吗？过日子哪儿有不吵不闹的？
（2）甲：我们琢磨了一个星期都没找出问题，他来看了一眼，十分钟就修好了！
　　乙：那还叫事吗？人家到底是专家呀。

这你就……了　zhè nǐ jiù…le

释义 Paraphrase

指出对方没有了解到或者意识到的情况。
To point out what the other party doesn't know or realize.

用法提示 Usage

"你"有时也可以换成其他人称代词。
"你" sometimes can also be other personal pronouns.

实例 Examples

（1）甲：你去说？行吗？
　　乙：这你就不知道了，我在这儿几十年了，什么问题不是我最后搞定的？
（2）甲：这水不够热啊。
　　乙：这你就外行了，泡绿茶用80摄氏度左右的水就行了，可不能用100摄氏度的水。
（3）甲：我们班同学都不想去参加考前补习班，觉得浪费时间。
　　乙：这他们就不懂了，补习班是专门针对考试中的难题来安排名师讲解的。

这儿没有外人　zhèr méiyǒu wàirén

释义 Paraphrase

表示在这里不用怕人知道,可以毫无顾虑地说出事实或自己的心里话。

To mean that someone can tell the fact frankly or come out with what's on his/her mind without being afraid of being known here.

实例 Examples

(1) 小周,昨天警察为什么找你?这儿没有外人,你跟我说说。

(2) 甲:最近你怎么老是愁眉不展的?有什么心事吗?

乙:唉,家里的事。反正这儿没有外人,我跟你说了吧,我老婆正跟我闹离婚呢。

这是从哪儿说起呀　zhè shì cóng nǎr shuōqǐ ya

释义 Paraphrase

表示对方所说的话没有根据或不该这么说。

To mean that what the other party said has no ground or it should not be said in this way.

用法提示 Usage

有不满的语气。

It carries a tone of dissatisfaction.

实例 Examples

(1) 甲:听说你昨天被警察叫去了?

乙:这是从哪儿说起呀!昨天我在图书馆看了一天书,哪儿都没去。

(2) 甲:老王要辞职?这么大的事情,你们怎么不告诉我?

乙:这是从哪儿说起呀?前天我就把他的辞职报告放在您的办公桌上了。

这是什么话 zhè shì shénme huà

释义 Paraphrase

表示某人不应该这么说。
To mean that someone should not say so.

用法提示 Usage

① 有时用于朋友间的客气，语气比较随便。
Sometimes it's used among friends for politeness with a casual tone.
② 有不满或质问的语气。
It carries a tone of dissatisfaction or questioning.
③ 有时也说"这叫什么话"或者"什么话"。
Sometimes it can also be "这叫什么话" or "什么话".

实例 Examples

（1）甲：他不是"卫生标兵"吗？以后厕所就让他打扫好了。
　　　乙：这是什么话！搞好环境卫生是我们大家的事情。
（2）甲：我家孩子太淘气，到谁家都闹得天翻地覆，所以我没带他来。
　　　乙：这是什么话，小孩儿哪儿有不淘的？

这是（说的）哪里话 zhè shì (shuō de) nǎli huà

释义与用法提示 Paraphrase and Usage

参见"这话说到哪儿去了"。
See also "这话说到哪儿去了".

实例 Examples

（1）甲：这件事又不归他管，他这么认真干什么？
　　　乙：这是（说的）哪里话！院里的事情大家都有责任的。
（2）甲：这些日子多亏大家帮忙，真不知道怎么谢谢你们。
　　　乙：这是（说的）哪里话，邻居之间帮帮忙是应该的。

这是怎么话儿说的　zhè shì zěnme huàr shuō de

释义与用法提示 Paraphrase and Usage

参见"这是怎么说的"。
See also "这是怎么说的".

实例 Examples

（1）甲：你这张车票的座位号没错儿，但是不是这个车厢。
　　　乙：哎哟！这是怎么话儿说的！不好意思啊。
（2）甲：她比你大不了几岁，你怎么叫她阿姨呢？
　　　乙：这是怎么话儿说的！对不住啊，我眼拙。

这是怎么说的　zhè shì zěnme shuō de

释义 Paraphrase

表示不应该发生这样的事情。
To mean that such a thing should not take place.

用法提示 Usage

① 有时为自己的过失表示道歉。
It means to apologize for one's own faults sometimes.
② 也说"这是怎么话儿说的"。
It can also be "这是怎么话儿说的".

实例 Examples

（1）甲：其实我早就来了，看你们正在谈事情，我就没进来。
　　　乙：这是怎么说的！我们都是在等你呢。
（2）甲：你说让我在105路公交站等你，我在这儿等你半个多小时了。
　　　乙：咳！我早就来了，就在马路对面的车站呢。你看这是怎么说的！

这下（可）……了　zhè xià (kě)…le

释义 Paraphrase

表示由前面的事情引出后面的结果。

To mean that the previous case produces the latter result.

用法提示 Usage

替换部分为形容词。

The replacement is an adjective.

实例 Examples

（1）我的钥匙找不着了，这下可糟了，我进不去了。

（2）甲：我给你找了一个辅导。

　　乙：这下好了，写作文有人帮忙了。

这样吧　zhèyàng ba

释义 Paraphrase

用于给别人提出建议之前。

To be used before making a suggestion for others.

实例 Examples

（1）甲：请问，玛丽在吗？

　　乙：她刚出去，这样吧，你先坐一下，我帮你叫她。

（2）甲：我觉得这件衣服有点儿长。

　　乙：这样吧，您再试试那件。

这样（/么）一来　zhèyàng (/me) yì lái

释义 Paraphrase

根据出现的某种情况，推断或指出事情将会发生变化。
To infer or point out that something will change according to what has happened.

实例 Examples

（1）甲：我们公司昨天接到一大笔订单。
　　　乙：这样一来，你们又该忙了？
（2）甲：我们单位派我去欧洲签一份重要的合同。
　　　乙：这么一来，咱们的婚礼就得推迟了。

这（要）看怎么说　zhè (yào) kàn zěnme shuō

释义与用法提示 Paraphrase and Usage

参见"那（要）看怎么说"。
See also "那（要）看怎么说".

实例 Examples

（1）甲：新机型一定比旧机型好吗？
　　　乙：这（要）看怎么说，新机型有很多功能，但是如果你用不上，旧机型也挺好用。
（2）甲：新铁路开通以后，这种老式火车没什么用了吧？
　　　乙：这（要）看怎么说，运输的作用是没那么大了，不过开发成旅游专线也非常不错。

这也叫…… zhè yě jiào…

释义 Paraphrase

反问句，表示名不副实，或没有达到一定的程度或数量。

A rhetorical question, meaning that it's not worthy of the name or it has not reached a certain degree or amount.

用法提示 Usage

替换部分多为名词或动词性短语。

The replacement is usually a noun or a verbal phrase.

实例 Examples

（1）这也叫图书馆？连工具书都没有。
（2）地上还没湿呢，这也叫下雨？
（3）买瓶香水就送一小包纸巾，这也叫"买一送一"啊？

这一 A 不要紧，…… zhè yī A bú yàojǐn,…

释义 Paraphrase

强调由于某一言行造成后面所说的麻烦。

To emphasize that the latter trouble is caused by a certain word or action.

用法提示 Usage

A是动词。

A is a verb.

实例 Examples

（1）甲：你刚买的衣服怎么就变小了？
　　乙：别提了！昨天我洗了洗。这一洗不要紧，衣服缩了两厘米。

（2）甲：我不是让你别紧张吗?
乙：还说呢！本来我不紧张，你这一说不要紧，我倒紧张起来了。

这有什么　zhè yǒu shénme

释义 Paraphrase

反问句，表示不难办到或者感到很平常，不觉得新鲜。

A rhetorical question, meaning that it's not difficult to do or it's ordinary and not new to the speaker.

用法提示 Usage

① 有满不在乎或者轻蔑的语气。

It carries a tone of indifference or contempt.

② 也说"有什么呀""那有什么"。

It can also be "有什么呀""那有什么".

实例 Examples

（1）甲：他会说两门外语。
乙：这有什么！我会说五门呢。
（2）甲：他儿子18岁就去国外留学了。
乙：这有什么！我来中国学汉语的时候还不到16岁呢。

……着点儿　…zhe diǎnr

释义 Paraphrase

让人注意自己的某一行为。

To ask someone to pay attention to his/her own behavior.

用法提示 Usage

① 替换部分一般为动词或者形容词。

The replacement is usually a verb or an adjective.

② 有提醒或者警告的语气。

It carries a tone of reminding or warning.

实例 Examples

（1）过马路看着点儿！

（2）路上车多，骑车慢着点儿！

……着呢 …zhene

释义 1 Paraphrase 1

强调程度高。

To emphasize the high degree.

用法提示 Usage

① 替换部分是形容词。

The replacement is an adjective.

② 有时带有说服对方的语气。

Sometimes there is a tone of persuasion.

实例 Examples

（1）别选那门课，难着呢。

（2）去北边那家超市买吧，那里的东西便宜着呢。

释义 2 Paraphrase 2

表示动作正在进行或者正在保持某种状态。

To indicate that an action is in progress or a state is being maintained.

用法提示 Usage

替换部分是动词。
The replacement is a verb.

实例 Examples

（1）粥在炉子上煮着呢。
（2）甲：你弟弟在家吗？
　　乙：在，他在里屋睡着呢。

……着玩儿　…zhe wánr

释义 Paraphrase

表示做某事只是开玩笑，不能当真，或没有应有的规模或实质内容。

To mean that doing something is just to make a joke and cannot be taken seriously, or it has no deserved scale or substantial content.

用法提示 Usage

① 替换部分多为"闹、说、写、下"等动词。
The replacement is usually a verb like "闹、说、写、下".
② 有时表示客气。
Sometimes it indicates politeness.

实例 Examples

（1）甲：听说你们成立了一个京剧俱乐部？
　　乙：那只是几个人凑在一起热闹热闹，闹着玩儿的。
（2）甲：听说你们要给我介绍男朋友？可别这样，我自己的事自己管！
　　乙：咳，说着玩儿的，你还当真啦？

（3）甲：你在报纸上发表了不少短篇小说，可以称为作家了。

乙：我哪儿是什么作家呀，都是写着玩儿的。

真 A 得出来　zhēn A de chūlái

释义 Paraphrase

表示某人做某事不符合常理或者出乎人的预料。

To indicate that it's not in line with common sense or unexpected for someone to do something.

用法提示 Usage

① A是动词。

A is a verb.

② 有挖苦或者讽刺的语气。

There is a sarcastic or ironic tone.

实例 Examples

（1）这么肉麻的话，你真说得出来啊！

（2）这么做太缺德了，他还真干得出来！

真没看出来　zhēn méi kàn chūlái

释义与用法提示 Paraphrase and Usage

参见"还真没看出来"。

See also "还真没看出来".

实例 Examples

（1）甲：你别看我又瘦又小，我上中学的时候得过全市马拉松赛的亚军。

乙：真没看出来！

（2）甲：这些手工都是我做出来的。
　　　乙：你做的？真没看出来！

真让人头疼　zhēn ràng rén tóu téng

释义 Paraphrase

表示因拿不出好的解决办法而感到为难。

To feel ill at ease because of not being able to have a good solution.

实例 Examples

（1）每天都要记几十个生词，真让人头疼！
（2）我那孩子体质不好，三天两头儿生病，真让人头疼。

真是（的）　zhēnshi (de)

释义 Paraphrase

感叹语，对某种情况的发生或某人的言行表示不满。

Interjection, meaning to be dissatisfied with a certain case or someone's words and deeds.

用法提示 Usage

有抱怨的语气。

It carries a tone of complaint.

实例 Examples

（1）真是的！他说下午来，可到现在还没来！
（2）想着想着还是忘了，真是！我的脑子越来越不行了。

真新鲜　zhēn xīnxian

释义 Paraphrase

表示觉得事情不常见，很新奇。
To indicate that someone thinks it's rare and unusual.

用法提示 Usage

有时有讽刺的语气。
There is an ironic tone sometimes.

实例 Examples

（1）幼教专业也招男生啊？真新鲜！
（2）真新鲜哪！你这一毛不拔的人居然也会请客！

真行　zhēn xíng

释义 Paraphrase

夸赞某人做得不错，有时用作反语。
To praise someone for doing well, which sometimes is used as irony.

用法提示 Usage

作为反语时有讽刺的语气。
It carries a sarcastic tone when used as irony.

实例 Examples

（1）这么复杂的模型你都能做出来，你真行！
（2）你真行！跑哪儿去了？我都等了你半个小时了！

真有你的　zhēn yǒu nǐ de

释义 Paraphrase

称赞某人有很强的能力或超人的胆量，有时用作反语。

To praise someone for his/her great capability or extraordinary courage, which sometimes is used as irony.

用法提示 Usage

用作反语时有讽刺的语气。

It carries a sarcastic tone when used as irony.

实例 Examples

（1）甲：知道吗？这台电脑是我自己买零件组装的。
　　乙：是吗？真有你的！
（2）甲：昨天我一不留神，把一个警察给撞了。
　　乙：真有你的！连警察都敢撞！

真有意思　zhēn yǒu yìsi

释义 Paraphrase

反语，表示某人的言行没有根据，太荒唐。

Irony, indicating that someone's words and deeds are groundless and ridiculous.

用法提示 Usage

有讽刺和不满的语气。

There is a sarcastic and dissatisfied tone.

实例 Examples

（1）昨天我根本就没来，你却说是我干的，真有意思！
（2）甲：这东西我们根本看不上。
　　　乙：真有意思！刚有点儿钱就不知自己姓什么了。

整个一（个）…… zhěnggè yí (ge)…

释义 Paraphrase

表示完全可以被看作某种人或某种事物。

To indicate that it can be regarded as a certain person or thing entirely.

用法提示 Usage

替换部分是名词。

The replacement is a noun.

实例 Examples

（1）他怎么能当人家的面说这种话，整个一个二百五。
（2）你看他那身打扮，整个一（个）叫花子。

住口 zhù kǒu

释义 Paraphrase

喝令某人不许再往下说。

To order someone to shut up.

用法提示 Usage

也可以说"住嘴"。

It can also be "住嘴".

实例 Examples

（1）住口！顾客是上帝，即使他有错儿在先，你也不能跟顾客吵架。
（2）甲：爸，这次明明是老师不对嘛！
　　乙：你给我住口！回家看我怎么收拾你！

住手　zhù shǒu

释义 Paraphrase

喝令某人停止某一恶行。
To order someone to stop an evil action.

实例 Examples

（1）住手！你们别再打了！
（2）谁让你们私自砍伐树木的？快给我住手！

住嘴　zhù zuǐ

释义与用法提示 Paraphrase and Usage

参见"住口"。
See also "住口".

实例 Examples

（1）住嘴！这件事明明是你不对，你还唠叨个没完。
（2）住嘴！我不想跟你吵架！

撞到……枪口上 zhuàngdào…qiāngkǒu shang

释义 Paraphrase

指做某事的时机恰好不是时候，给事情的成功带来不便。

To mean that the time to do something is just not the right time, causing inconvenience to the success of the thing.

用法提示 Usage

替换部分为表示人的名词或人称代词。

The replacement is a noun referring to someone or a personal pronoun.

实例 Examples

（1）甲：昨天我跟小李下了几盘棋，都输了。
　　乙：你怎么敢跟小李下棋？你这不是撞到小李枪口上了吗！人家早就是五段棋手了。

（2）甲：我去跟组长商量商量怎么处理这起事故。
　　乙：我看你去准撞到他枪口上，他正为这事没处撒火呢。

自己来 zìjǐ lái

释义 Paraphrase

表示某人自己可以做，不必麻烦别人。有时指请客人不必拘束。

To mean that it can be done by oneself and it's not necessary to bother others, which sometimes is used to ask the guests to help themselves.

实例 Examples

（1）甲：我来帮您提行李吧？
　　乙：不用，（我）自己来。

（2）有时候父母不要给孩子提供过多的帮助，让他们自己来。
（3）这都是些家常便饭，你们不要客气，想吃什么就吃什么，自己来，啊！

自找的　zì zhǎo de

释义 Paraphrase

表示某人自作自受。
To indicate that it's someone's own fault.

实例 Examples

（1）你老想着害人，现在害到自己家人身上了吧？都是你自找的！
（2）甲：你骂他干吗？
乙：这是他自找的！我早就跟他说过我不喜欢他，他还天天来缠着我。

总不能……吧　zǒng bù néng…ba

释义 Paraphrase

表示"不管怎么样，都不能……"。
To mean "in any case, it cannot be...".

实例 Examples

（1）不想吃也得吃一点儿，总不能饿着吧。
（2）我们得想想办法，总不能见死不救吧。

总的来说　zǒng de lái shuō

释义 Paraphrase

表示从整体或主要方面分析、总结。

To mean to analyze or draw a conclusion on the whole or from the main aspect.

实例 Examples

（1）目前市场价格的格局中，农副产品上涨了一些，但是服务和工业品价格是持续下跌的，所以总的来说，下半年的消费品价格上涨没有很强的可持续性。

（2）这次比赛，总的来说，大家发挥得不错，就是个别球员的表现欠佳。

总得……吧　zǒng děi…ba

释义 Paraphrase

表示不管怎么样，至少要有个起码的顺序或者最低的要求。

To mean that there should be a minimum order or requirement anyway.

实例 Examples

（1）我知道你的事很重要，但是别人的事也重要啊，总得一个一个来吧。

（2）你先别生气，总得听我把话说完吧。

总而言之　zǒng'éryánzhī

释义 Paraphrase

用简洁的话进行概括。

To summarize in concise sentences.

用法提示 Usage

有时也说"总之"。
Sometimes it can also be "总之".

实例 Examples

（1）那个地方离学校太远，周围的环境也不好，总而言之，住在那里不太理想。
（2）各种图形我们都可以设计出来，总而言之，只有你想不到的，没有我们设计不出来的。

总之 zǒngzhī

释义与用法提示 Paraphrase and Usage

参见"总而言之"。
See also "总而言之".

实例 Examples

（1）你去也行，他去也行，总之，你们得去一个人。
（2）不管通过什么形式，总之，你必须书面向他们赔礼道歉。

走好 zǒuhǎo

释义 Paraphrase

客套话，希望客人一路平安。
A polite expression, wishing the guest to have a safe journey.

用法提示 Usage

① 用于送别时。
It's used to see someone off.

② 有时也用于向死者告别时。
Sometimes it's also used to farewell to the dead.

实例 Examples

（1）甲：谢谢你们的招待，再见。
　　　乙：不客气。请走好。
（2）我还有个会，就不远送了，您走好。
（3）爷爷，我们会永远记住您的，您走好。

走一步算一步　zǒu yí bù suàn yí bù

释义 Paraphrase

指没有长期打算，只考虑眼前。
To mean that there is no long-term plan and only the present situation is taken into account.

实例 Examples

（1）甲：你们俩都没有正式工作，结婚以后怎么生活呢？
　　　乙：现在想不了那么多，走一步算一步吧。
（2）甲：听说现在学这个专业，毕业以后找工作很难。
　　　乙：已经进了这个专业，有什么办法呢？走一步算一步吧。

走着瞧　zǒuzhe qiáo

释义 Paraphrase

表示根据情况的发展再看结果或者采取行动。
To mean to see the result or take actions according to how things are going.

用法提示 Usage

有时有威胁的语气。
Sometimes there is a tone of threat.

实例 Examples

（1）现在我不跟你计较，走着瞧，以后我非超过你不可！
（2）你这样背信弃义不会有好结果的，咱们走着瞧！

嘴上没个把门儿的　zuǐ shang méi ge bǎ ménr de

释义 Paraphrase

表示某人说话没有分寸，常说不该说的话。
To mean that someone has no sense of propriety in speaking and often says something he/she should not say.

实例 Examples

（1）今天是跟未来的老丈人见面，你说话注意点儿，别嘴上没个把门儿的。
（2）都怪我们家那位，嘴上没个把门儿的，什么话都说，让您见笑了。

左一 A 右一 B　zuǒ yī A yòu yī B

释义 Paraphrase

表示同类行为数量多且杂乱。
To show that the same kind of behavior is numerous and disorderly.

用法提示 Usage

① A和B可以是同一量词，也可以是意义相近的名词。
A and B can be the same measure word or nouns with similar meaning.

② 多用于指责他人的话语中，含贬义。
It's often used to criticize others with derogatory meaning.

实例 Examples

（1）你这左一个不会右一个没做过的，想不想干啦？
（2）你们别左一句又一句的，我到底听谁的？
（3）他左一笨蛋右一傻瓜的骂个没完，你说我能不生气吗？

做梦　zuò mèng

释义 Paraphrase

表示仅仅是幻想，是无法实现的。
To refer to an illusion that cannot be realized.

用法提示 Usage

有斥责的语气。
It carries a tone of blame.

实例 Examples

（1）你想跟我结婚？做梦！
（2）甲：要是真有"摇钱树"就好了。
　　乙：别做梦了！

做梦也没想到　zuò mèng yě méi xiǎngdào

释义 Paraphrase

表示事情完全出乎自己的意料。
To mean that it's totally out of one's own expectation.

用法提示 Usage

也说"做梦也想不到"。
It can also be "做梦也想不到".

实例 Examples

（1）做梦也没想到，我只是随便买了两张彩票，居然中了五百万元大奖！
（2）他居然考上了北大，真是做梦也没想到。

做梦也想不到　zuò mèng yě xiǎngbudào

释义与用法提示 Paraphrase and Usage

参见"做梦也没想到"。
See also "做梦也没想到".

实例 Examples

（1）我当年做梦也想不到，自己会有这么大的成就。
（2）那么繁华的一个地方，几乎一夜之间就败落了，真是做梦也想不到。